长春城市映像

宋伟宏　滕飞　著

吉林文史出版社

图书在版编目（CIP）数据

长春城市映像 / 宋伟宏，滕飞著 . — 长春 : 吉林文史出版社，2022.10

ISBN 978-7-5472-9044-6

Ⅰ . ①长… Ⅱ . ①宋… ②滕… Ⅲ . ①地方文化—文化史—长春 Ⅳ . ① K293.41

中国版本图书馆 CIP 数据核字（2022）第 181377 号

长 春 城 市 映 像

CHANGCHUN CHENGSHI YINGXIANG

出 版 人　张　强

著　　者　宋伟宏　滕　飞

责任编辑　王丽娟　蔡屹婷　马轶男

封面题字　施永安

封面设计　杨兆冰

出版发行　吉林文史出版社

地　　址　长春市福祉大路5788号

印　　刷　吉林省吉广国际广告股份有限公司

开　　本　170mm×240mm　1/16开

印　　张　30.5

字　　数　270千字

版　　次　2022年10月第1版

印　　次　2023年5月第1次印刷

书　　号　ISBN 978-7-5472-9044-6

定　　价　78.00元

序

　　一座城市如同一个人，有着自身特有的脚步和身影，在历史长河中缓慢而又坚定地向未来走去。城市的街道和建筑，就是城市的脚步和身影，记录着历史的波澜与沧桑、市民的光荣与梦想。

　　长春的城市历史脚步始于清代中叶"闯关东"的垦荒岁月，兴起于近代工业化在东北的肇始前夜，落脚于长白山山前丘陵边缘的大黑山山脉与松辽平原的接合部。从一个小村屯作为起点，长春成为厅治、县城、道府、伪都、直辖市和吉林省省会，经历了崛起、沦陷、战乱、解放、繁荣、振兴，走过了200多年的坎坷路途，步履蹒跚而坚实，身影沧桑而挺立！

　　长春，中国雄鸡版图的点睛之笔；一座被誉为共和国长子的汽车之都；星光闪闪的电影之都；坐落在大学里的大学之都；创造无数第一的科技之都；世界闻名的雕塑之都；绿色生态的森林之都；千里冰封、万里雪飘、激情四射的冰雪之都；拥有自然、历史、文化的现代之都；一座绿带环绕、郁郁葱葱、生机勃勃的北国春城。

　　长春，东北地区天然的地理中心，在历史的高光下，从未高傲，从未夸耀。222年来，日月交替，岁月流转，无论是从边塞集镇，发展为繁华的铁路都市，再到最早规划的近代都市，与国际城市媲美的绿化都市，还是新中国建设的工业重镇,如今成为生态绿色都市,新世纪的智慧现代都市,一路奏响时代的华美乐章!

长春,一年四季都洋溢着春天的气息,春的翠绿,夏的繁茂,秋的红火,冬的雪白,四季交替轮回,五彩缤纷,装扮了城市的底色,演绎了城市的万种风情,美得无与伦比。

长春的春,美得天然,美得青翠,美得透彻。静默的黑土地在咔咔的冰裂声中苏醒,舒缓流淌的河水,万条垂下的绿柳,青青的芳草染绿了整座城市。

长春的夏,美得清幽,美得芳香,美得热烈。大街小巷碧树成荫,枝繁叶茂,密得不透一丝光亮,清风徐来,幽幽的花香漫过街头,沁人心脾;夏风送爽,22℃的夏天将城市装入清凉中。

长春的秋,美得艳丽,美得斑斓,美得醉人。走在街头,层林尽染,色彩绚烂,"霜叶红于二月花",城市被涂抹上了童话般迷人的色彩,宛如坠入油画中。

长春的冬,更是美得晶莹,美得剔透,美得激情四射。在飞雪的装扮下,整座城市银装素裹,分外妖娆,好一个"春城无处不飞花";溜冰、戏雪、滑雪,一切与冰雪有关的运动都会让你热血沸腾,豪情万丈;大自然赐予的天然粉雪滑雪胜地,诞生了无数冰雪冠军的"雪国",真是一座令人激情澎湃的浪漫之都!

长春,深深根植于黑土大地,大山、大江、大河、大树、大风、大雪,孕育出长春人特有的大度、大气的豪迈民风和坚韧不屈的精神特质。

长春,拥有山川、森林、湿地、绿柳、冰雪;拥有一汽、长客、长影、卫星、大学、雕塑、粮仓；长春，风景这边独好！

长春，举止端庄、舒朗大气，以开放、多元、宽容、自信的文化气质，以变幻无穷的北国风姿、生态绿色的都市风采，成为中华大地上耀眼的翡翠明珠。

在长春建城222年之际，很欣喜地看到作者宋伟宏在继《百年沧桑话长春（1800—1945）》之后，又为长春献上一部传承长春历史文脉，展示长春城市发展轨迹的力作《长春城市映像》。该书跨越二百年时空，以图像和文字记录了城市的起源、历史街区、历史建筑及当代城市景观，特别是将新中国成立后长春发生的历史巨变、为国家做出的卓越贡献、创造的无数辉煌，以及独特的城市文化和北国春城风光尽数展现在世人面前。透过此书的一页页图文，读者可以领略长春在历史上留下的脚步与身影。很高兴再次为作者作序，该书是本写实性、可读性强的大众读物，愿人们通过该书重新认知长春！关注长春！记住长春！热爱长春！

二〇二二.九.三

目　录

第一章

柳条边外　芳草碧连天

历史时空——城市地图

溯源而上，寻访古老地图印刻的城市足迹。

古老的地图，让历史在时空中叠加，让探寻的脚步在此驻足。

二百多年前，这方土地草木繁盛、土地丰腴，"天苍苍，野茫茫，风

▲ 吉林图局部（1822）　　　　　　　　　　　（房友良　提供）

吹草低见牛羊"，是芳草碧连天的东北大平原。

长春位于东经125°18′，北纬43°55′，海拔214.4米，处于东北平原腹地，东靠长白山，西连松嫩平原，南接松辽平原，北至松花江与拉林河，为东北的分水岭。地处山地丘陵向台地平原的过渡带，属于平原型城市，市区最高点海拔711米。境内河流水系属松花江水系，松花江的二级支流伊通河由南向北纵贯长春市区，与九台区的饮马河汇合后注入松花江。土地呈黑紫色，土质属黏土，适合大豆、高粱、玉米、谷子生长，土地肥沃。气候属中温带大陆性季风气候，春季干燥多风，夏季湿热多雨，秋季天高气爽，冬季寒冷漫长，四季分明，雨热同季，干湿适中，是适合人类居住

▲ 长春厅舆地全图，长春厅北迁宽城子后的第一幅官绘详图（1876）（房友良 提供）

与开发建设的区域，是东北地区天然的地理中心。

长春，是一个从远古走来的城市，是先民们沿松花江逐水草而居，逐渐繁衍发展起来的城市。考古资料表明，早在旧石器晚期，长春一带就出现了原始人群——"榆树人"。东北地区有文字记载以来，早期的古代民族是肃慎。两汉三国西晋时期，属于夫余国，据《后汉书·夫余传》记载，长春地区就是当时夫余族活动的范围。东晋、南北朝时隶属高句丽，隋唐时属于渤海夫余府。辽时属于东京道龙州黄龙府，《辽史·本纪》载，夫余为黄龙府，黄龙府属东京道之龙州，龙州为长春府境。金时在东北设上京路，属于上京路的隆州。元朝时为开元路属境，元将辽阳中书行省开元路建于现在的农安县，长春地区归其管辖。明朝时属奴儿干都司辖境，长春地方曾设伊屯河卫。清朝初年，为奖励在征服蒙古诸部中立下战功的固穆（元太祖成吉思汗的弟弟哈布图·哈萨尔的十八世孙），封其为郭尔罗斯札萨克辅国公，掌管郭尔罗斯前旗。从此，长春属于蒙古王公的游牧地。

清军入关后，东北各民族大举内迁。清政府为保护东北"龙兴之地"，1671—1681年，从开原威远堡起，到舒兰法特哈门北之二道河子，修筑了长达343千米的东北柳条边墙，俗称"新边"，并规定这块蒙古王公领地只准世袭，不得转让，更不许汉人进入开垦。但是，从1791年起，郭尔罗斯前旗辅国公恭格喇布坦不顾清廷的蒙地封禁政策，自行招民垦荒，因而山东、河北、河南的灾民开始越过柳条边墙进入此地开荒种田。由于关内流民源源不断地涌入，开发的面积越来越大，人口逐渐增多，形成了许多村落。到1799年，已开垦荒地26万多亩，住户达3000多户，为了管理这些进入蒙古游牧地的流民，吉林将军秀林奏请清廷在开垦地设治。

1800年5月，清政府批准吉林将军秀林的奏请，在柳条边伊通边门附近郭尔罗斯前旗札萨克辅国公封地内设立地方行政机构，正式建制长春厅，

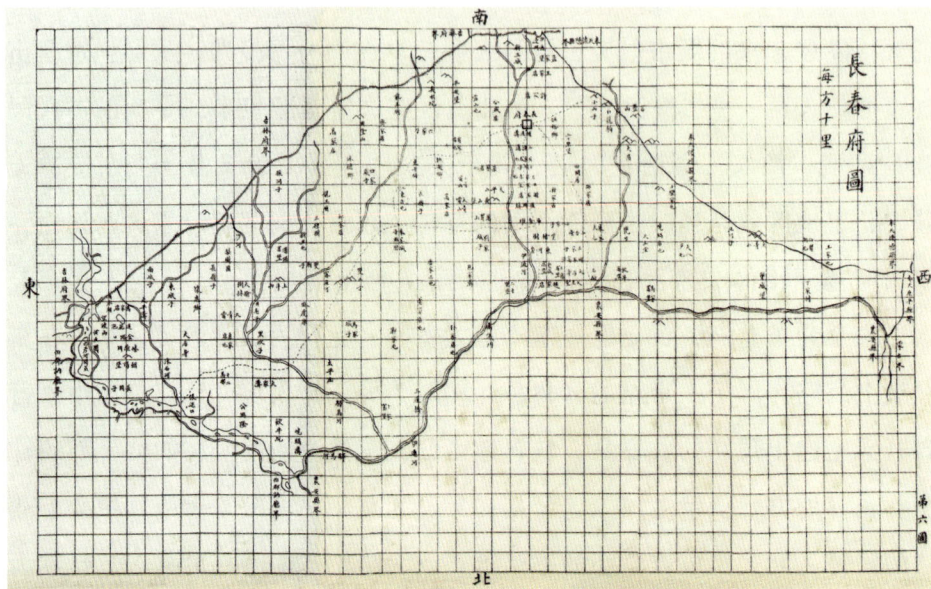

▲ 长春府图，长春厅升为长春府后的第一幅舆图（1891）　　　（房友良　提供）

置理事通判，管理民人事宜，衙署设于新立城，长春厅成为这座城的肇始。此后，长春发展极为迅速，1811年，已有居民13887户，垦地393573亩。1836年，居民达到15270户，人口64168人，成为吉林将军辖境内仅次于吉林厅的第二大城市，成为东北中部最大的农作物商品市场和重要的物资集散地。

塞外春城——名叫长春

长春，从古老的岁月中走来。

辽阔的黑土大地，连天的芬芳碧草，踏花归去马蹄香的塞外北国，素有"春城"之美誉。你可能要问，冰天雪地的北国为什么会有座春城？关于长春之名有多种说法。

一说是花名。《满洲地名考》记"长春之意，是蔷薇的异名"。《辽史》《吉林通志》载"花名长春，柔条纷披……取以名地"。在辽金时期，这里生长着一种蔷薇科的野生月季花，因月月开花，亦称"长春花"。

二说是辽代地名。《辽史·本纪》载："延禧亲征，率番汉十余万，出长春路是也。"

三说是因厅设长春堡而得名。据《长春县志·沿革》载："嘉庆五年于长春堡设理事通判，名长春厅，道光五年移建衙署于宽城子，仍名长春厅。"在乾隆中期，郭尔罗斯前旗让流民在此垦荒，这里逐渐形成了一个较大的村落，当时就称长春堡，在长春设治之前，无论是清廷，还是各部及地方政府都称长春堡，在清廷任命长春厅首任巡检的文书中就称："今授吉林长春堡巡检……"在嘉庆皇帝的上谕和吉林将军的奏折中也都称"长春堡地方"。长春堡是迁入此地的汉人命名的，为吉祥之意。

四说是"茶啊冲"（长春）。传说是肃慎族在祭天时的祈福语，肃慎

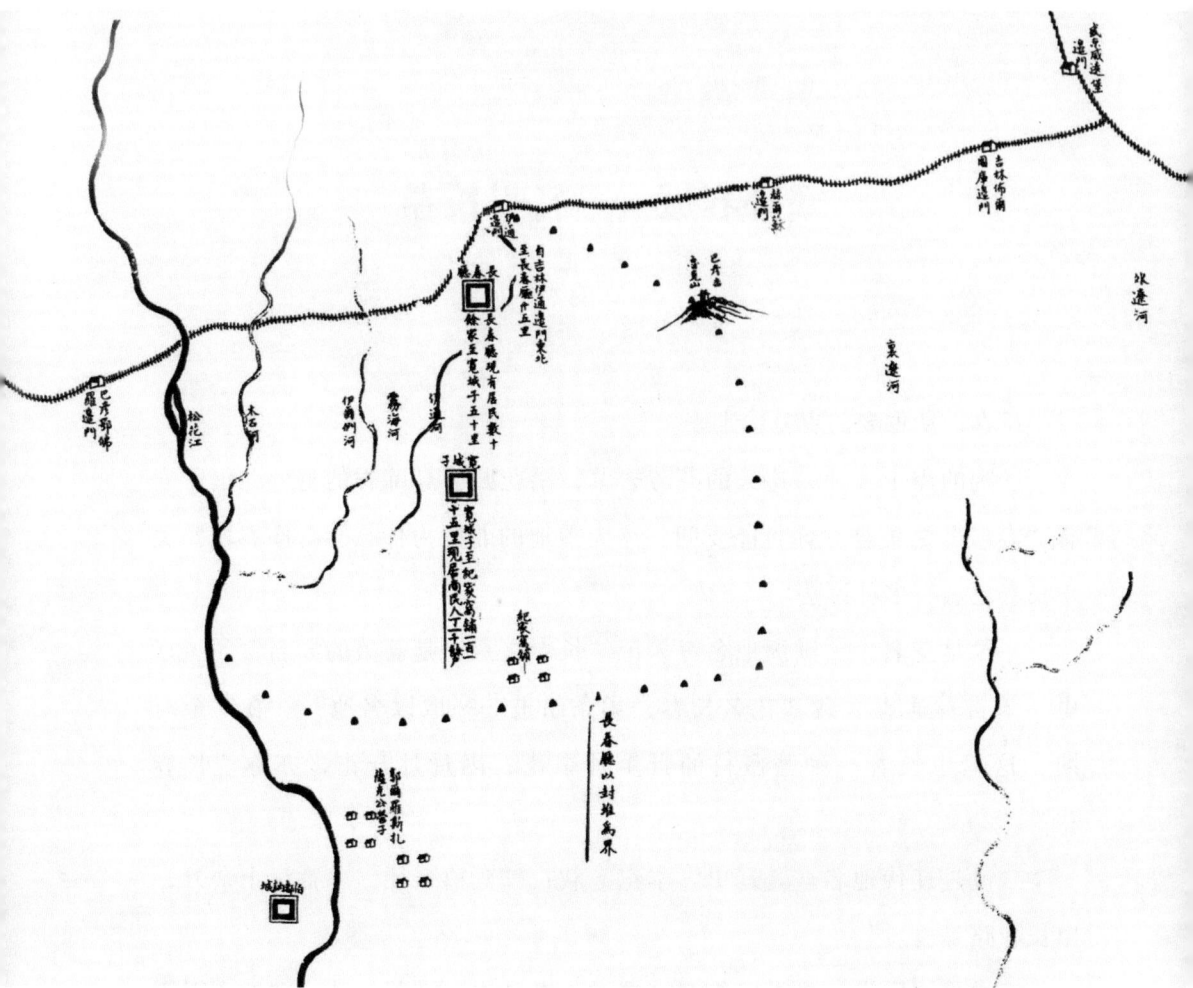

▲ 长春厅舆图（1825）　　　　　　　　　　　　　　（房友良　提供）

语发音为"茶啊冲"。现在长春饭店还有以"茶啊冲"命名的。

　　五说是源于乾隆皇帝的诗句。在乾隆皇帝前往长白山祭祖时，当他路过伊通河驿站时，发现这里的气候比盛京还凉爽，且风景宜人，就吟诵出"长白千载古喜州，春光无限在宽城"的诗句。后来，嘉庆皇帝去长白山祭祖时，也颇有同感，于是取其两句诗的头一字合为"长春"，长春之名由此沿用至今。

实际上，长春地名有个演变过程。在上古时代，祭天时的祈福语，肃慎语发音为"茶啊冲"（长春）。夏朝时称"□"（xǐ）都；商朝称"合龙城"；两汉时称"天罡城"；传说唐朝时称"书山府"；渤海国时称"隆州府"；从辽时就称"长春县"，亦称"春州"，即"长春州"，

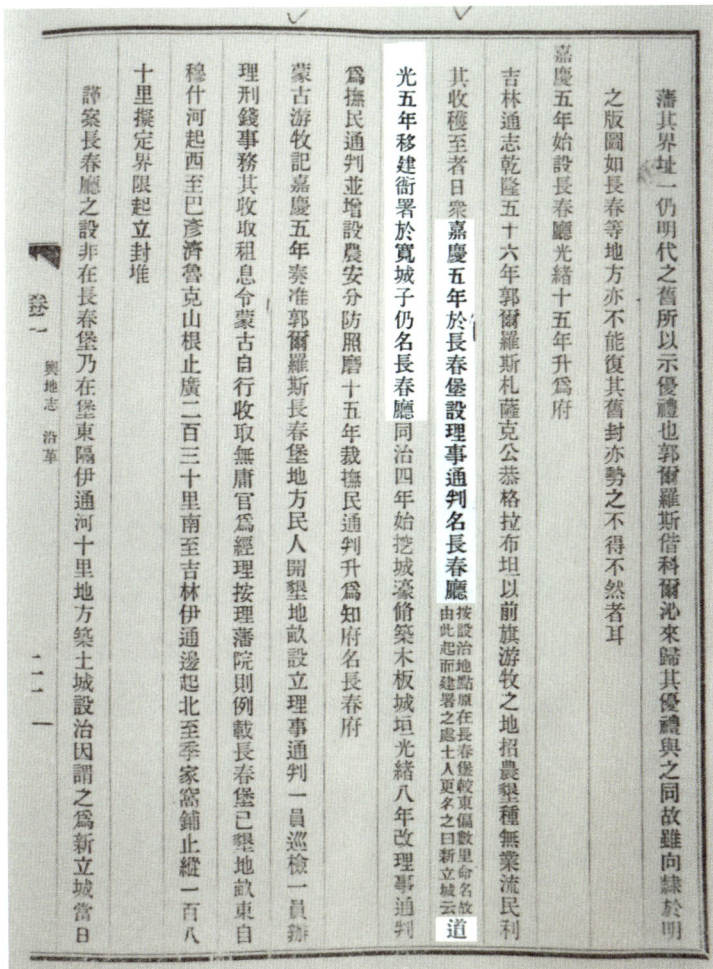

▲《长春县志》记载的长春厅（1941）

属上京道；金朝时称"隆州白龙府""宽城府"（宽城子），属北京路；元明时称"郭尔罗斯"。《长春县志》载"嘉庆五年，于长春堡设理事通判，名长春厅"，并颁布了"长春厅理事通判之关防"印信，此后，开始称"长春厅""长春府""长春县"；民国时称"长春""宽城子"；东北沦陷时期称"新京"；新中国成立后称"长春"。从此，长春崛起为富有青春活力的现代都市。

卷一　輿地志　沿革

藩其界址一仍明代之舊所以示優禮也郭爾羅斯偕科爾沁來歸其優禮與之同故雖向隸於明

之版圖如長春等地方亦不能復其舊封亦勢之不得不然者耳

嘉慶五年始設長春廳光緒十五年升爲府

吉林通志乾隆五十六年郭爾羅斯札薩克公恭格拉布坦以前旗游牧之地招民墾種無業流民利

其收穫至者日衆嘉慶五年於長春堡設理事通判名長春廳　按設治地點原在長春堡較東偏數里命名故曰新立城云道

爲撫民通判並增設農安分防照磨十五年裁撫民通判升爲知府名長春府

光緒五年移建衙署於寬城子仍名長春廳同治四年始挖城濠修築木板城垣光緒八年改理事爲通判

蒙古游牧記嘉慶五年奏准郭爾羅斯長春堡地方民人開墾地畝設立理事通判一員巡檢一員辦

理刑錢事務其收取租息令蒙古自行收取無庸官爲經理按理藩院則例載長春堡已墾地畝東自

穆什河起西至巴彥濟魯克山根止廣二百三十里南至吉林伊通邊起北至季家窩鋪止縱一百八

譚窪長春廳之設非在長春堡乃在堡東隔伊通河十里地方築土城設治因詞之爲新立城當日

十里擬定界限起立封堆

生生不息——梦里水乡

　　择水而居，是生命的选择。水是生命之源，人类因水而鲜活，城市因水而灵动，因为一条河，诞生了一座城。

　　伊通河，孕育了长春这座城，是长春的母亲河，亦是长春城的生命血脉。文献《金史》称"益褪河"，《全辽志》称"一秃河"，《明一统治》称"易屯河"，到了清代沿用"易屯河"，也称"伊敦河"，为满语"波涛汹涌的大河"之意。在清代晚期因以河命名的地方政权为"伊通

▲ 长春旧城南门外伊通河上的木桥（1910）

▲ 伊通河边洗衣的百姓（1910）

州"，由此称"伊通河"，沿用至今。

伊通河是松花江的二级支流，发源于吉林省伊通县境内哈达岭山脉青顶山北麓，流域面积8440平方千米，流经伊通满族自治县、长春市区、农

▲ 长春旧城南门外伊通河畔的牧马人（1910）

安县和德惠市，在农安县靠山镇汇入饮马河，全长342.5千米。

清朝时，伊通河河宽水深，据《满洲地志》记载，同治七年，"伊通河中游河幅三丁（即河宽327米），水深一丈，沿河两岸林密如壁，水清见底；游鱼如梭"。1681年，清政府为抵御沙俄侵犯黑龙江流域，开通了伊

通河航道，连通了辽河与松花江、黑龙江的航运，把来自河北、京师、盛京的粮食、武器等物资转运至抗俄前线。在雅克萨之战结束后，民间也利用伊通河、辽河之间的航运将粮食运到关内。当时，作为一条重要的运粮黄金水道，伊通河可以行驶"三丈五尺的大船，每船可装米六十石"，运粮时节，河道景致蔚为壮观，是长春历史上的一条大河。后来，由于水文

状况的改变，河水锐减，无法航行大船。1908年，中下游河道又变得较为宽阔，于是，来往于长春、农安、哈尔滨、吉林间的航运又兴盛一时。几经变迁，最后，只有小船来往于中下游。到20世纪30年代，伊通河上还有一百多户以养船为生的船家，长春城区有两个重要码头，分别位于东大桥下和长春大桥下。

随着铁路的开通，船运货物越来越少，以致船运中断。但是，伊通河在汛期到来时常常洪水泛滥，一百多年间，发生洪涝灾害38次，对长春城区危害较大的有5次。新中国成立后，在伊通河的上游兴建了太平池水库和新立城水库，成为长春市区重要的水源地。但是，1985年夏季，伊通河再次洪水泛滥，造成吉林大路上的无轨电车停运，汽车无法通行，400多户房屋被冲毁，工厂停产，农田被淹，直接经济损失达上千万元。1986年5月，长春市人大常委会通过了《长春市伊通河综合治理规划》，开启了对伊通河的治理工程。2004年，又迎来了伊通河生态建设工程，作为长春市的"民心工程"和"城市建设一号工程"，市政府出台了《长春市伊通河城区风光带总体规划》。历经二十多年的改造建设，伊通河华美变身，如今，伊通河水清了，景美了，岸绿了，犹如一条绿色的玉带镶嵌在城市的中心。

作为母亲河，流淌了千百年的伊通河滋养着这座城市，生生不息，同时，也见证了这座城市的历史变迁，长春城发展的每一条轨迹都与她紧密相连。

绿色长城——柳条边墙

"昔我往矣，杨柳依依。"

柳树，在春秋时就遍植于中华大地。柳条边，一个绿柳构建的历史文化记忆，一个柳条筑成的独特防御工程，为今天的人们留下了一片保存完好的原始生态风景。

众所周知，长城以令人叹为观止的浩大和雄伟闻名于世，是中国的骄傲和象征。但是，你可知道在长城的东部，还有一条可与长城相媲美的绿色长城。300多年前，它横亘于广袤的关东平原，修筑历经40余年，绵延1300多千米，插柳结绳，形成"人"字形的绿柳长堤，它就是柳条边。

柳条边又称柳条关、柳城、边城、条子边等，它是盛京与宁古塔，以及盛京、宁古塔与蒙古之间行政区域的分界线，是清朝统治者为保护自身对边外土地和山林资源的独占权而设立的一道隔离线，是我国建筑史上绝无仅有的防御工程。

清朝统治者入关以后，将盛京、吉林视为"龙兴之地"，"盛京、吉林均系国家根本之地"，为了防止汉族人、蒙古族人到此地开发居住，遂对东北这块"龙兴之地"实行封禁政策，用以保护和巩固清朝的发祥地。柳条边的修筑始于皇太极时期，在康熙年间三次向外扩展，到1681年基本完成，由山海关、威远堡、凤凰城和法特哈四个边门要道连成一个"人"字形的绿色篱笆墙，全长1300多千米。

柳条边墙是将东北地区常见的柳树插在挖壕筑起的土堤上，每隔5尺插3株，柳条粗4寸，高6尺，埋入土内2尺，外剩4尺，柳条之间用绳相连，编成柳树栅栏。并在柳条边的外侧挖一深8尺、底宽5尺、口宽11尺的土壕，在壕中注满水，以阻止汉族人和蒙古族人进入边里。清朝杨宾在《柳边纪略》中记载："今辽东皆插柳条为边，高者三四尺，低者一二尺，若中土之竹篱，而掘壕于其外。人呼为柳条边，又曰条子边。"

柳条边墙分为盛京境的"老边"和吉林境的"新边"。盛京境的老边始修于1638年，到1661年全部完成，自山海关以东之鸣水堂边门起，南至凤凰山，东南至海，所谓"西接长城东属海，柳条结边画内外"。实际上，老边是从盛京威远堡开始，分别向东南、西南分出两段，东段经英额城、兴京至凤凰城（凤城）之南入海；西段经法库、彰武、清河等地到山海关。1675年、1686年、1697年，老边又三次向外扩展，将一些农

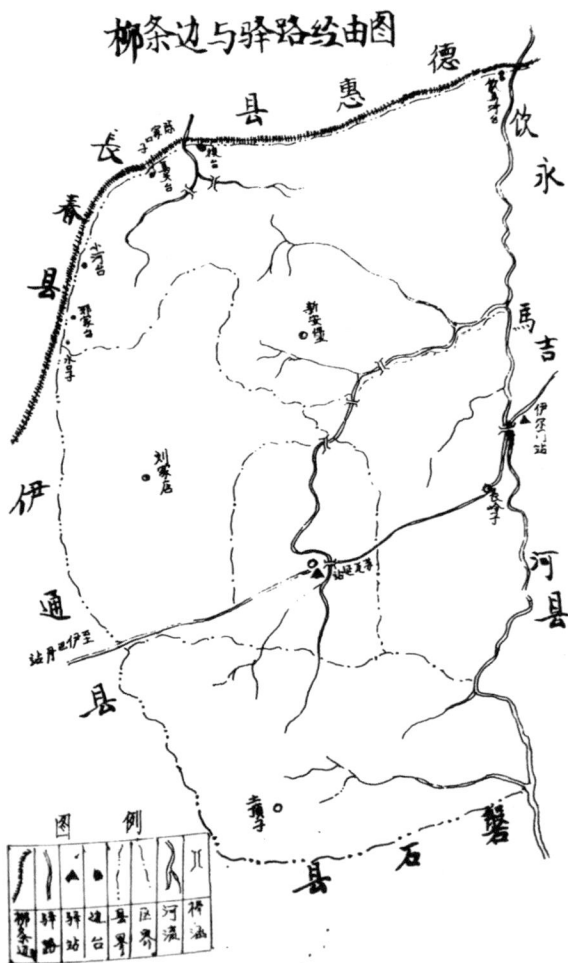

▲ 柳条边与驿路经由图

耕地圈在边里，最后东西两段边墙全长975千米。同时，在边墙沿线设置了凤凰、瑷阳、碱厂、兴京、英额、威远堡、鸣水堂、白石咀、梨树沟、新台、松岭子、九官台、清河、白土厂、彰武、法库16座边门。因为这条边墙修筑时间较早，在吉林修筑新边之前，所以，称盛京边墙为"老边"。老边由盛京将军管辖，是盛京与宁古塔，以及盛京、宁古塔与内蒙古东部之间的行政分界线。

吉林境的新边始修于1670年，1681年完成。吉林地区是满族的故乡，"白山黑水"之地，亦是盛产人参、貂皮、鹿茸、东珠等珍贵物产的重要产地。清政府为了保护和独占这些特产，修筑起这条西南自盛京开原威远堡（今辽宁开原老城），东北到舒兰法特哈以东亮子山的边墙，因为这条边墙晚于盛京边墙，所以称为"新边"。《盛京通志》记载：新边"东自吉林北界，西抵开原县威远堡边门，长六百九十余里，遮罗奉天北境，插柳结绳，以定内外，谓之柳条边，亦名新边"。这条边墙途经今吉林省四平、梨树、伊通、公主岭、长春、九台、舒兰等市县，全长343千米。

新边沿线共设置布尔图库（今四平半拉山门）、赫尔苏（今梨树县孟家岭乡东辽河西岸的赫尔苏屯）、伊通（又称易屯）、法特哈（今舒兰县法特乡）4个边门，并沿四个边门设置了28座边台，现在长春地区的三台、四台、五台、六台、九台地名均源于柳条边设置的边台，"九台"地名即28个边台从北起数第九个边台。今天长春周边的靠边吴、靠边孙、靠边王村均由新边而得名。老边和新边全线共设置边台168座。新边在老边的边外，新边以东为边里，主要是满族的居住地；新边以西为边外，主要是蒙古族游牧地，新边作为一条封禁线，成为满族和蒙古族的分界线。新边由吉林将军管辖。

清朝以柳条设内外界，对盛京、吉林实行封禁。其目的：一是为了圈定满洲"龙兴之地"的区域界限，保护和巩固后方根据地，保护满族文化、皇家围场，以及关外陵寝，防止汉族人、蒙古族人进入开发此地；二是保护这里的土特产品及贡品资源，因为这里盛产人参、貂皮、鹿茸、东珠等珍贵物产，清朝统治者为了保护和独占这一地区的特产，防止蒙古族人、汉族人的流入，将盛京东段边墙以北，吉林新边以西的土地与山林资源划为满洲八旗独占的禁区；三是作为盛京、吉林与东部蒙古之间的区域界限，条边墙成为一条封禁线，这些地区不允许汉族人进入，连满洲旗人也不得自由进入，并在封禁区的"紧要隘口"皆安设卡伦（卡哨），以监视禁止汉族人和蒙古族人进入。

从1644年实施封禁，到1681年完全封禁，再到1860年完全开放，一共封禁了200多年。清初，虽然不许汉人进入东北，但是，却把一些反抗清廷的官民和部分犯罪官员流放到吉林、黑龙江一带，这些被流放的人被称为流人，这些流人和家属成为东北最早的移民，他们从事耕种、放牧、修边等差事，同时，也把中原的生产技术和文化带到了关东。到乾隆、嘉庆时期，被流放到东北的人数逐渐增加，加上关内破产的农民大量涌入，1860年，清政府不得不废除封禁政策，招民开荒，实行移民。随着封禁政策的废除，关内的流民大量涌入，拉开了闯关东的大幕，关内人口大迁徙开始。

柳条边既是一条经济封禁线，也是一条绿色生态城墙。由于清朝的封禁政策，延迟了对东北地区的开发利用，使东北大量肥沃的土地没有被过早地开发，放缓了东北生态环境的变化，使今天的我们得以看到美丽的长白山，享有东北丰富的自然资源。

城垣旧事——消失的城墙

城是用城墙围起来的地域，起防御作用。城墙是城市的守护者。

宽城子在长春厅迁来之前，只是一个由大大小小的农家院组成的较大村落，一个集镇而已。因为地处柳条边外垦区的中心，加上伊通河上能通过小型民船，这里逐渐成为商贾云集的中心。当时，这里除了自然形成的集市以外，既没有宽敞的马路，也没有城墙，当然也就没有城门了。

1825年，长春厅由长春堡迁至宽城子后，这里成为政治经济中心。商业开始兴盛起来，各垦区的农产品，东部山区的木材、山货，本地的农具、车具、马具、油料、烧酒等，以及关内的布匹杂货都集中到这里，其中的"马市"尤为出名，内蒙古的马牛羊都到此出售，随之兴起的还有钱庄、当铺、旅店、车马店、货栈和镖局等，商业的繁荣使宽城子迅速成为这个地区的商业、交通中心和财富的聚集地。但是，随着商业的繁荣，这里也成为各路农民起义军攻击的目标。当时比较有名的是马傻子（马振隆）领导的农民起义军，被称为"马贼"。据《长春县志》载："同治四年，马贼窜扰，由商民捐建筑板为墙，高一丈余，周二十里。门六：东曰崇德，南曰全安，西曰聚宝，北曰永兴，西南曰永安，西北曰乾佑。池深一丈。"后来又修筑了6个小门，这样，共设置了大小城门12座。

当时，官府为了防范"马贼"对商埠的袭扰劫掠，动员商民捐款筑城，最初人们采用木板夹泥土筑成木板墙，并把农家和商铺的院墙连接起

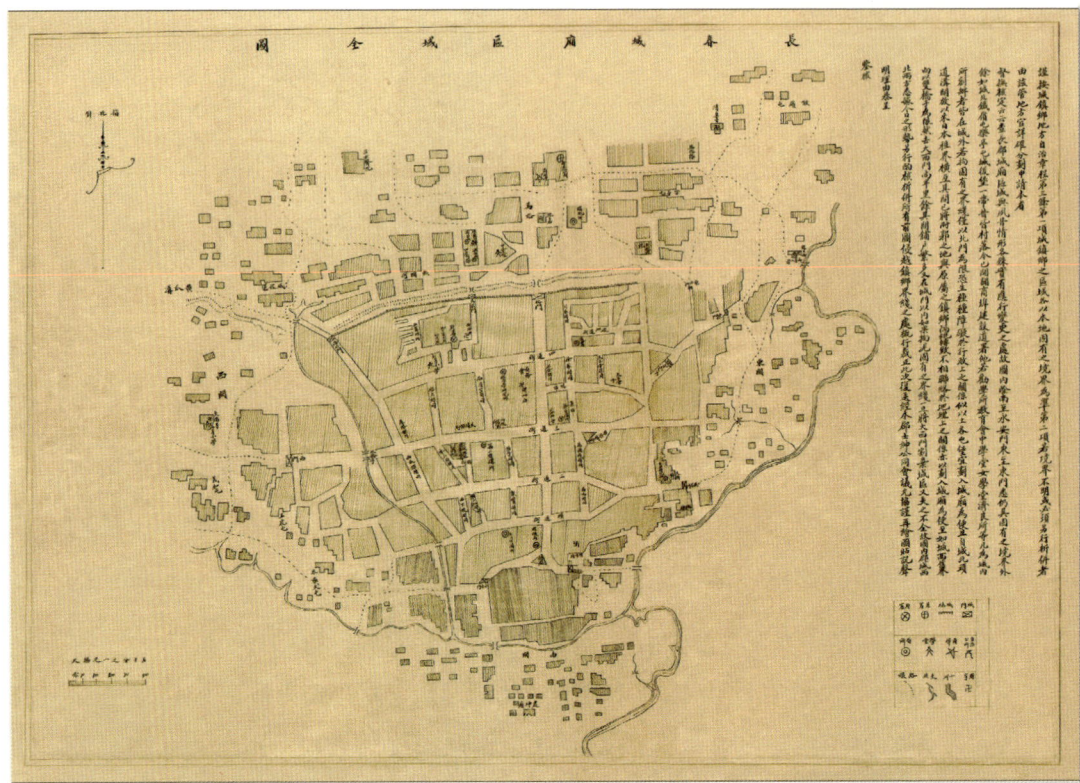

▲ 长春城厢区域全图（1910）　　　　　　　　　　　　（房友良　提供）

来筑成一道城垣。所以，当时的城墙各种材料混杂，有土坯墙、木板墙，也有砖墙。最初城墙高3米，城墙外是护城河，城北是在墙外挖深、宽各3米的壕沟做护城河，城东南利用伊通河，西南利用黄瓜沟、兴隆沟做护城河。后来，城墙逐渐由木板墙改为更加坚固的夯土墙，城门两翼为砖墙。

城墙的走向为南起今大马路南端，向西经全安街至民康路，向西北沿民康路南至西三道街折向北，过四道街、平治街至大经路与长春大街交会处，再沿长春大街南侧向东，穿过大马路、永长路到达东门里路后折向南，沿伊通河西岸台地向西南至大马路南端，全长约10千米。到20世纪初，随着铁路的开通和商埠的开发，城墙已阻碍了城市的发展，1912年，

▲ 西门外城墙（20世纪初）

首先拆除了北城墙，到1952年，随着东城门的拆除，城墙也消失在岁月的长河里。

城市屏障——失落的城门

城门是守护城市的一道屏障。

从1865年商民筑城起，长春就建起6座城门：北门、南门、西南门、西门、西北门、东门。1897年，在重新修筑旧城墙时，又增修了6座小城门，这样，长春城共筑有大小城门12座。

南门（全安门），位于今大马路南端，长春大桥以西，北通南大街（大马路），建于1865年，1897年重修后，城门高8.25米、宽6.6米，门两侧筑有砖墙长66米，墙上建有望楼，并在望楼两侧建有31堵雉堞，每堵砌有炮眼，望楼题匾有"众山远照"四字。长春关帝庙就位于南门外。1930年，整修南北大街时，城门被拆除，此路是通往双阳的必经之路。

北门（永兴门），位于今长春大街与大马路路口南侧，南通南大街（大马路）。1896年重修此门，形式与南门相同，望楼悬额题有"关左通衢"四字。1912年，因修筑北门外商埠大马路与城内南北大街相通，把北门拆除。当时，北门是通往农安、德惠的必经之路，尤其是连接商埠与"南满"及中东铁路两个车站的大门。

东门（崇德门），位于今东门路小区内，通称大东门。同治年间建筑，1923年，由木制改筑为砖瓦结构，城门高8.25米，宽6.6米，筑有望楼、雉堞、炮眼，城墙根有排水洞通往护城河，城门牌匾题有"崇德门"。东门直通城内三道街，是通往东大桥及城北各村的要道。1952年，整修东门里路时拆除，是长春最后拆除的老城门。

西门（聚宝门），位于今西三道街与民康路交会处西端，原"华俄道胜银行"旧址，面对西河沟上的西双桥，通三道街西门，与东门样式相仿。建于1865年，1923年修补为砖瓦结构，高8.25米，宽6.6米，筑有望楼，以及19堵雉堞，是通往孟家屯、怀德、梨树、通江口的要道。

西北门（乾佑门），位于今民康路与平治街交会处南端。1925年重修为砖瓦结构，城门高8.25米，宽6.6米，筑有望楼，雉堞在重修时拆除，东北沦陷时修平治街，将此门拆除。

西南门（永安门），位于今大经路南、全安街口、永安桥西北。同治

◀ 南门外关帝
庙的塔楼

▶ 北门（永兴
门）（1896）

年间建筑，通南关街，城门高6.6米，宽3.3米，城门外有两座桥，西桥通往
西桥外的朱家大屯（今吉顺街东，通化路、至善路东段一带），南桥即永
安桥，是通往南岭大营的必经之路。1926年夏，吉林督军张作相来长检阅
南岭大营时，嫌城门窄小，下令拆除。

　　小东门，位于今东二道街，与二道街东门相通，南侧为土墙，北侧为

▲ 东门（崇德门），1923年重建

▲ 西门（聚宝门），1923年修为砖瓦结构

砖墙，上有雉堞，下有通水洞，是方便行人出行的便门。

小西门，位于今民康路与西二道街南侧，通二道街西门，为便门。

小东北门，位于今东头道街，东双门胡同北侧。望楼上曾建有胡仙祠，为便门。

马号门，位于今大经路与平治街路口西侧。因邻近长春厅的马厩而得名，为筑城后拆墙修筑的便门，1914年拆除。

西双门（金安门），位于今民康路南侧，在西三道街西双桥左侧，门柱、门楼都为木制，宽4.95米，高6.6米，为内门。

东双门，位于今东三道街，是一道木结构牌坊式门，门式与西双门相同，是东门内的第二道门，为内门。1921年因门柱断裂而被拆除。

大西门，坐落在城门外，位于今解放大路与人民大街交会处南端。它与12座城门不同，没有城楼，朝向西南，距离城墙数百米，不与城墙相连，只在门的两侧各建有10米长的翼墙，从北侧翼墙往北有一条路，过西河沟上的双桥子可达长春西门。当时，大西门路北店铺林立，有烧饼铺、杂货铺、米铺、粮栈、染坊、油坊、烧锅、大车店等，非常热闹。紧邻店铺还有长春的最高学府——吉林省立第二师范学校和长春县立第一高等小学，如今在树勋小学校园内还能寻到其旧迹。1933年，此门被拆除。

长春的城墙、城门都是环城而建的，并筑有又宽又深的城池，这是商民为防御进攻、保护百姓安全而筑建的。进入20世纪，由于北门外商埠地的开辟，相继修起了连接老城和新城的街道、马路，加上城墙年久失修，多已倒塌，1912年，北墙就被拆除了。后来，其他的城墙也被陆续拆除。随着城墙的拆除，那些晨钟暮鼓、定时开放、迎接八方商贾的城门也渐渐消失。尽管在1923年至1925年，还对东门、西门和西北门进行过修补，但随着城市的快速发展，城市不断向外扩充，这些城门也相继被拆除。1952年，最后一座城门——东门被拆除。

　　虽然这些古老的城墙、城门早已消失殆尽，但是，它作为守护城市的屏障、城市的大门，见证了城市的起步、扩大和发展；同时也为早期城廓的形成划定了雏形，为城市的发展奠定了基础，是城市起步的历史记录。随着城市的现代化进程，如今这些古城墙、城门早已被封存在城市发展的史册中，成为长春的城市记忆。

▲ 西双门（全安门），1932年前被拆除

第二章

连线二百年前的塞外春城

首座官衙——长春厅

　　城市的年轮由里及外，一圈一圈地向心生长，长春厅为城市刻上了第一圈年轮。

　　满族兴起于东北长白山，视长白山地区为"龙兴之地"，因此，清朝定都北京后，在东北不设省，派八旗驻防，委派将军镇守一方。清朝沿袭明朝的地方政权形式和行政管理体系，在国内设18个行省，在各要冲地区派将军驻守，综理事务，对各边疆地区不设省而派驻大臣，监督地方事

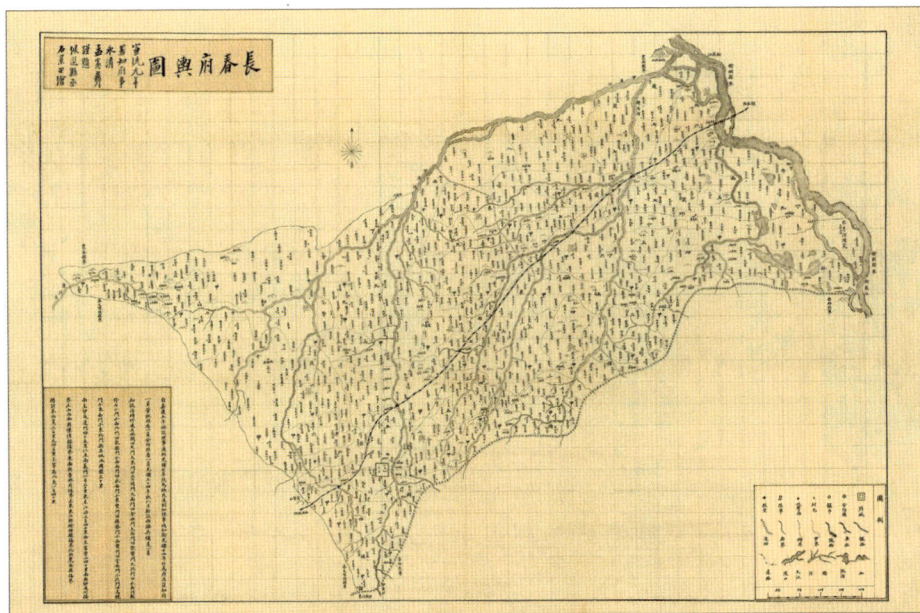

▲ 长春府舆图（1909）　　　　　　　　　　　　　（房友良 提供）

务。清朝在全国的统治稳定以后，逐渐认识到东北的重要性，从1653年开始，在东北首设辽阳府（后改奉天府），辖辽阳、海城两县，管理盛京等地的事务。一府二县的设置是清朝在东北设置地方官署的开始。

1671年，清朝遣发"流人"数千户到船厂（吉林乌拉）地方造船。为抗击沙俄的入侵，1676年宁古塔将军奉旨进驻船厂。此后，设将军衙门，这是吉林设行政官署之始。同时，开始建筑吉林乌拉城，吉林很快发展成清初柳条边外的重镇之一。1757年4月，宁古塔将军改称镇守吉林等处将军，首任将军为萨喇善。1757年4月11日，经军机大臣奏请，旨准"吉林将军印信内，汉书船厂二字，改为吉林，并书清字（满文）交礼部铸给"。此后，开始称吉林将军。当时的将军是傅森。吉林将军是吉林等处地方最高军事长官，驻防八旗受治于将军，同时又综理境内各级民署，其地位相当于内地行省的总督，职能又高于总督，最初为正一品，1767年改为从一品。吉林将军的称谓到1907年裁撤将军设吉林行省，一共延续了151年，有60多人任过吉林将军。

吉林将军的辖境：东至日本海；西到辽宁开原县界；南与朝鲜为界；北逾黑龙江至外兴安岭；西南至英额门；与奉天将军辖区为界，东北到赫哲、飞牙喀，包括库页岛在内的沿海及海中各岛。将军之下设副都统，将军、副都统之下统领旗务者为协领，协领之下分理旗务者为佐领。1728年，在吉林、开原各拨兵100人驻防伊通，在伊通边门（今长春新立城水库附近）置佐领，管理当地旗人军政事务，这是清朝在长春设立地方行政机构之始。

长春厅设立较晚，清初，由于清政府对东北实行严格的封禁政策，长春一带地广人稀，早期的村落都很小，基本是三两户、十多户。乾隆中期，中原地区人口大增，加上土地兼并、自然灾害和农民起义等原因，使江淮以北的农民冲破封禁流向东北，这时蒙古王公私下招募这些流民，使

▲ 长春知府衙门（1910）

大批的流民来到这里，这些流民主要以山东、河北为最多，苏北、皖北、河南、山西次之。清王朝统治者看到大批流民涌入，在禁止不了的情况下，决定在蒙古王公的地界上设立一个清朝的地方政权——长春厅。

据《吉林志书》记载，1791年，郭尔罗斯辅国公恭格喇布坦"私招民人聚集，盖房开垦"。据《清实录》载："嘉庆五年庚申五月戊戌，铸给吉林新设郭尔罗斯理事通判印，从将军秀林请也。"在伊通河、饮马河、雾开河各流域两岸，已经开垦的26万余亩地段内，设长春厅，首任理事通判六雅图，治所设在长春堡附近的新立城，更名为"长春厅"。清政府将地方行政职能分为两类，一是直隶厅，隶属于省，与府同制；二是散厅，隶属于府，与县同制。长春厅为散厅，隶属吉林将军。由于长春厅是清政府在蒙地上"借地设治"的第一个地方政权，所以称之为"厅"，印信为"关防"，长官为"通判"，以区别于称作县、州、道、府的地方政权。

长春厅管辖区域南至伊通边门7.5千米，东至沐石河95千米，西至今大屯山115千米，北至吉家窝堡90千米。管理民人的户籍、诉讼和盗案等事务，下设沐德、抚安、恒裕、怀德四乡，道光年间又增加了农安乡，土地仍属于郭尔罗斯王公所有。此时，已有租地垦种的"内地民人二千三百三十户"，每年由蒙古王公自行收租银，但行政上完全由吉林将军管辖。由于长春厅所处的新立城地方偏僻，加上垦民日益增多，1825年长春厅由新立城北迁至宽城子。

一等大县——长春县公署

一定会有人好奇，二百年前的长春县衙是什么样的。

1825年，长春厅署从新立城迁到了人口较为稠密的宽城子。宽城子也称宽庄、宽街。这里原来是一个较大的集镇，有一些手工作坊、店铺、寺庙，交通四通八达，自长春厅迁入后，迅速发展成为政治、商业中心。到1836年，长春人口增至64168人，成为吉林将军辖内的第二大城市。《长春县志》记载，1865年"马贼窜扰，由商民捐建筑板为墙，城垣之形颇不规则，南北袤约四里，东西广约七里。盖东西广于南北一倍，故有宽城子之名"。长春由此开始挖城壕，修筑木板城墙，设城门，用城墙把城市和乡村隔离开来。到光绪初年，长春已经是"三里一小屯，五里一大屯"，城内"屋宇栉比，鸡犬相闻"，成为吉林省的西北门户，通往盛京的冲要之地。

1888年8月，吉林将军希元向朝廷奏请长春厅升府，并设农安一县，归府管辖。翌年，长春厅升为长春府。1899年，沙俄在长春开设领事馆，建宽城子火车站，将火车站及铁路附近约4平方千米的区域划为俄国铁路附属地，独立于中国行政权之外。1906年3月，日本收买了俄国长春铁路附属地，随后，长春被开放为商埠。1907年12月28日，吉林省巡抚奏请设西路道，道署驻长春府城。1908年1月21日清廷下旨批准，办理和主持交涉、行政事务。1909年9月21日，改为吉林省西南路分巡兵备道，加参领衔，领长春府和伊通直隶州，道署驻长春府城。

1912年10月，吉长铁路正式通车，终点站设在伊通河东岸（今长春东站）。1913年1月，西南路分巡兵备道改称吉长道，道尹公署仍驻长春。1914年6月，道署迁往吉林县城。1913年1月8日，袁世凯发布第24号令，各府、直隶厅、州、县一律改称县，县衙称县公署，长官称县知事。3月，长春府改称长春县公署，县官称知事，知事隶属于道尹，主持县内行政事务，首任知事为长沙人苏鼎铭。公署内下设四股：统计股、庶务股、会计股、收发股，经费一年13000元，由省里负担。

当时，县分三等，长春县为一等，长春县面积17500平方千米，东西长140千米，南北宽125千米，北以两仪门与农安县分界65千米，东北以刁家油坊与德惠县分界90千米，东以饮马河与吉林县分界50千米，南以柳条边壕与双阳县分界37.5千米，西南以伊通边门与伊通县分界25千米，西以大岭与怀德县分界37.5千米，西北以弓棚子与长岭县分界90千米。辖五个区、80个乡、1573个自然屯，人口55.7万人。

1825年，长春厅迁移到宽城子后，在西四道街建起一座传统中式衙署，最早称通判治所。原建筑为三进式院落，三间大堂，三间二堂，两廊各五间，内室五间，另外，大门、二门各有三间。1829年，又建起一处面南的照壁。1886年和1917年，对长春县公署进行过两次修缮。但是，因

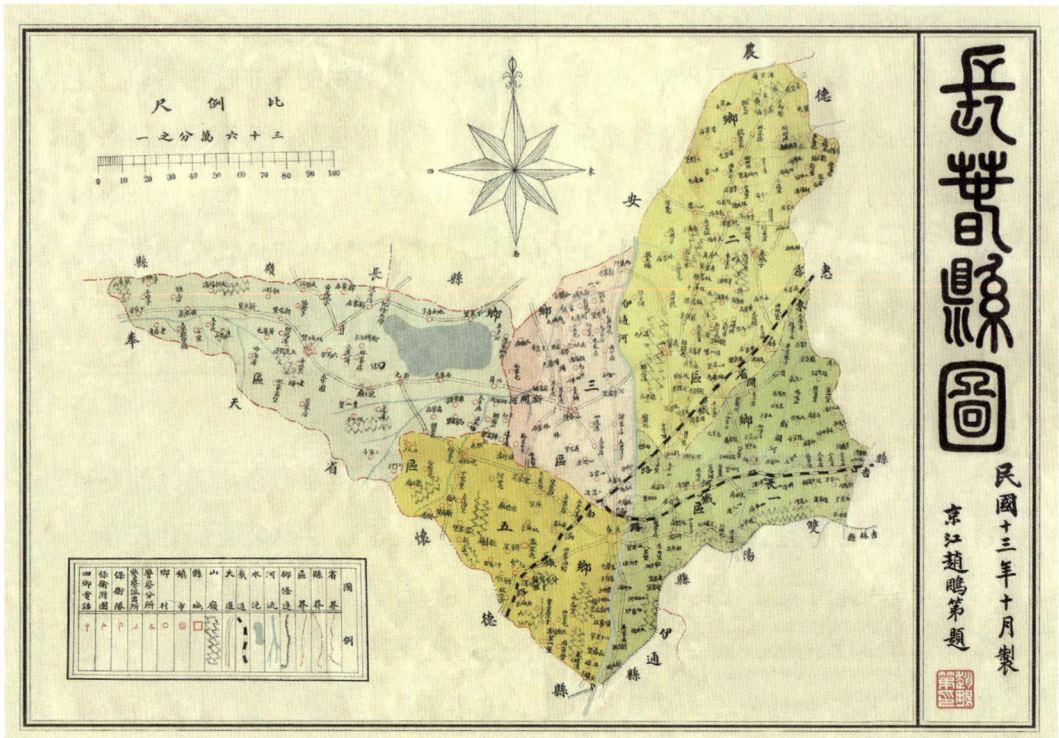

▲ 长春县图，长春县知事赵鹏第题写图名（1924）　　　　　　　　（房友良　提供）

地势低洼，房屋简陋，每到夏季雨天时，雨水常常流入室内，房屋终年潮湿，加上房屋狭窄，连文书票据等都无处储藏，人员无法办公。此时，长春的商埠地、租界地的商行大楼已不断涌现，一个堂堂的县衙如此简陋，实在有碍观瞻。于是，1926年，长春县知事张书翰具文呈请省署重新修建衙署，召集地方乡绅详加讨论，议定改建洋式瓦房四十二间，招商包办，翌年10月竣工。共用"自治款"哈洋27369.20元，建成后的房屋超出原定计划十一间。这次重新修建的县衙署是一个典型的中式四进院落。第一层是临街五间正房，中间为门洞，正中上方竖书"长春县公署"，左右为传达室和卫队使用，东西各有五间配房，东侧为升科契税处，西侧为收发卷档和储藏之地。第二层也是五间正房，中有门洞，右为选举时的办公室，左为缮写文件室，东西亦各五间配房，东为科长、科员办公室，西为会计庶务办公室。第三层也是五间正房，右为会议室，左为县长办公室和招待室，东西配房各三间，东为会客室，西为差役宿舍。第四层正房五间，为县长内宅。另外，在墙外东北角还建有七间房屋作为公务人员宿舍。重建后的县公署"顿改旧观"，显得"堂皇轩敞"。

1920年8月17日，长春县成立长春市政公所，正式启用"关防"，开始筹办市政，市政公所督办由吉长道尹蔡运升兼任。1928年7月，中国实行市制，1929年9月，长春市政公所与长春开埠局合并，改称长春市政筹备处。1932年之前，长春县公署机构为县长以下设法团（下设教育会、农会、商会）、第一科（下设统计管卷处、文书处、收发处、防务督察处）、第二科（会计处、庶务处、契税处、升科处、田赋处）、清乡局（下设承审员、书记员）、附属机关（下设财务处、教育局、保卫总队、救济院、四乡电话处、营业税公所）。

1932年伪满傀儡政权成立后，仍保留长春县公署，但是设立了监督县

▲ 长春县公署（1929）

长的，由日本人担任的参事官，机构设为县长、参事官，下设总务科、内务局、财务局、教育局四个部门，主要管辖卡伦、小合隆、万宝山、双城堡、大屯、朱家城子、小八家子等村镇。1945年东北光复后，国民政府将县公署改为县政府。

1948年长春解放后，这里成为长春市教养院，1953年成为南关区大经路小学，1958年旧址的南端成为大经路运输社厂址，1972年长春市103中学迁入，1982年大经路小学建新校舍时，只留下临街正房、西配房和第二层正房，其余建筑全部被拆除。值得庆幸的是，历史影像留住了一等大县的身影。

道台衙门——吉长道尹公署

一百多年前，长春诞生了第一座具有西洋风格的官衙建筑。

日俄战争后，俄日侵犯中国领土主权。1905年12月，日本强迫清政府签订《中日会议东三省事宜正约》，规定将长春、吉林、哈尔滨等16处"开埠通商"。1906年12月，长春被迫宣布自行开埠通商，并开始在旧城与"满铁附属地"之间筹划建设商埠地。1907年12月，"南满"铁路支线与"北满"支线接通。此后，清政府认为长春地处东北三省的中心，外事政务繁重，所以，实行官制改革，废除将军改设省，省下设道，道下设府，道为省署派出的专门办事机构。

1908年1月21日，清政府在吉林设省，同时，在东三省总督徐世昌和

▲ 吉长道尹公署全景，建于1909年

吉林巡抚朱家宝的多次上奏下，考虑到长春的重要性，清政府在长春增设"吉林西路兵备道"，内设外交、内政、兵备三科，管辖吉林省西南一带的行政事务，兼管长春关税、商埠和外交事务。辖区为吉林、长春、新城三府，五常、宾州二厅，伊通、濛江二州，长岭、桦甸二县，首任道台为陈希贤。1909年9月25日，又改为"吉林西南路分巡兵备道衙署"，为长春最高官府。1912年改观察使为道尹，改署为公署，下设总务科（管理内务、财政、教育、实业等）、外交科（管理涉外事务）二科。

首任道台陈希贤就任后，开始主持规划长春商埠地，把头道沟和二道沟、宽城子铁路附属地，以及后来的"满铁附属地"核心区都规划在了商埠地之内。但是，日本知道长春要开埠的消息后，抢先下手，"满铁"以修铁路用地为借口，秘密高价强买及非法霸占了头道沟一带的土地，并抢

▲ 长春道尹公署南门（1910）

先开工修建了火车站及"满铁附属地"。当时，由于经费的问题，商埠地建设被搁置。不久，第二任道台颜世清到任，1909年5月，成立了长春开埠局，颜世清兼任督办，设正副局长各一人，设组织、总务、稽核、捐务、工程5个股，聘请英国工程师邓芝伟参与规划，正式开始对商埠地进行规划建设。首先，设立公用地基，其余土地分开招商，吸引外资，开辟商铺、钱铺、市场、戏院、妓院等。同时，开始规划建设衙署。为了阻止"满铁附属地"不断向南扩张，道台衙门选址在长春商埠地与日本"满铁附属地"交界处——头道沟南面的最高地，日本人对此极为不满。

道台衙署位于东四道街，占地面积2.5万平方米，建筑面积2000平方米，花费白银9万两，用了商埠地建设经费的三分之一，是当时由中国人主持修建的较大建筑。该建筑为钢筋混凝土结构，外观青砖青沙卷瓦，外墙抹水泥沙拉毛浆，立面采用希腊神庙和意大利文艺复兴时期的西洋式建筑风格，整体建筑采用外围廊设计，正面为14根水泥圆柱撑起三角头品字形门脸，水泥门楼高12米，门柱垛头装饰山花点缀，以巴洛克曲线整体连接，门楼高大典雅，颇有气势。主体建筑设为门楼、大堂、二堂、三堂，且在同一中轴线上，此外，还设有宴会厅、道台官邸和门房等建筑。其建筑布局打破了中国传统的坐北朝南的规制，而是坐西朝东建造，其正门包括大堂、二堂、后堂等一律朝东临街开门，门楼左右各有五间配房，作为传达室和卫队办公室，占地700多平方米。穿过门楼，迎面是大堂，大堂高7米，占地400多平方米，厅堂内宽敞明亮，非常有气势，为长官办公地。大堂后面由木质走廊连接通往二堂，二堂略低于大堂，面积与大堂等同，二堂后面也由木廊连接到后面房屋。在大堂、二堂的北面有四座坐北朝南的正房，占地900多平方米，这是道衙官员家属的住宅。南侧也有木廊与大堂和二堂相通，四周为木质回廊，整体建筑采用围廊式设计，这里是长春最早安装电话、电灯和暖气的中国建筑。

道台衙门建成后，1910年1月，陆军大臣载涛率出洋考察团回国路经长春，道台颜世清将新衙门装饰一新，准备迎接清政府官员，但载涛并没住在此处，而是住在了"满铁"新建的大和旅馆。据道署机关报销清单载，开埠专用的40万两白银，有6万两用于接待载涛。

1913年，民国政府发布政令，全国实行省、道、县三级政权体制，将"道"改称"路道"，"道员"改称"观察使"，"衙署"改称"公署"，将"吉林西南路分巡兵备道衙署"改称"吉林西南路道观察使公署"，1914年又改称"吉长道尹公署"。其管辖吉林、长春、伊通、农安、德惠、长岭、舒兰、桦甸、磐石、双阳、濛江及后来的乾安，共12县。1920年8月，设立长春市政公所。1922年7月，吉林督军孙烈臣将吉林督军行署机关大部分从吉林迁入长春。1924年4月，孙烈臣病逝。5月，

▲ 长春市政府（1929）

▲ 道尹衙门整体建筑采用外围廊设计

张作相将吉林督军公署迁回吉林市，这里仍由吉长道尹公署使用。1929年1月，东北行政委员会决定撤销东三省道级政权，令各道尹公署改为市政筹备处。4月3日，长春市政公所与长春开埠局合并，改称"长春市政筹备处"，筹建长春市。

1931年九一八事变后，主持吉林省事务的参谋长熙洽投降日寇，成立了"吉林省长官公署"，熙洽任长官。1932年，这座衙门又开始重新装修，这是为了迎接溥仪。1932年3月8日下午3时，溥仪在日本关东军的挟持下到达长春，在各方人士的簇拥下，从火车站直接乘汽车来到道尹衙门。当天晚上，溥仪住在了第二天举行大典大厅东边的房间里。3月9日下午3时，道尹衙门内外警戒森严，在衙门的一间大厅里，溥仪和日伪官员等举行了"满洲国"成立大典。但是，这里只做了26天的"执政府"。4月3日，溥仪搬到新修缮的原吉黑榷运局院内。此后，这里相继成为伪满国务院、伪满参议府、伪满外交部、伪满法制局、伪满交涉署、伪满市政筹备处的办公地。1935年这里作为伪首都宪兵团驻地。1941年，郑孝胥在这里开办"王道书院"。

1945年，日本投降后，这里成了国民党新一军炮团的驻地。长春解放后，先后由东北电信修配厂、邮电器材厂、邮电部长春电话设备厂元件分厂使用。1999年，被列为吉林省文物保护单位，2002年，长春市政府出资3000万元，对这里重新修复，成立了长春市城市建设展览馆及长春道台府展览馆。2013年5月，被列为第七批全国重点文物保护单位。

官办银行——吉林永衡官银钱号

清初，官银号称为官钱局、官帖局、官钱铺。

吉林永衡官银钱号，是在官帖局的基础上发展起来的。1898年10月，吉林将军延茂奏设吉林永衡官帖局，开始为官办银号，后改为商办。1909年，吉林永衡官银钱号成立，总办事处设在吉林，并在长春、滨江、延吉、珲春等地设了二十多处分号。长春永衡官银分号设在北大街（长春市橡胶八厂原址，大马路1491号），资本金50万吊（吉林官帖折合大洋16948元），是长春规模最大的官办银行，同时也是长春最大的发钞行之一。

吉林永衡官银钱号主要业务范围有代理省金库，办理存款、贷款、汇兑、贵重物品代保管、货币兑换、生金生银的买卖、代办金库及公债的募集和偿还业务，并以发行纸币为主，其纸币有永衡官帖、吉小洋、吉大洋。

▲ 吉林官银钱号（1932）

成立之初还发行过银本位官帖。但因流通不畅，后改发制钱官帖。吉小洋面额有七种：一角、二角、五角、一元、五元、十元、五十元；吉大洋面额有六种：五分、一角、五角、一元、五元、十元。同时，还兼营粮食买卖，发帖买粮，并经营各种

▲ "满洲中央银行"（20世纪30年代）（赵炳清　提供）

非金融的附属企业，有电灯厂、粮食加工厂、烧锅厂（酒厂）、油坊、粮栈、杂货、养殖、种植、当铺、印书、客栈等各种行业，所属企业均冠以"永衡"二字，形成了庞大的企业王国。

　　1931年九一八事变的第二天，日本关东军首先占领了东三省官银号，将库存财物洗劫一空并停止营业。10月15日，在日本关东军的控制监管下，东三省官银号重新开业，由关东军的"统治部"直接管理。1932年3月，伪满傀儡政权宣布成立"中央银行"，6月15日，将东三省官银号、吉林永衡官银钱号、黑龙江官银号及边业银行合并到"中央银行"，以吉林永衡官帖500吊、大洋票130元、小洋票50元兑换伪满纸币1元的兑换率，将吉林永衡官银号取缔，至此吉林永衡官银钱号在吉林的金融流通领域中消失。

　　吉林永衡官银钱号是在吉林商品经济的发展中应运而生的，当时，促进了商品交流，扩大了市场，它不仅成为长春经济发展的杠杆，也在面对日俄帝国主义金融侵略时起到了抗衡作用，在东北的金融史上占有重要的地位。

盐务专卖——吉黑榷运局

盐，是人们生活中不可或缺的食物，自古以来就由政府掌控、官府专卖。

榷运局，是民国初年由官方设立的管理盐务专卖专运的机构。盐税在中国历代政府税收中都占有重要地位，清朝初年，盐场由地方官府管辖。1867年，清政府开始征收盐厘，而地方各省征收的盐税项目更复杂。1901年，吉林境内开始设局抽盐厘。1902年，盛京将军增祺推行振兴食盐营销政策，翌年12月设立督销官盐总局。1905年，奉天督军赵尔巽设立由奉天省财政局管辖的官盐总局。1906年5月，裁撤督销官盐总局，在奉天设立东三省盐务总局，成为管理盐政的最高机关。

中东铁路建成之前，吉林、黑龙江地区居民的食用盐主要通过水路和陆路运销奉天和营口等地，地方政府在运盐的沿线设税卡征收盐税。中东铁路开通后，俄国将符拉迪沃斯托克（海参崴）的盐倾销到哈尔滨、吉林等地，日本则借助"南满铁路"将营口的盐行销到吉林，日俄两国在中国东北开始争夺盐税利益。1907年，清政府对盐政进行整顿，在东北实行盐务专卖榷税制度，首先在奉天设立了官盐总局。1908年，清政府在吉林、黑龙江两省设立官运局，并附设转运、分销、缉私、分仓各局处。1908年6月21日，在吉林（即今吉林市）设立吉林全省官运总局，同时，成立了管

▶ 吉黑榷运局
　南门（1932）

◀ 吉黑榷运局东
门，东北沦陷
时期的兴运门

理盐务缉私业务的缉私总局,管理吉林省盐的转运、购销、缉私,实行官运商销制度。1910年,改为官运官销制度,并将吉林省官运总局改为吉林省榷运局。同年8月,设奉天盐运使,管理东三省盐务。

1911年10月,东三省盐运使熊秉三整顿吉林盐政,考虑到将盐从营口运到吉林总盐仓,距离过于遥远,决定将吉林省榷运局从吉林迁到长春。同时,将吉林总盐仓也迁移到长春,并特派总务科长罗鼎臣到长春考察并选址。

1913年,北京政府为了统一全国盐政,决定由财政部监督盐运使,各省地方官不得管辖盐政。1月28日,设立吉林榷运总局。1914年12月23日,东三省榷运总局盐务署决定合并吉林、黑龙江两局,称吉黑榷运局,负责吉林、黑龙江两省的盐务专卖、运销和缉私业务,并选长春盐仓作为办公地。原吉林榷运总局局长董士恩任局长,内设总务、经理、运销、缉私、监察各科,在长春、哈尔滨、伊通、双城、海林、巴彦、怀德等地设14个分局和两个缉私队。1915年1月,在长春设立吉黑稽核处,管理吉黑两省的盐务运销。1921年,内设机构为局长1人、科长1人,局长为阎泽溥,科长管理三个股:运销股、会计股、文书股,总计40人。到1930年,吉黑榷运局在吉林、黑龙江两省设有盐仓21个,在营口设有一个办公处,在各主要城镇设13个分处,每年的盐税收入成为地方政府财政的重要来源。

1908年5月,长春知府唐人寅购买了长春商埠地东门外兴运路北端高地上崔、刘两姓的一块八垧土地,并在当年建起盐仓官舍和仓房。1915年,吉黑盐务稽核处迁到此处办公。房屋因年久失修,破损严重。1926年,稽核处报请翻修。1928年3月重建了该楼,由榷运局建筑科设计,委派开埠局竺光魁监工,哈尔滨人王兰亭承建,花费大洋5.5万元,当年10月竣工。

吉黑榷运局分东西两院,东院是长春的盐仓,有通往长春火车站的专用线,有仓库9座142间、炮台5座。西院的南侧是个围起来的四合院,位于

▲ 吉黑榷运局盐仓分布图（1932）　　　　　　　　　（吉林省档案馆藏）

中间的二层主楼是吉黑盐务稽核处的办公楼（伪满皇宫的缉熙楼），西南侧平房则是稽核员的办公室及宿舍。

西院的北侧是吉黑榷运局的办公区，这是一座砖木结构的二层方形圈楼，正门上方建有一铁皮穹顶，为欧洲折中主义建筑风格（伪满皇宫的勤民楼）。1915年，吉黑榷运局迁到此处办公。在该办公楼的西侧是一座四合院式的局长公馆（伪满皇宫的宫内府），这是首任吉黑榷运局局长董士恩的公馆。1923年5月，第二任局长阎泽溥将原有房屋拆除重建，修建了带有双层窗口、四面带廊、廊下有座椅的四合院，并建有澡堂和厕所。这里先后住了三任局长，最后一任是魏连熙，所以，后来有人称之为"魏公馆"。

1932年2月，长春被选定为"满洲国国都"，确定由熙洽负责在长春筹建"满洲国"。2月24日，熙洽派伪吉林省警务署长修长余从吉林来到长春，与伪市长金壁东、伪县知事赵汝楳联系后，调查可充作伪政权所属各官厅的建筑，并对道尹公署、榷运局、陆军医院、各大银行、县政府、市公安局、第二中学等十五六处建筑进行了考察，最后，选定吉黑榷运局作为伪执政府。3月初，吉黑榷运局临时迁到长春五马路于家楼大院。3月3日，熙洽、郑孝胥和日本关东军中将森连一行来吉黑榷运局考察，确定了各楼的用途功能，开始日夜不停地对原建筑进行修缮。4月3日，溥仪伪执政府从吉长道尹公署搬到了只做了简单修缮的原吉黑榷运局。从此，盐仓成为"满洲国皇宫"。

如今，当年的盐仓建筑，曾经的"满洲国皇宫"，已成为全国重点文物保护单位。

军队驻地——南岭大营

这片开阔的伊通河西岸高台地，"远于城市，便于交通，地势旷衍，水泉甘洌"，是驻军的理想之地。

清政府在长春设治后，并没有在长春驻军，直到1905年，清政府在全国实行军制改革，取消八旗兵制，编练新军三十六镇，1907年，调北洋军第三镇到长春，驻扎在长春南岭大营，此后，长春成为东北的军事重镇。

南岭大营位于长春南门（全安门）外约3千米的高地南岭（现南关区磐石路）。1907年始建，当年冬天竣工，花费白银26万两。兵营占地2000余亩，其中建筑占了一半面积，包括军事指挥机关、官兵营舍、军械库、马厩、草场、练兵场等，比奉天、新民等地新军的兵营都大，是长春占地最大、驻军最多、历时最久的兵营。1905年，清政府在全国实行军制改革，取消八旗兵制，编练新军三十六镇，新军第三镇的大部分兵力进驻长春南岭大营。北洋新军第三镇的统制（师长）都是民国赫赫有名的人物，徐世昌、段祺瑞、段芝贵、曹锟都任过第三镇的统制，吴佩孚曾任过管带。

1911年辛亥革命爆发，驻守南岭大营的新军第三镇奉命调往关内，长春防务空虚。吉林地方政府为了吉林的防务，新建了新练巡防营六个营，镇守吉林和长春。1913年2月，新练巡防六个营被合编为吉林陆军混成旅。1915年7月，被改编为吉林陆军第一混成旅。1920年，由掌握东北三省军权的张作霖下令统一东三省军制，又被改为吉林陆军第一混成旅，旅部及步兵一团、炮兵营、机关枪连驻扎南岭大营。南岭大营作为驻有重兵之地，备受重视，张作霖曾多次派人来视察，张学良曾亲自到南岭大营检阅驻军，吉林军务督办张作相每年必来视察。1928年张学良易帜，军队统一归属国民政府指挥，原有东北军队改编为国民革命军东北边防军，东北边防军步兵第50团驻扎在南岭大营。

1931年9月18日，日本关东军进攻沈阳北大营的中国驻军，制造了震惊中外的九一八事变。19日凌晨，长春南岭大营的中国驻军也遭到日本关东军的大举进攻，当时南岭大营的驻军是独立步兵671团和独立炮兵第19团，是长春实力最强的军队。中国驻军虽然得到上方"不准抵抗"的命令，但仍愤然砸开军火库，取出武器与日军展开激烈的枪炮战，毙伤日军百余人，给猖狂的日军以重创。在双方互有伤亡的情况下，中国驻军撤出

▲ 南岭兵营（20世纪30年代）

营地，日军炸毁部分营房、仓库和武器、弹药后，于下午2时许，占领了南岭大营。在大营的东部，日军为进攻南岭大营被击毙的日军官兵修建了一座"南岭战绩纪念碑"。

1932年，熙洽统领的伪吉林警备骑兵第五旅调入长春，被改编成"首都警备军"，进驻南岭大营。1934年，日本关东军宪兵司令部迁入长春，其分遣队进驻南岭大营。1935年以后，伪满军政部的第一独立炮兵队的高炮营驻防此地。1936年，日军的"米山部队"和"板鼻部队"也驻扎在此。到1945年日本投降，日军高炮队都驻扎在这里。

1945年8月20日，苏军进入长春后，驻扎在这里，并把大营作为日军战

▲ 长春"九一九"抗战时的南岭大营（1932）

俘营，当时，被俘的关东军司令官山田乙三、参谋长秦彦三郎及司令部的参谋等都被押送到这里，南岭大营先后集中了上万名日军战俘。9月，集中在此的大批日军战俘被押送到苏联远东地区。1946年4月14日，苏军撤离长春后，南岭大营变成空营，无人管理，营房被严重破坏。长春解放后，长春商业专科学校在此建校。1955年10月，商业学校迁出，空军第九航空学校迁入。1992年10月1日，学校更名为空军第二航空学院。2011年，长春市在兵营旧址上建起了占地2000余平方米、建筑面积300多平方米的陈列馆，在九一八事变80周年纪念日，长春南岭大营旧址陈列馆正式落成，免费对外开放。

文有孔子——文庙

文庙又称孔庙，是祭祀中国古代文圣孔子的儒家庙宇。长春文庙始建于1872年，由长春绅士朱琛捐款修建，位于长春老城二道街。

据《吉林通志》卷四十六记载："长春府学在城东二道街路北，同治十一年，绅士朱琛等构建。大成殿三楹，东西庑各三楹，泮池、棂星门、斋舍、照壁如制，余未具。"文庙占地1万平方米，为三进院落。门前古木参天，花草满坛，门口有泮池，池上架有虹桥，过桥即是高大的棂星门。此门原为木结构，重建时改为铁梁石柱，外由水磨石挂面，门高7.5米，宽8米，门楼上书"棂星门"。文庙最初修建时规模并不大，后来经过两次大

▲ 孔庙（20世纪30年代）

规模扩建，建筑规模最大时有中、东、西三个院落。在中院的中轴线上有大成殿、棂星门、大成门和崇圣殿，大成殿正中悬挂"至圣先师"横匾，神龛内供奉着孔子像，两旁供奉颜回、曾参、子路、子贡等弟子的牌位。东西配殿供奉的是孔子72位弟子及儒家历代先贤牌位。最后一殿崇圣殿祭

▶ 魁星楼，1917年毁于一场大火

祀着孔子父母及五代先祖；东院有祭祀孟子的亚圣殿、文昌阁；西院是孔子家庙。

1895年，长春知府杨同桂"捐廉俸修理文庙"，对文庙进行了第一次修葺并扩建了文昌阁。1902年，长春知府王昌炽上任的第二年，为振兴长春的"文运"，把关帝庙内的魁星楼移建到文庙，他还为此写了一篇《移建魁星楼记》。这座魁星楼始建于1816年，原建在城南门外的关帝庙内，是一座三层的塔式建筑，高三丈，砖木结构楼阁，堂内塑有手执毛笔、单脚站立的魁星神像。1917年，魁星楼被雷击起火，再也没有重建。1924年，长春县知事赵鹏第又对文庙进行了一次大规模的重新修缮。这次修缮后的文庙一直保持到长春解放。

每年的农历二月和八月都要在大成殿前举行春丁、秋丁和孔子诞辰祭祀活动，要供三牲、献歌舞，地方文武百官和学校学生都要向孔子参拜，场面颇为壮观。

新中国成立后，文庙的所有祭祀活动停止。2002年，长春市政府出资恢复、重建了文庙，复建成由殿堂和门庑围合而成的三进院式建筑，恢复了照壁、泮池、泮桥、棂星门、更衣厅、孔子家庙、孟庙、东西配殿、大成门、大成殿及崇圣殿等建筑，复建后的面积达1万多平方米。

"钟磬齐鸣，韶乐绕梁。"长春文庙每年都要参与全球祭孔活动，意在宣传弘扬中华优秀传统文化，充分展示长春作为文化城的魅力。

李鸿章题——养正书院

　　书院始于唐朝，北宋时期盛行一时，清朝时衰亡。清朝时书院既为地方学校，也是科举考试的预备学校。

　　1883年，江苏无锡人李金镛到长春厅任抚民通判，李金镛上任时，吉林的教育和文化都处于落后状态，当时只有吉林的白山书院、伯都讷厅（今榆树市）的种榆书院、吉林府的崇文书院三所书院，而长春设治以来还没有一所书院。李金镛看到长春的教育落后于生产力的发展，"深慨书院阙如，无以培植人才"。于是，决定创办书院，以"教化士民，开化地方风气"，他带头捐出俸银一千两，并倡导社会各界人士为书院捐资。在他的带动下，各界人士纷纷响应，共捐款九万一千两。1884年3月，书院在购得二十五间民房地后，开始动工修建，9月22日，书院竣工并投入使用，第二年，书院又进行了扩建。

　　书院位于老城东马号门外的二马路至三马路之间（今长春大街北侧，西三马路小学）。书院为坐北朝南三进四合院，正门朝南（今长春大街），正门为大门楼，中间为门厅，两侧为五间门房，门厅内设有影壁墙。在第一进院落有两块青石碑，碑上刻有李金镛撰写的《养正书院记》，将其创办宗旨、时间及捐款人名录刻入其中。讲堂门上方高挂李鸿章书写的"养正书院"牌匾，过堂门后面上悬吴大澂书写的"敬业堂"横匾。前讲堂五间，东西厢房六间。东厢房占地218.91平方米，西厢房占地210.14平方米，分为主敬、存诚、穷理、养性四斋，是生童学习的地方。进入第二进院落，正屋五间，占地155平方米，是书院祭祀和藏书的地方，主室供奉孔子、朱熹、陆九渊等儒学先师，有藏书千卷。此外，书院内还设有考棚，两侧列有三十六间号舍，这是为乡试准备的预考场和考生的食宿之地。第三进院有正房十一间，这是1885年第二次施工时续建的，被称作居仁、循礼、浚智、由义四斋，为学生宿舍。

李鸿章为书院题写的"养正书院"匾额，其中"养正"二字取自《易经·蒙卦》"蒙以养正，圣功也"，即启蒙和修养正道之意。这是长春历史上最早的官办学校。因为李金镛崇尚儒学，所以书院开设的课程主要是

▲ 养正书院（1932）

儒学经学。他委任进士出身的长春人高培田为书院总董,负责书院的日常事务;同时,他还四处奔走,请各界名士到书院讲学,为书院制定了一系列办学方针。他还撰写了《养正书院记》一文,阐述教育为本的思想,指出"书院阙如,无以培植人才",倡导办实学,求实效、学以致用的理念。他作为一名地方官员倡导教育,开启民智,教化风俗,注重人才培养和智力开发,并身体力行,把发展教育、培养人才看成移风易俗、振兴地方的良策。他不仅是一方官吏,更是地方教育的开拓者和锐意进取者,对提高长春地方文化教育水平做出了重大贡献。

养正书院作为长春地方科举考试的预备学校,培养了二十多名贡生和七十多名附生,造就了一批学子。1907年,清政府兴办新式学堂,养正书院被改为长春府中学堂,1913年改为长春县立中学。1915年改为吉长道立中学校,1920年改为吉林省立第二中学校。

虽然养正书院的建立晚于吉林崇文书院10年,但其影响力却远胜于崇文书院。养正书院不但开启了长春文化发展的先河,而且,其影响力遍及长春周边地区,对这些地区的文化教育发展起到了相当大的推动作用。此后,吉林省内先后建立了伊通启文书院、珲春俄文书院等,由此全省掀起了兴办文化书院的热潮。作为历史悠久的文明古国,在关外东北的吉林省形成推崇文化的热潮,对本地文明进步的重要性是不可估量的。

此后,李金镛还兴建了同善堂、牛痘局、养济所等公益机构,备受百姓拥戴,被称为"李青天"。后来他被升为"道员",在任上病故,经北洋大臣李鸿章具奏,清廷赠"内阁学士衔",准于原籍立祠祭祀。长春在二马路北为其建造了"李公专祠",以纪念其功绩,彰显其德政。

1945年长春光复后,这里作为长春市图书馆分馆和民众教育馆使用。

▲ 李公专祠（20世纪30年代）

1953年为长春大街小学。1957年学校分为西长春大街小学和西三马路小学。"文革"后，改为长春市第十二中学。1987年，原校舍因年久失修被拆除。2007年，长春市十二中学与长春市第四中学组建成长春市养正高级中学，将长春的教育发展史传承下去。

现位于西长春大街95号的原养正书院由长春市西五小学西长校区使用。

朗朗书声——自强小学

"自强不息法天行，丕基肇王公。桃李花溢都城，玉琢白山璞，珠含黑水瑛，山高水长，努力前征，中华之光荣。"这首依据校训写成的自强小学校歌，完美诠释了学校"自强不息"的精神。

自强小学创办于1915年，由长春裕昌源制粉公司董事长王荆山出资创建，是长春最早的私立学校。学校最初设在山东会馆（今东大桥附近），因为这里环境嘈杂，过于喧嚣，三年后，学校迁到了三马路东侧（现第七

▲ 1931年，自强小学新楼竣工

中学）。当时学校占地4垧，校舍30余间。1918年，学校聘用了著名教育家杨世桢为校长。杨世桢毕业于吉林省立师范学校，曾任职长春商埠学校校长。杨校长为人清正，办学有方，几年时间里使学校规模、教学质量均得到极大提升。1922年，学校发展到9个班，并设立了中学部和职业教育部，学生达到300多名。1930年，校园内又建起一座2000多平方米的教学大楼及400多平方米的大礼堂，并建起了大小运动场，配备了运动器械；同时，还建造了养鱼池、假山，甬道上种植了各种花草，将校园装扮得如同花园，这在全省中等学校中也是独树一帜的，当时的达官显贵、社会名流纷纷将子女送到这里就学。

此外，为补充教学经费的不足，学校还办起了两个校办工厂：一是织布工厂，为裕昌源火磨等面粉厂缝制面粉袋子；二是印刷厂。此时学校的发展达到鼎盛时期。在建校十周年之际，梁启超亲笔为校刊题写了封面"王氏私立自强学校十周年纪念"，时任吉林省省长的张作相为学校题写了"自强不息"表示祝贺。20世纪20年代，学校门前的一条繁华街路因学校的盛名而改为自强街，此名沿用至今。30年代中期，学校学生达1500多人，成为长春市最大的私立学校。

东北沦陷后，"新京市政府"接管了长春城区义务教育小学校，自强小学由私立改为公立。1934年8月1日，被改为"新京特别市"自强两级小学校，隶属于"新京特别市公署教育科"，并强迫学校开设日语课、修身课等，学校被日本人控制，校长仍是杨世桢。1937年春，杨世桢病逝。

自强小学在东三省闻名遐迩，为国家培养了许多栋梁之材。如今，当年的校舍由现在的长春市第七中学使用。

孝有可风——孝子坟

这是一个流传至今的孝子佳话。

在长春老城大西门的东北角，曾有一处长春老百姓皆知的孝子坟。传说光绪年间，有个孝子叫王梦惺，38岁时其母病故，他把母亲安葬后就到千山无量观修行，十多年后因思念母亲回到长春，在母亲坟前苦守，三年不食人间烟火，以清水生米度日，终日不与人交往。当时孝子守墓一事轰动一时，老百姓纷纷从四面八方送来食品和衣物，连时任吉长道尹的颜世

▲ 孝子坟（20世纪30年代）

清也赠其头箍，驻守长春南岭的旅长曹锟（后任民国大总统）为其题写匾额"孝有可风"。1913年，王梦惺故去，世人被他的孝心所感动，将他葬在其母身边。1915年春天，卸任的长春知县吴天寿给王梦惺修了个塔式坐棺，人们称其为"孝子坟"。

早期的孝子坟为砖砌成，高约15尺、宽5尺，二层六角形建筑，南面有匾额上书"百代馨香"，两旁还有砖刻的对联，旁写"梦惺王公祠"，墓前还立有一块高一尺的石碑。后期的孝子坟是1943年守坟道士陈至生用捐款修建的，占地约80平方米，为三开间石坊，外立面刻有"天经地义"，右刻"孝为本"，左刻"诚则明"，还安装了石雕护栏，立了牌坊，修建了神道，碑文记载了孝子生平。当时，这里还成了景点，常常聚集着许多游人和卖货的小贩。

1958年，孝子坟被市政府拆除，墓中骸骨和骨灰被葬于朝阳沟墓地，部分石材被用到南湖公园的石拱桥桥基上，另一部分残余部件存到了儿童公园。2008年9月，长春息园利用保存下来的牌坊和石柱等，按照1:1的比例复建了孝子坟，将中国传统文化中的一段孝子故事保存下来。

第三章

道不尽的豆城

闻名遐迩——塞外豆城

长春，曾以"豆城"之名扬名海内外。

二百年前，熙熙攘攘的宽城子老街上车水马龙，每天几百至上千辆马车在此穿行，想想都很热闹，这些都是满载着大豆和粮谷的马车。

当年，长春亦称宽城子，以盛产大豆出名。宽城子地处松辽平原腹地，且是东北交通中心和重要的商品粮集散地，黑龙江、吉林两地的大部分粮谷和大豆都要从宽城子陆运到辽河干流码头，再经营口远销到海外。据1865年英文年报《海关贸易报告册·牛庄口》（简称"报告"）记载："在运到营口的大豆中，只有不足20%是出产于辽河平原，其余的80%都产于非设关地区。"从地图标记上看，是从宽城子到松花江（吉林）。同时，1889年的报告对马车队和行驶里程进行了更为详细的记载："运输贸易当中最重要的部分是从宽城子和船厂区（吉林）运来的大豆，这两个地区雇用了七匹壮马的车队和两排骡子拉的车队，这些马车从宽城子和船厂跑到牛庄的距离分别是1000里和1400里，根据道路情况，每天可行驶50里—80里。"可见当时运输东北大豆的马车有多么繁忙。中东铁路和"南满"铁路开通后，东北的粮食和大豆通过长春中转，远销到日本、英国、德国、挪威、瑞典等国家。而大豆是东北对外贸易的重要出口产品，据"《满洲技术》"史料记载："1936年东北大豆生产总额为418万吨，占全世界大豆产量的六成。"

▲ 长春储藏大豆的粮仓（1918）

　　长春，作为名扬海外的"豆城"，因大豆品质高、价格廉，而使大豆的现货和期货贸易都非常发达，号称豆类三品的大豆、豆油、豆饼成为外销的大宗商品。高产优质的大豆也带动了榨油制饼业等相关产业的发展。商业的繁荣使宽城子迅速成为这个地区的农业和手工业产品的集散地及商业、交通中心和财富聚集地。

　　粮豆贸易的兴旺带动了旅店业的发展，人们抓住商机，纷纷开起了大

▲ 站台上正在装卸大豆（20世纪30年代）

车店，接待马车队的大车店越开越多。同时，也带动了钱庄、饭馆、药店、裁缝店、估衣铺等店铺的兴隆，形成了每月初三、初六、初九为买卖集日，十里八村的老百姓都在这一天去宽城子赶大集，这应该是赶大集最早的起源吧。

长春，因大豆贸易而兴旺，因大豆而增长财富，因大豆而扩大了城市规模，进而促进了城市繁荣。

城市化开端——开埠通商

城市是城与市的结合，市则是商品交易的场所。

城市是因商品交换集聚了更多人群而形成的，是经济发展到一定阶段的产物，是人类走向成熟和文明的标志。

1905年日俄战争后，根据《朴次茅斯和约》，俄国将长春以南的东清铁路移让给日本。同年12月，日本为了扩大在"南满"的特权，迫使清政府签订了《中日会议东三省善后事宜正约及附约》，附约中规定，开放凤凰城、辽阳、新民屯、铁岭、通江子、法库门、长春、吉林、哈尔滨、宁古塔、珲春、三姓、齐齐哈尔、海拉尔、瑷珲、满洲里等16处城镇开埠通商。1906年，西南路分巡道开始筹划长春开埠事宜。1907年1月14日，吉林将军达桂奉命在长春开埠，并举行了开埠仪式，向外交部报告函请各国使馆。

长春开埠后，清政府在长春增设了省署下的行政机构西路道，由道台兼管长春商埠地事宜。为了防止"满铁"势力向商埠地扩张，省府给长春商埠局下达过许多政策和公文，要求尽快修筑马路，设立地皮公司，优先开设戏院等娱乐场所，让市街繁荣起来。1908年，长春第二任道台颜世清设立开埠局，并兼任开埠局督办，开始募集资金，自购土地，制定了较为详细的《长春自开商埠租建章程》，并聘请英国工程师邓芝伟为商埠地建设规划设计顾问，这是长春历史上第一次聘请外国人为城市进行规划设计。商埠地规划南北走向道路六条，其中，四条与老城内的主要街路相

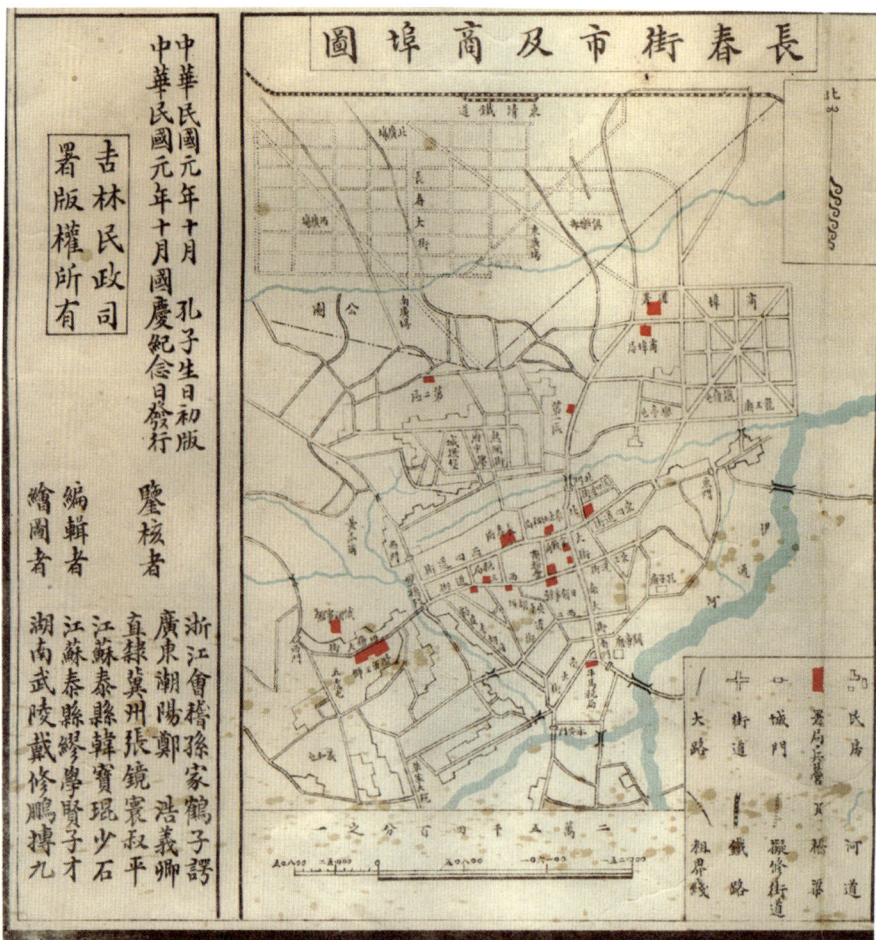

▲ 长春街市及商埠图（1912）

连。最重要的一条是与老城内南北大街相连的北门外大街，它把"满铁附属地"的"日本桥"通连接起来，形成一条新的商业街，即商埠大马路，它是商埠地内最繁华的街市。

商埠地的建设经历了一个从慢到快的过程，到1910年，仅完成一条马路、道台衙门和200余间出租门市房的建设。后来，因资金被占用，加上当年长春发生鼠疫，使商埠地发展受阻。1911年，第四任道台孟宪彝上任后，为促进商埠地的发展，采取了更为灵活的开放政策，吸引更多的商家到商埠地开办实业。1912年春，分散在老城区的妓院被迁到新建成的平康里一条街上，并借鉴天津、北京的经验，采取个人集资借贷的方式，兴建戏院及出租房屋，奖励商民迁入，建立大型综合市场（老市场）。在老市场设有珠宝古玩店、鞋帽店、日杂百货店、餐饮小吃店等，可谓应有尽有，繁华一时。此外，在老市场北门外，还修建了一条以铁匠铺著称的胡同，"刀王""锯王""剪王"等名噪一时。1918年，仿照老市场模式在

▲ 长春城内大街（1929）

大马路西侧建起一个新市场，剧院、茶馆、浴池、饭店、旅店、医院、理发店、书店应运而生。在商埠地北端则建起高档的剧院、电影院和饭店。到1922年，商埠地的人口达5万多人，人气也不断提升，与"满铁附属地"的发展速度不相上下。但是，当时老城内和商埠地的道路、卫生状况极差，没有自来水和消防设施，缺少绿化。一下雨，沟壑积水很深，道路泥泞难行。到1929年，老城内的南北大街和大马路才改建为柏油马路。同年，商埠局和市政公所合并为长春市政筹备处，但长春商埠地的名称到东北沦陷时期仍然保留着。

虽然长春开埠较晚，但发展速度较快，并在发展过程中能主动地适应外来文化的冲击。从吃穿住行到建筑样式、街区规划、道路工程等社会生活、城市规划等各个方面都体现出了明显的规划性，改变了过去放任自流的无序状态，出现了管理机构和管理制度，造就了独特的城市商业文化，为商埠地的后续开发建设奠定了基础，促进了城市化进程。

车水马龙——老城街巷

老城，是长春最早形成的城区。

1925年，长春厅由长春堡迁至宽城子后，这里成为政治、经济中心，商业开始兴盛起来，各垦区的农产品，东部山区的木材、山货，本地的粮食、农具、车具、马具、油料、烧酒等，以及关内的布匹杂货都集中到这里，粮食交易非常发达。其中"马市"尤为出名，内蒙古的马牛羊都到交

▲ 伊通河畔的马市（1910年前后）

易，日平均交易量曾达400头，最高时过千头。同时，也带动了钱庄、当铺、旅店、车马店、货栈和镖局等行业的兴旺。

　　商业的繁荣，逐渐形成了繁华的街路，促进了老城街路的建设。最初修建的街路是直通南北门的南北大街，南段称南大街，由全安门至三道街，长约1000米。北段称北大街，由三道街至永兴门，长约1000米。以此为中心，又修建了东西横向、南北平行通向伊通河的四条街：头道街、二道街、三道街、四道街。1865年后，随着城区面积的不断扩大、人口的增加，城区逐步向北移，南北大街从三道街修到二马路（长春大街），街道长1200米、宽20米，成为当时长春最长、最宽的街道，也是老城最繁华的主干道。

▲ 知名商号玉茗魁商标（20世纪30年代）

（刘伟　提供）

除了南北大街外，老城内的主要街路还有：东西四道街、东西三道街、双桥西街、东西二道街、东西头道街、南关街、新开路街、西北门街、横街等。此外，老城外的街路有大南门外街、大东门外街、永安门外街、朱家大屯、热闹街（东起商埠大经路，西至商埠地，长约500米，街巷狭小）、自强街、城壕外街（东起马号门桥，西至小西门，长约1000米）。

长春街道也延续了中国传统城市道路的布局，既有宽阔的大街，也有小巷胡同，在南北大街的两侧排列着众多的胡同。街路名称沿用中国文化传统，大街多以简单的方位及数字来称谓，如二道街、三道街、二马路、三马路、四马路等，而胡同的称谓却各具特色，更有味道，如扇子胡同、积善胡同、聚宝胡同、轱辘把胡同等。后来，由于商埠地的开辟，又相继修起了连接老城和新城的街道、马路。

当时，地方的政治中心府、县、衙、署、监狱等官衙主要集中在西三、西四道街上；而粮市、油坊、银市则集中在双桥西街（今西三道街），南大街为商号街，南门的关帝庙附近是著名的牛马市场。

▲ 西三道街粮油市场（20世纪30年代）

随着商业的繁荣，人口也迅速增多，城区面积也不断扩大，以南北大街为中轴线的老城，形成了适合手工作坊的商业格局，长春的商品经济开始从这里起步。

第一街区——商埠地街路

长春的第一块街区——商埠地街区。

1906年长春开埠时，划定商埠地范围是长春城北直到头道沟、二道沟间的广大地域。当时已经计划在头道沟修建吉长铁路局，建设商埠公司，连铺设的枕木和建筑材料都已运到了现场，且开始进行土地征购。但是，1907年3月，"满铁"社员佐藤安之助和镰田弥助秘密来到长春，抢先选定宽城子和老城之间的头道沟一带作为"满铁附属地"。

为了抑制"满铁"势力继续向城南侵占，1909年，吉林西路兵备道颜世清奏请清政府开办商埠，5月，设立了长春开埠局，颜世清兼任督办。将东起东门，西至西门十里堡，南起北门，北至"满铁附属地"东斜街以南地界，大约6.1平方千米作为"国有土地"开发，开辟为商埠地。请英籍工程师邓芝伟为商埠地设计规划方案。首先设计在"满铁附属地"边界的高地处修建道台衙门，阻断"满铁"向南扩展。并以道台衙署为中心向四面延伸修建街路，规划主干道为北大街与"日本桥通"之间的大马路，与大马路交叉的由南向北为二马路、三马路……七马路，这样就形成了南北向的主要道路五条：大马路、永长路、永春路、兴运路、大经路；东西向的

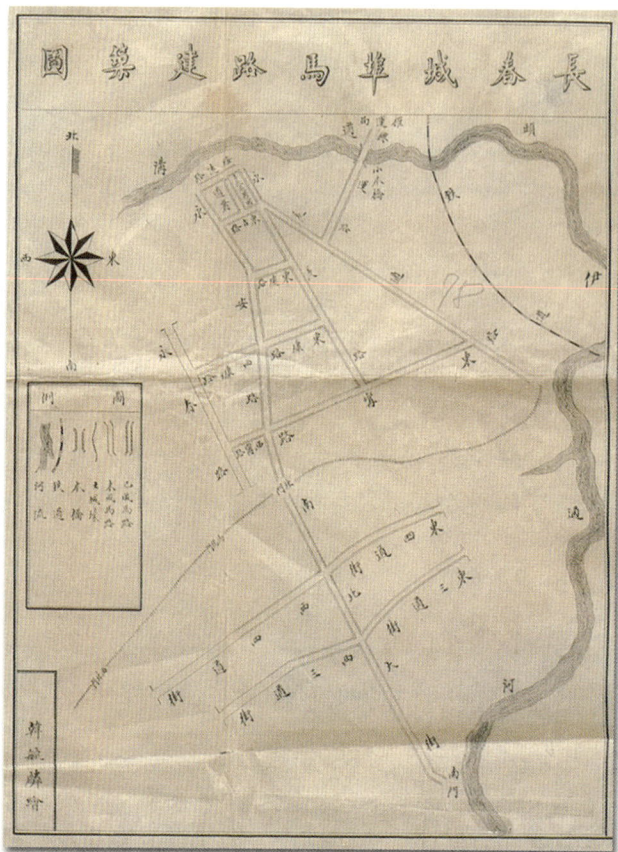

▲ 长春城埠马路建筑图（1916）

街路七条：二马路至七马路、长通路，此外还有30多条小巷交织。可以说，这是长春自己规划建设的第一块街区。

长春马路的名称都是从"大"开头，而不是从"一"排列。据民间的说法，因为道台颜世清是跛脚，为避讳其身残，将所有街路从"大"排列，称大马路。

长春开埠后，以老城三道街为界，南大街逐渐衰落，北大街开始兴盛。北门外至"满铁附属地"之间的大马路是由南向北逐渐发展起来的，大马路南起北门（二马路口），北至"日本桥通"（胜利大街口），最早是沙土路，后来对道路进行了平整，用碎石铺路。1912年，开埠局和实业公司出资12万元修筑了二马路（今长春大街）到头道沟七马路（今上海路）的大马路。1930年，大马路铺成了柏油马路，并延伸到老城，将南北大街连通，直通火车站，全长2584米，宽20米。在大马路东西两侧分布着众多的胡同，沿街及胡同里建设了400多间门市房，大马路西侧的新市场、新民胡同、四马路市场等商铺、摊床、酒肆、市井杂业，鳞次栉比，游人如织，备极喧阗，成

▲ 商埠大马路（20世纪30年代）

▲ 大马路（20世纪30年代）

为名副其实的城市商业中心。

　　1957年后，长春市政府在整顿街名时，将南、北大街和商埠大马路统称为大马路，沿用至今。

叫卖声声——老市场

老市场是长春老城最早的商埠市场。

老市场，位于东三马路和四马路之间。1912年9月，长春商人马秉虔、解富之、刘乃刚等人集资租用开埠局预留地，仿照京津经营市场模式，开辟了商埠老市场。市场开业后，这条南北走向的街路被称作"老市场胡同"。这里主要经营服装、鞋帽、布匹、估衣、日用百货等，还有饭馆、旅馆、理发铺等，摊铺星罗棋布，人流如潮，热闹非凡。大多店铺都是前店后居，即前面为营业店铺，后面为商户居住区。这里既有传统的店铺，又有摆摊叫卖的商贩。

▶老市场，建
于1912年

▲ 长春北门外老市场（20世纪初）　　　　　　　（房友良　提供）

　　1918年，在西四马路、西五马路中央地段新建的新市场（新民胡同）逐渐取代了老市场。1920年，商埠地老市场发生大火，全部建筑付之一炬，后来又重新开业，但已经失去了往日的繁华。1927年，开埠局为发展商务与市场，将所有市场经营权收回官办。老市场成为历史。

第一胡同——新民胡同

　　新民胡同号称长春"第一胡同"，也称长春"天桥"。

　　新民胡同位于大马路西侧，四马路与五马路之间，最早称"王氏胡同"，长春光复后称"新民胡同"。这里最早是一块菜地，1918年，吉长道尹兼商埠督办陶彬为发展商埠，指定在西四马路与西五马路中间规划一处新市场，由开埠局设市场事务所负责管理，征收地皮税，出地摊商贩每天交纳吉钱五吊。虽然这个新市场在规模上不如老市场，但是各式摊床、酒店、茶社及杂耍一应俱全，喧闹异常。在老市场发生火灾后，长春老城的商业逐渐转移到了新市场，这里开始成为商埠地的中心，热闹异常。

在这个长310米的胡同两侧各类商铺林立，戏园、茶馆、浴池、饭馆、旅馆、医院、理发店、书店等应有尽有。有著名的爱国茶社、老字号的回宝珍饺子、长春第一家现代综合百货商店泰发合百货大楼、专营英国产各式钟表的亨达利钟表行等。

胡同里的店铺招牌可谓五花八门，有称局、店、行、铺、庄的，也有叫号、馆、堂、栈、记、斋的，最大的特色是饭店多、茶社多。

饭馆多。胡同里饭店众多，食客不断。当时的饭店以挂的幌子多少来区别档次，挂2个幌子的是有炒菜的店，挂4个幌子的是带单间的店，没挂幌子的是小吃店。老百姓最愿去的是"六国饭店"，在这里能吃到各种风味小吃，既有高档饭菜，也有廉价的高粱米粥、小米粥、玉米面大饼子、干豆腐、豆芽菜等小吃，吸引着八方顾客。最知名的要数挂4个幌子的"回宝珍饺子"，这里的回族风味饺子以皮薄馅大、汤汁鲜美、价格低廉广受赞誉，每天饭馆一开门，人们就开始排队购买，食客最多时达上千人。

茶社多。当时的茶社既是喝茶聊天的地方，又兼有听戏的功能。胡同里茶社云集，主要有燕春茶园、爱国茶园、四海茶园、三江茶园、百花茶社、公益茶社、大友茶社、宝山茶社、富海茶社等。建于1902年的爱国茶园最为知名，占地1200平方米，为二层砖木结构的小楼，楼上有包厢，楼下有池座，可容纳700多人，1921年改称"新民戏院"。

▲ 东四马路市场（1939）

人们在茶社里一边品着茶，一边看着戏，且只交茶水钱。这里以演出京剧闻名，全国各地的京剧班子、评剧班子都来这里演出，京剧名角梅兰芳、程砚秋、荀慧生、马连良、张桂山、李世芳都在这里演出过。当年新民胡同里可谓三教九流、五行八作一应俱全，是平民百姓购物娱乐的天地，远近闻名的闹市，人们在这个嘈杂热闹的胡同中细数着时光。

这条繁盛一时的胡同随着时代的变迁几度兴衰。1941年太平洋战争爆发后，日本加速掠夺东北物资，东北的经济受到严重打击，许多商号因无货源而纷纷倒闭，昔日繁华不再。1945年长春光复后，国民党接管长春，市内的工商业基本停业。新中国成立后，新民胡同重新恢复成商业街。1956年实行公私合营，泰发合变成了第一百货商店，亨达利钟表眼镜店、回宝珍饺子馆成为国营商店，说书的茶社变成了曲艺团，戏院合营成京剧团、评剧团。

1978年改革开放后，新民胡同里又聚集起各种商铺，胡同重新繁荣起来。2011

▲ 踩高跷（1939）

年，新民胡同被列入长春市南关区棚户区改造项目，2021年5月，新民胡同在老城改造中被整体拆除，曾经的繁华成为一段城市记忆。

最早的客栈——悦来栈

"孟尝君子店，千里客来投。"

随着长春城市商业的繁荣，旅店业也兴盛起来，在人流熙攘的火车站前聚集了悦来栈、福顺栈、日升栈等一批客栈，知名的当属悦来栈。

悦来栈位于火车站前东南横一街（今长白路），1913年，由河北抚宁县人祖宪庭创建，"悦来栈"是中国人开办的最早的客栈之一。

这是一栋二层木结构建筑，在二楼顶有个狐仙庙，从外观上看，似三层楼。该建筑古朴典雅，室内的楼梯扶手都是紫檀木制，门前的台阶铺设着青石。客栈内共有200多张床铺，房间分几个等级，有包间和普通间、

▲ 悦来栈（1918）

单人间、双人间和三人间，房费每天4元、6元不等，通铺每天每人8角或1元。并且，可以随客人的需要，送餐到房间。客栈每天的入住人数都达上百人。店内设有经理、财会、店簿员、票头、邮票头、管栈的招待员、跑车的、接站的以及厨师、更夫等六七十人。客栈除了对客人接站外，还负责换乘车船票的预订及兑换货币。当时，长春流通的货币种类繁多，十分混乱，有俄国的羌帖、日本的金票、钞票、吉林永衡大洋和小洋、东北官银号的奉大洋及中国银行的纸币等，悦来栈为来往的客人提供兑换货币业务，很受欢迎。因地处人流密集的火车站前，旅店的生意十分红火。

后来，悦来栈的生意做得越来越大，在奉天火车站前也建起一栋与长春相仿的悦来栈。北京、天津、大连、哈尔滨、青岛、烟台、济南、营口等地都建有分栈，逐渐变成了连锁经营。

1948年，店主祖宪庭去世后，客栈的经营开始衰落。1956年改为公私合营的悦来旅馆。1968年，在悦来栈和福顺栈、日升栈的原址上建起"长春市工农兵服务大楼"，1971年改为"工农兵旅馆"，1979年更名为"长春旅馆"，1984年改为"天池饭店"。2006年，天池饭店的一部分建成"天池国际购物中心"。

大红楼——亚乔辛火磨

200年前，用火磨加工面粉可谓盛极一时。火磨是用蒸汽机作为动力代替人力或畜力驱动磨盘的机械化加工。

▲ 亚乔辛火磨唯一保存下来的四层建筑　　　　　　　　（房友良　提供）

在火车站西北200米，宽城区凯旋路以西，有一栋四层红砖俄式建筑，钢筋水泥框架结构，是长春第一个带有地下室和使用电梯的楼房，这就是长春第一座近代工业建筑，长春第一个面粉加工厂——亚乔辛火磨，俗称"大红楼"。

长春土地肥沃，雨水充足，在历史上就是粮仓。随着农业的发展，集镇的建立，长春成为东北粮食集散中心，粮米加工业随之诞生。1903年，塞尔维亚裔俄国人、中东铁路工程师苏伯金出资开办了亚乔辛火磨，这是长春第一个引进德国动力制粉机械加工面粉的工厂，日产面粉800袋。

日俄战争爆发后，苏伯金逃到哈尔滨，把工厂交给闯关东来到东北并略通俄语的王荆山看管。战争结束后，苏伯金回来看到王荆山把工厂照顾得很好，为了答谢其护厂之功，决定将所产面粉全部交给王荆山包销。于是，王荆山与人合股在长春旧城北门外、二马路北、大马路西开设了"裕昌源"粮米铺，一边销售面粉，一边收购小麦，还加工销售高粱米、豆油等，由此，王荆山开始发迹。1914年，第一次世界大战爆发，苏伯金着急回国，将火磨厂以49000卢布的低廉价格卖给王荆山。王荆山将其收购后，又在"满铁附属地"内购买了23520平方米土地，租用一条铁路线，开设了裕昌源火磨，将企业进一步扩大，成为远近闻名的制粉厂。

现在，原厂址大部分已被拆除，只有一栋四层红砖建筑被保留下来，为市级文物保护单位。现为中车长春轨道客车股份有限公司厂区。

制粉翘楚——裕昌源火磨

裕昌源火磨是长春历史上第一个由中国人开办的火磨，开启了现代化机械加工时代。

▲ "满洲制粉厂"长春分店，建于1917年

长春成为东北地区重要的交通枢纽后，加上长春周边地区盛产小麦，带动了长春制粉业的迅速兴起，长春很快成为东北地区最大的粮食加工集中地，其中最负盛名的有裕昌源、天兴福、双和栈、益发合、亚洲兴业、东信、同源七大制粉厂，而裕昌源最为知名。

裕昌源火磨，位于今宽城区东八条2号，1914年4月，由王荆山投入资本金1500万元创办，是长春历史上第一个由中国商人开办的机械加工厂，也是长春第一个引进大型成套加工设备的工厂。

1915年，王荆山在"满铁附属地"内东八条通（今长白路东八条2号）购买了一块23520平方米的土地，并租用一条铁路专用线，建起一座27000平方米的新厂房，1917年建成。厂房建成后，他立即派人到德国考察，购进了德国西门子公司生产的水磨和碾子、水泵等先进设备。当时，西门子公司派驻日本神户的技师来长春负责安装设备，光设备就安装了半年。新设备上马后，生产速度和质量都得到了极大的提升，日产面粉达到2000袋。1929年，火磨有工人60

▲ 裕昌源商标（20世纪30年代）（刘伟　提供）

人，年生产面粉389210袋。这是个历史性的突破，它标志着原始粮食加工时代的结束，一个现代化的机械加工时代开始了，"裕昌源火磨"被称为"亚洲最大的火磨"。

由于生产规模的不断扩大，王荆山又相继在吉林、哈尔滨、安达、大连等地建立了分号，并与日本的三井、三菱财团联营，将长春的大豆销往日本。此后，王荆山的资本积累迅速增长，他又涉足金融和其他产业，创办了裕昌源烧锅、裕昌源盐号、文化印刷社、自强织印厂等。同时，王荆山还热心慈善事业，出资创办了自强小学、自强中学、荆山幼稚园等，成为长春商界名人，著名实业家。

1948年，长春解放后，裕昌源火磨收归国有，被改为国营制粉厂，1956年改为公私合营的裕昌源制米厂，1971年改为长春市粮油加工厂，2007年，该厂房被拆除，在原址上建起东北亚物流有限公司。现存建筑1栋，为市级文物保护单位。

"天官"牌——天兴福火磨

一百年多前，"天官"牌面粉可谓家喻户晓。

1906年，天兴福开设于大连，最早开办的是天兴福油坊、天兴福粮栈。1917年，辽宁金州人邵乾一到长春投资100万元开办了天兴福制粉厂。他先买下美国脑达克厂制造的5套先进的制粉设备，于1918年建起厂房，1919年，天兴福制粉厂正式投产，日产面粉2000袋。后来，他又从美国购

▲ 天兴福火磨旧址建筑局部（2018） （杨铭 摄）

进新式制粉机7部，日产量达到3800袋。

天兴福制粉厂生产的面粉以"天官牌"著称，又分为绿天官、红天官、蓝天官、黑天官四种，由于物美价廉，在市场上供不应求。1921年，天兴福又在哈尔滨建起第二制粉厂，1922年在辽宁开原建起第三制粉厂。1924年，长春天兴福由邵乾一的五弟邵慎亭独自经营。1925年邵乾一在哈尔滨建起第四制粉厂。同时在大连还建起天兴福油坊、钱庄、医院；在吉林、黑龙江建起十多个粮栈，并于1922年设立了双和栈机磨面粉有限公司。1927年6月，一场大火将长春天兴福制粉厂烧毁，从此，制粉厂开始走了下坡路。1929年12月，因资金不足，该厂被兑给福顺厚机磨面粉有限公司。

现在，在长春市宽城区东八条5号还保留有厂房、库房、烟囱等建筑，由长春百货站仓库使用，为省级文物保护单位。

"公母楼"——福顺厚火磨

福顺厚火磨建筑外形与天兴福火磨酷似一对。

福顺厚火磨的前身是天兴福火磨,它延续了天兴福制粉业的业务,连建筑造型都几乎一样,仅屋顶一凸一凹有些区别,因此,民间称这座建筑为"公母楼"。

福顺厚火磨的前身是1919年9月创立的双和栈制粉厂(天兴福火磨成立

▲ 福顺厚火磨旧址(2018) （杨铭 摄）

▲ 福顺厚火磨旧址建筑局部（2018）　　　　　　　　　　　（杨铭　摄）

的公司），1929年因日资企业的打压而停业。同年12月，中国商人曲子源收购了双和栈制粉厂，成立了福顺厚制粉厂。福顺厚生产的面粉称"和合二仙"牌，投产初期，日产面粉2400袋，1940年日产提高到5260袋。1945年8月，福顺厚制粉厂停产。1948年，长春解放后，该厂址由长春市粮食一库使用。

　　现在，在长春市育新学校中学部西侧，能看到一栋四层砖混结构的建筑，在楼顶东西两侧的山墙上清晰可见"福顺厚"字样。该建筑为省级文物保护单位。

合字商号——益发合制粉厂

益发合制粉厂是曾拥有几万名员工的东北地区比较庞大的民营企业。

益发合制粉厂位于"满铁附属地"内的高砂町（今铁北一路火车站北出口），由河北乐亭人刘新亭创办。

刘新亭幼年贫苦，靠闯关东积攒起家业，最早经营的大车店是长春有名的八大车店之一。1904年，他创建的益发合钱庄是东北建立较早的钱庄之一。1923年5月，刘新亭用415000元金票买下日本商人经营的中华面粉公司的厂房和机器设备，以及"满铁"专用线和中东铁路专用线的一段，

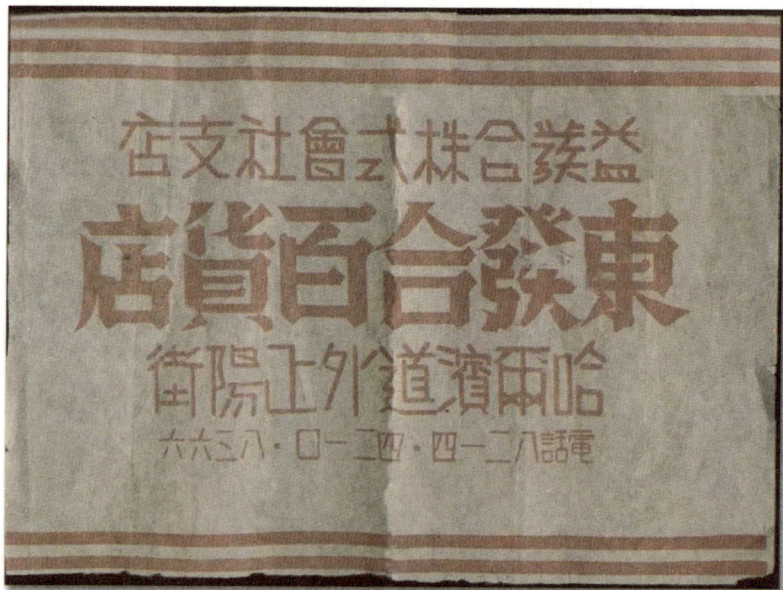

▲ "益发合株式会社"商标（20世纪30年代）　　（李铁顺　提供）

创办了益发合制粉厂。

益发合制粉厂资本金1200万元，占地面积19105平方米，建筑面积11097平方米。当时，厂内拥有6台电动机、22台美式粉碎机，以及晃箩、平箩、圆箩各6台，可昼夜加工面粉4000袋，创立的"龙马牌"面粉畅销东北各地。因其生产的面粉精细，质量上乘，产品供不应求，又先后于1928年和1929年在哈尔滨创建了益发合制粉二厂和制粉三厂。后来，长春原有的土磨坊制粉厂大多都成了益发合的代售店。到1929年，益发合工人达72人，年生产面粉726600袋。此后，刘新亭的子孙在长春又相继开设了东发合、泰发合、益发合三大商号，其经营的"合"字商号遍布东北大部分地区，连日本的大阪、名古屋都有益发合经营的工、商及金融业，其员工最多时达3万多人，各级掌柜就有上百人，在当时，可谓是极庞大的企业。1936年，益发合的第二任掌柜孙秀山成立了益发合股份有限公司，下设8个分公司、4个直属工厂和益发银行总行，总行下有16个分行，成为东北最大

▲ 长春站前身着东发合字样的伙计（20世纪20年代）

的民营企业。

1945年日本投降后，国民党接收了该厂，后来，益发合制粉厂变成了兵营。长春解放后，益发合已停产的各个工厂恢复生产。当时，益发合生产的面粉、油、米的产量占长春市场粮油加工总量的60%。1954年公私合营后，该厂改为长春市粮油加工股份有限公司，后又改为长春市第二制粉厂。2002年火车站改造，厂房被拆除，现成为长春火车站北站口。

百年茶香——东发合茶庄

茶源于中国，已有4000多年的历史，中国人从古至今就有喝茶的习惯，茶是中国人的传统饮品。

东发合，据说前身是由河北老三堂变更而来，是号称河北"京东第一家"的刘家创办的带"发"字的商号，有益发合、泰发合、东发合，不仅经营百货、钱庄、大车店，还经营茶叶，繁盛时期曾有100多家分号，当时的"发"字号在东北可谓名噪一时。民国时期，河北乐亭人李香平闯关东来到农

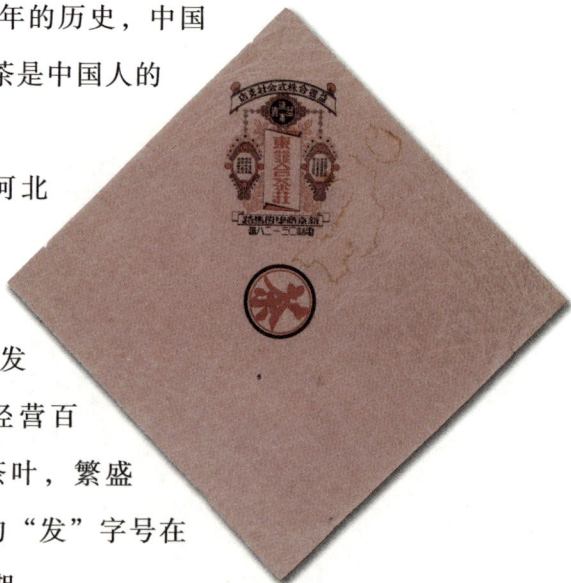

▲ 东发合茶庄商标（20世纪30年代）（刘伟　提供）

▲ 东发合茶庄茶盒（李铁顺　提供）

安，成为东发合的第七代传人，他以经营茶庄，提供个性化服务而闻名。据说他可以按照顾客的需求，配出个性化的茶叶。他曾为来长春演出的梅兰芳先生配茶，得到梅先生赞赏并受邀到大众剧场观看梅派代表剧《贵妃醉酒》。

历经百年的沉浮、岁月的流转，许多老字号都逐渐消失在历史的烟尘中，但是，东发合茶庄却被很好地保留传承下来。如今东发合的接力棒传到了第八代传人李铁顺手中，他扛起百年老字号的大旗，将东发合茶庄诚实守信的商业理念传承下来，并发扬光大。为了

▲ 东发合茶庄　　　　　　　　　　（李铁顺　摄）

传播百年商号历史文化，他还自筹资金建起了一座"东发合商贸习俗博物馆"，这里陈列着账本、支票、股票、救国公债、家谱等4000多件东发合商业历史文献和老物件，从一个侧面反映了当时的经济发展水平，以及传统手工业的发展变迁和商贸文化，是中国近代商业的一个缩影。

"闯关东历经八代，兴三省商业百年。"今天，挂在东发合茶庄的这副对联，道出了一脉相承、历久弥新的百年老字号商脉。

名贯至今——积德泉烧锅

积德泉烧锅烧出醇厚甘香的百年东北老酒。

积德泉的前身历史久远，传说在清朝咸丰年间，闯关东的河北人齐雨亭来到长春宽城子，在开荒种地时偶然发现一处泉水清澈透明，味道淡中略带微甜，就想到用泉水造酒，于是，他开办了烧锅，起名"涌发合"。果然，用此泉水烧出的酒醇香甘甜，成为远近闻名的好酒。后来，由于齐家人在连年的灾荒中积德行善，救济百姓，人们就把"涌发合"烧锅改称"积德泉烧锅"，意为积德积财积善，此后，积德泉的名字叫得越来越响。

1924年7月，河北人王玉堂联合兴德银号董事孙尚臣、益通银号董事邓锡钰、吉林永衡号总办史函、开源顺兴铁厂董事日本人后藤爱4人，每人出资1万大洋兑下了积德泉，注册资本50万元，并请长春著名书法家王休然先生题写了"积德泉"牌匾，沿用至今。原厂址在头道沟"满铁附属地"内富士町（今黄河路原长春酿造总厂）。

　　积德泉变成股份经营后，进行了扩建改造，重新建起50间酒作坊，扩大了院落，招雇了2000多"糟腿子"。据《长春文史资料》记载："民国十二年（1923年），积德泉每日三班造酒。每班红粮五石，大麦八斗，小豆四斗，共计日用原料十五石红粮，二石四斗大麦，一石二斗小豆。全年共计用红粮四千五百石，大麦七百二十石，小豆三百六十石，还附属有小型油坊，后来改成四班造酒。"一时间，积德泉遍销东北各地。1929年，积德泉年生产白酒427170斤。在1930年吉林省烟酒事务局举办的东北老酒评定大赛中，积德泉拔得头筹。

　　1948年，长春解放后，积德泉成为国营企业长春酿酒厂。2004年，积

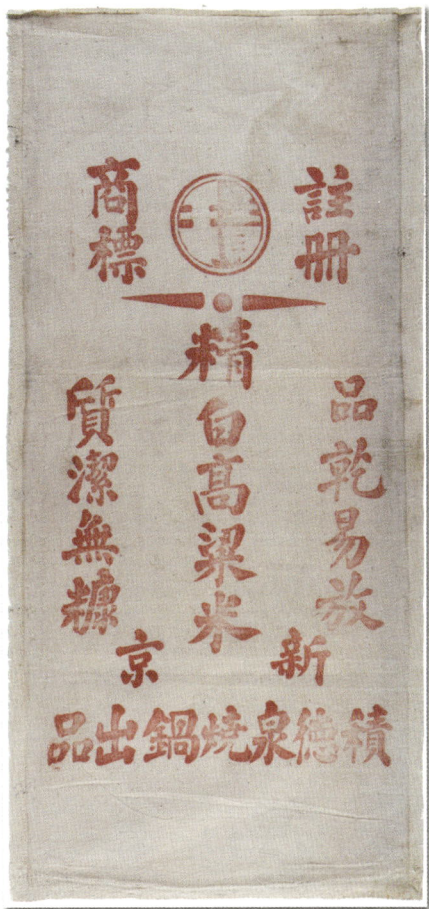

▲ 积德泉商标（20世纪30年代）

（刘伟　提供）

德泉酒厂整体搬迁到长春市双阳区奢岭新厂，更名为长春积德泉实业公司。作为久负盛名的百年老字号，积德泉烧锅酿造技艺被列入吉林省非物质文化遗产名录。

甜甜的记忆——老茂生糖果

老茂生，老长春人甜甜的记忆。

老茂生糖果位于今铁北利国街56号。关于老茂生的来历有不少传说，一说是，当地有康姓老两口儿开了一个糖人作坊，他们吹的糖人很受孩子们的喜爱。后来，他们收留的干儿子康守仁把作坊做大，在1899年开办了老茂生糖果作坊。另有一种说法是，老茂生由闯关东的河北人创办，是天

▲ 老茂生食品厂（20世纪80年代）　　　　　　　　　（房友良　提供）

津老茂生糖果厂的分号，创办于1933年，最早开在五马路。1948年，长春解放后，在黄河路建起新的老茂生糖果厂。老茂生制作的糖果达300多种，特别是独创的小人酥、牛筋糖、人参软糖等更是远近闻名，非常受欢迎，成为东北最大的糖果厂。

1958年，老茂生糖果厂等18家私营企业改造为公私合营老茂生糖果厂。1972年西哈努克亲王到长春访问，参观老茂生糖果厂时品尝了一种冰激凌可可软糖后，赞不绝口，表示没吃够。为此，老茂生还为西哈努克亲王特制了一些冰激凌软糖。1984年改为长春市老茂生食品厂。1991年12月，该厂在国有企业改制时关停，但是，当年的甜甜味道仍保留在人们的记忆里。

照亮商埠——长春商埠电灯厂

电灯，作为工业革命的成果，彻底改变了人们的生活，也照亮了商埠地的一片天。

长春商埠电灯厂于1911年创办，隶属于商埠局，吉林西南路观察使及吉长道尹兼任电灯厂督办，后来，由永衡官银钱号管理。电灯厂主要向商埠地供电，到1912年5月底，商埠地各处装置的灯头有5000盏。1918年11月，因为原有的两部发电机发生故障，遂向美国奇异厂订购300千瓦发电机和英国拨柏葛锅炉公司制造的250马力锅炉各一台，共计花费美金81369.66元。1920年，在伊通河西岸又建起新厂。1923年3月，伊通河新厂改用新电机发

▲ 商埠电灯厂（20世纪初）　　　　　　　　　　（房友良　提供）

电。

　　1921年7月，电灯厂发电容量达到300千瓦，用电容量240千瓦，生产电灯达12000盏。电灯厂早期一直亏损经营，到后期才有盈利，从1911年到1928年收入吉大洋约7.6亿元，但总支出超过7.42亿元。1929年，电灯厂资本金为吉大洋100万元。伪满傀儡政权成立后，建在"满铁附属地"的日营长春发电所吞并了电灯厂，架设联络配电线供电，并改称"新京发电所"，其供电范围扩大到长春、四平、吉林。电灯厂的历任督办：1914年是郭宗熙，1916年是柴维桐，1917年是陶彬，1921年是蔡运升，1923年是荣厚，1922年、1925年至1928年为孙其昌。

　　长春解放后，该厂成为长春发电厂，1989年改为长春热电一厂。

早期电话局——长春电话局

一百年前，长春电话局就安装了德国西门子自动交换机。

长春电话局位于南广场西南侧，与朝鲜银行长春支行隔街相对，是继朝鲜银行之后建成的建筑。1929年10月24日动工，第二年11月落成。由"关东厅内务局"土木课设计及监理，奉天吉川组施工。该建筑面积为2320平方米，建筑高低错落共三层，局部带有塔楼，钢筋混凝土结构。当时，电话局安装了德国西门子5000容量的自动交换机，开办了长途和市话业务。1932年10月，日本关东军司令部由奉天迁入长春，关东军司令部

▲ 长春电话局（20世纪30年代）

的特殊通信部迁到电话局大楼办公，并成立了"新京演奏所"，内设演奏室和调正室，用长途电话将信号传到"奉天放送局"播出。1933年4月3日，"新京放送局"开始在这里播音，呼号MTAY，功率1千瓦，频率570千赫，波长529米，平时17时开始播音，周六和节假日9点开始播音。主要是转播日本东京中央放送局的部分节目，还有自办的新闻节目，以及一些讲座、讲演、文艺节目等，在播报"满洲国通信社"的新闻、"《大同报》"的时事时用汉语播音。

1933年8月31日，"满洲电信电话株式会社"成立，长春电话局改为"新京电话局"，当时有市话用户2908户。1935年5月，"电电会社"大楼落成后，成立了"新京中央电话局"，这里的电信局改为"大和分局"，其市内的电话业务撤销并将设备迁走，这里成为只办理电报业务的电报营业所。

长春解放后，该楼先后供长春电信局三分局、长春电话设备公司使用。现由长春联通南广场分局使用。

第一个通信站——二道沟邮局

二道沟邮局是长春革命活动的起点。

这是中国共产党在长春设立的第一个秘密交通站，从外形上看，这只是一座普普通通的青砖二层小楼，然而，红色基因赋予了这座小楼特殊的地位，使其成为中国共产党在长春早期活动的红色记忆。

1900年，俄国人在二道沟建设宽城子火车站时，就附设了邮局，供铁路

▲ 修复后的二道沟邮局 （杨铭 摄）

▶ 修复后的二道沟邮局局部
（杨铭 摄）

员工使用。随后，为了方便俄军通邮，又设立了军邮局，1907年后，军邮局改为民用。1911年辛亥革命后，大清邮政改为中华邮政。1914年3月，中华邮政规定邮务管理局管辖邮务区，东北三省由奉天邮务局直辖各邮局。1920年7月，东北又分设南满、北满邮务管理局。1922年8月，北满邮务管理局改为吉黑邮务管理局，二道沟邮局隶属于吉黑邮务管理局。

二道沟邮局的馆舍，实际上是俄籍侨民马足林克的住宅。这栋二层小楼坐东朝西，木制楼梯，楼上两个房间，楼下四个房间，二道沟邮局租用了楼下的四个房间。

这座普通的邮局因共产党员张锦春在这里建立了长春的第一个秘密通信站，成为长春革命火种的诞生地。

1896年，张锦春出生在吉林省东辽县。他在哈尔滨求学期间，接受了革命思想，1923年加入中国共产党。1924年8月，受中共哈尔滨独立组的派遣，借邮局招聘机会考入吉黑邮务管理局，并被派到长春二道沟邮局工作。张锦春到长春后，以二道沟邮局作掩护，在长春建立了我党的第一个通信站，代号"弓长之"。他利用在二道沟邮局工作的特殊身份，曾秘密掩护安排党中央派往北满工作的同志过境，党的早期领导人瞿秋白、任弼时、赵世炎、彭湃等去苏联途经长春时，都住在张锦春家里。二道沟邮局成为党中央与北满党组织之间的联络站、交通站。

1926年9月，张锦春与韩守本在长春成立了第一个党支部——中国共产党长春支部，支部设在省立二师范学校。10月，中共长春支部改为中共长春特别支部，由中央直接领导。

这座位于现在宽城区铁北一心街的二道沟邮局，在长春解放后成为民宅。2002年，被列为市级文物保护单位。2008年，长春市政府对其进行保护性修复。2009年6月，被命名为长春市中共党史学习教育基地。2011年，被吉林省委命名为第二批省级中共党史学习教育基地。

第四章

铁路拖大的城市

第一条铁路——中东铁路

铁路的延伸和火车的到来，将一个沉寂的边陲小镇迅速拖大成中等城市，逐渐变成近代化大都市。

2020年12月，中国高速铁路营业里程达14.6万千米，其中高铁3.8万千米，位居世界第一。

无法想象，在100多年前，中国的铁路才刚刚起步。20世纪初，由于铁轨的铺设，将工业社会的滚滚浓烟带到了这座塞

Расписаніе станцій
Китайской Восточной желѣзной дороги.
Манчжурская линія.
1898.8 --- 1903.

中东铁路示意图

▲ 中东铁路示意图（20世纪初）

▲ 东清铁路停车场（1910）

外春城。从此，因中东铁路、南满铁路、吉长铁路这三条重要的铁路在长春交会，长春这座塞外小城迅速发展为近代化城市。

中东铁路，始称大清东省铁路，简称"东清铁路"；1920年改称中国东省铁路，简称"中东铁路"，是俄国人在清朝末期修筑的从俄国赤塔入境中国满洲里、哈尔滨、绥芬河，直达符拉迪沃斯托克（海参崴）的西伯利亚铁路在中国境内的一段铁路。

1896年，清政府派李鸿章出使欧洲，并应邀参加了沙皇尼古拉二世的加冕典礼。借此机会，6月3日，俄国与清政府签订了《中俄御敌互相援助条约》，即《中俄密约》，其中一条是：允许俄国在黑龙江、吉林两省修筑铁路直达海参崴，无论战时、平时，皆可运军队、物品通过。同年9月18日，又签订了《中俄合办东省铁路公司合同章程》，清政府以500万两库平银入股，委托华俄道胜银行承办建造、经理一切事宜。1897年3月13日，中国东省铁路公司成立，同年8月28日，在绥芬河右岸东宁县举行了开工典礼。1898年5月28日，哈长段开工；7月6日，长春到大连段开工。1898年5月，中东铁路开始铺设营口支线，7月13日全线开工。1901年干线支线全部

▲ 长春机车库（1910）

▲ 原公主岭机车库旧厂房（2021年）　　　　　　　　（杨铭　摄）

竣工。1902年11月3日，完成了哈尔滨至旅顺的工程，1903年1月开始临时营运。7月14日，中东铁路全线正式营运。主干线西起满洲里，经哈尔滨，东至绥芬河站，长1514.30千米；哈尔滨至旅顺大连区间的南支线从哈尔滨起，途经长春、沈阳，直达大连和旅顺口车站，长974.90千米；这是条总长达2489.20千米的"丁"字形大铁路。中东铁路局还根据地理位置、自然资源、铁路运营量、技术作业量等条件将车站划分为五个等级站，全线共设104个不同等级的车站。

中东铁路开通后，打破了城乡间的封闭状态，改变了城镇的空间格局，使以农耕为主的小村镇逐渐演变成物资集散地，从而加快了东北城市发展的历史进程。中东铁路是近代中国东北地区铁路建设的开端，是长春历史上的第一条铁路，它不仅影响了近代东北政治、经济、文化、社会的发展，也带动了长春商品经济的发展，长春开始从一个边陲小镇成长为东北亚经济重镇。

城中城——"满铁附属地"

这是一块被"满铁"强行霸占、分割出去的区域。

1907年在长春商埠地日本桥的北面，以火车站为中心，头道沟周边5平方千米的地方，被划作"满铁附属地"。这是"满铁"强行霸占的已被长春知府预定作为商埠地和吉长路车站的土地，"满铁"将其分割成独立于长春府之外的城中城——"满铁附属地"。

▲ 清末民初横二街，今黑水路

▲ 20世纪30年代吉野町，今长江路

　　1906年6月7日，日本政府以敕令第142号公布了《南满洲铁道株式会社设立之件》。11月，在日本东京召开"南满洲铁道株式会社"（简称"满铁"）成立大会，任命"台湾总督府"原民政长官后藤新平为"满铁"第一任总裁，总社设在东京。1907年3月5日，总社迁往大连。4月1日，"满铁"开始正式营业。

　　"满铁"作为日本的国策会社，经营铁路、港湾、矿业、制油、旅馆等各种事业，它的侵略触角伸向中国东北的交通、经济、产业、文化等各个领域，并在"满铁"经营的铁路沿线圈占、抢购、兼并扩大附属地范围。

　　1907年7月，"满铁"首先在大连、辽阳和铁岭开始建设附属地，在奉天和长春则进行勘测工作。"满铁"在附属地的城市建设中，投入最大的是奉天和长春。当时，长春只属于地方性城市，但是，因为长春地处"南满铁路"与中东铁路的连接点，战略地位极为重要，因此，"满铁"将长春作为一个重要城市进行规划建设。1907年3月，"满铁"的佐藤安之助

▲ 20世纪30年代祝町，今珠江路

和镰田弥助作为"满铁"调查员，秘密来到长春实地考察并征购土地。最后，"满铁"选定在宽城子和老城之间的头道沟一带征购与俄国附属地宽城子相当的土地。

当时，长春头道沟只有十几户农家和一片高粱地，长春知府已经计划在此修建吉长铁路局总部及商业公司。但是"满铁"以三井物产的名义暗地里征购67.2万平方米的土地，同时，以高价与长春知府抢购土地，到1907年7月，"满铁"强购土地504万平方米。在大量土地征购完成后，"满铁"开始进行附属地的街区规划，首先由日本东京大学土木专业毕业的"满铁"土木课长加藤与之吉设计规划方案。根据加藤的规划，附属地一期建设面积为403.2万平方米。其中，住宅区15.3%，商业区33.20%，粮食栈区31.2%，公园及道路8.9%，公共设施及其他用地11.4%。

附属地的另一个规划是给排水工程，为保证市区环境卫生，铺设排水设施，建明渠、排水沟，铺设地下水道管网。建设自来水工程包括在二道沟河畔和西公园建两处水源地，在西广场建一大型水塔，在二道沟建四座大型深水井，1913年第一期工程完工，日供水量2700吨。

之后陆续建起配套的公共设施。1909年，建造了近代化较高的长春中央通邮政局；1910年建起大和旅馆；1911年建起高等级火车站大楼；1921年建起"满铁长春事务所"办公楼；1925年，建设煤气厂。

同时，还建起配套的学校，1908年设立了长春室町寻常小学（今天津路小学）；1920年建立了商业学校（今长春市第72中学）；1923年建立了敷岛高等女子中学（今长春开放大学）；1925年建设了长春西广场小学；并且还办起了报社，设立了"北满日报社""长春时报社"和"满铁图书馆"，还设立了日语补习学校、成人业余学校、盲聋哑学校等等。

在商业区规划上，将商业集中在"满铁"社员住宅区，早期为富士町（百货商店街，今黑水路）和日出町（粮栈街，今黑水路和长白路）。

1915年，将商业区移到吉野町（今长江路），当时这条街有金泰洋行（长春参茸公司）、满泰洋行（长春春风商店）、平本洋行（秋林公司）、乾写真馆（时光照相馆）、丸平洋行（长江饭店）、近藤服装店（红光理发店）、藤野书店（乌苏里西餐馆）、银座电影院（长江电影院）等几十家商号。此外，在南广场还有欧式风格的横滨正金银行长春支店和朝鲜银行长春支店。

在"满铁附属地"，长春第一次出现了硬质地面的道路和柏油马路，并且开通了管道煤气和电灯电话，自来水也广泛使用。

圆广场——站前广场

"大马路，圆广场，四排树，小别墅。"这个顺口溜道出了长春旧时的城市特征，而其中的圆广场，则是长春城市空间的最大特色。

圆广场加放射轴线，是城市巴洛克风格和近代经典城市规划理论的典型体现。站前广场，就是城市巴洛克风格的充分体现，早在"满铁"规划长春火车站时，考虑到以后城市发展的交通问题，就构想在火车站的前方建设一个大的圆形广场，起到分流车辆、停车和休闲作用。

1907年，"满铁"将广场设计成面积达26016平方米、直径182米的转盘式广场，广场中心种植花草树木，中心岛为休闲广场。此外，以广场为中心呈放射状向周围辐射5条主要街路。面对广场正南是一条南北大道，另外一条是东西大道，以及东南、西南两条斜街。正南的大道为直通长春西

▶ 站前广场（1910）

▲ 站前广场（20世纪20年代）

▲ 站前广场（20世纪30年代）

门的市街主轴线——长春大街（后改称"中央通"，今人民大街北段），宽度达36米，这在当时可谓是超前的设计。以此大街为中心，在其左右还辟出两条平行街路，东侧为东一条、东二条，依次类推共八条街；西侧为西一条、西二条等共四条街。另外，按纵横方向还设计了四条斜街，东南是通往长春北门的东斜街（今胜利大街）；西南是经西广场直通日本"独立守备队"的西斜街（今汉口大街）；三是由东广场经南广场通往长春大街的农安街（今南京大街）；四是经西广场与长春大街相连的怀德街（今北京大街）。这些街路以站前广场为中心，形成环状平交与方格式相结合的道路网络系统。

站前广场建成后，围绕广场陆续建起了风格各异的"满铁"建筑。广场西面是1910年建成的"满铁长春地方事务所"，南面是1936年建成的"满铁新京事务局"，东面一栋小白楼是日本观光局和"满铁站前派出所"，东南面是"满铁"大和旅馆，大和旅馆的后街是一个专门接待日本人的名古屋旅馆。这些"满铁附属地"的建筑都是以高标准、高投资进行规划建设的，以满足在"满铁"工作的日本人的需要。但在广场东南角还有一座鹤立鸡群的中国式建筑，即带冠顶的二层建筑——悦来栈，这是中国人投资建造的最早的旅馆之一。

如今，站前广场成为综合交通（火车、地铁、轻轨、公交车、出租车）换乘枢纽，实现了多种交通方式的转换和流动，成为一个重要的城市公共空间，一个典型的城市广场。

放射状——附属地街路

站前广场效仿欧洲，以圆广场为中心向四周作放射状。

　　"满铁"站前长春附属地的整体布局采用欧洲风格，干路采用圆形广场、中央大马路加放射状道路的模式，强调铁路的核心地位，以火车站广场为中心向东西两侧建两条斜向道路，东为东斜街（日本桥通，今胜利大街），西为西斜街（敷岛通，今汉口大街），并建了两个圆形广场，即南广场和西广场，以此为中心建设了8条放射状道路。当时的街路规划是：主

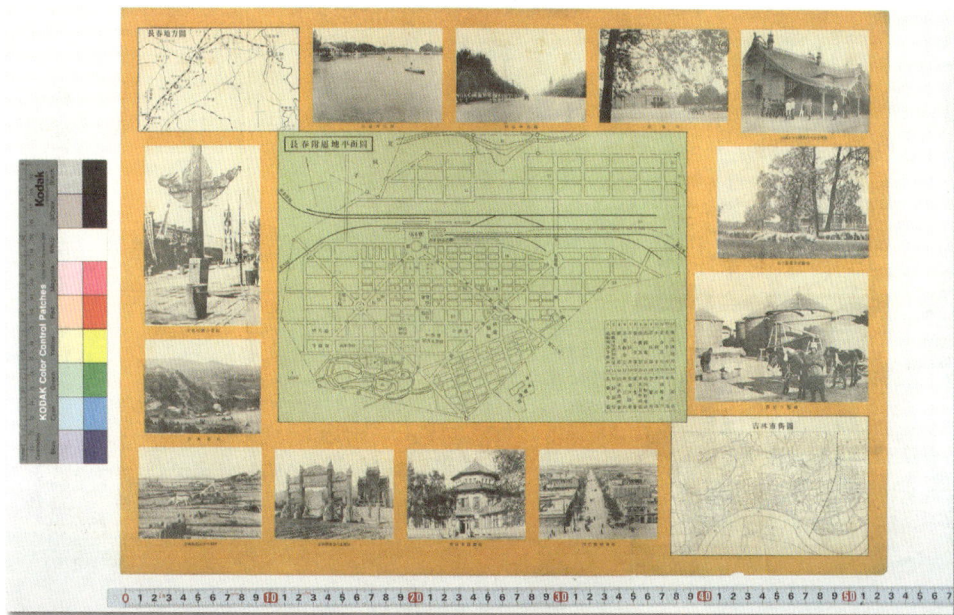

▲ 长春附属地平面图（1927）

▲ 1925年的东斜街，今胜利大街

▲ 20世纪30年代的"大和町"，今南京大街

干道长春大街宽36米；次干道东斜街宽27米；商业街区道路宽36.3米，或10.9米；住宅街路宽14.5米，或10.9米；粮栈区道路为25.2米，或14.4米；小路多为5.4米，或2.7米。15米以上的道路采用碎石铺设，实行车道和人行道分离，干道为柏油路，粮栈道因通行载重马车，铺以石路。

站前广场至东广场的粮栈地区的日出町（今长白路）、富士町（今黑水路）的路基及部分地段为碎石路面。1908年还架设了两座桥：穿越头道沟东五条街的日本桥和长农桥，这是长春出现的第一批新式石头混凝土桥梁。1909年修建东斜街、西斜街及中央大街东侧商业区的支路，此时，已铺设路面1.6万平方米。到1913年，先后建起长春大街以东的8条支路，以及西横街的8条支路，至此，中央大街街区初具规模。

当时，路面铺设分三个阶段：一、1906—1915年是土路和碎石马路；二、1916—1924年是普通块石马路和仿欧洲风格的花岗岩式块石马路；三、1925—1931年是沥青马路及花岗岩块石和沥青路的结合。与传统老城区不同的是，"满铁附属地"道路两侧都有景观设计，普遍栽种树木，并安有路灯，在主要干道栽种杨树7000棵。

自办自营——吉长铁路

吉长铁路是由中国人自主经营的铁路。

吉长铁路是指长春头道沟至吉林区间的铁路线，全长127.7千米，轨距4.8尺，为清政府融资修建，由交通部管辖，是中国自建自管的铁路。

▲ 吉长铁路局（1918）　　　　　　　　　　　　　　（袁海光　提供）

　　早在1894年，吉林将军长顺就向清政府上奏敷设铁路的奏折。1902年，俄国向清政府提出承办头道沟至吉林永吉之间铁路的承办权，遭到清政府的拒绝。但是，迫于俄国的压力，1903年吉林将军长顺和俄国控制的东省铁路公司签订了《东省铁路公司接修吉长铁路合同》。日俄战争后，日本从俄国手中获得了吉长铁路的承办权。1907年3月，清政府与日本签订了《新奉吉长铁路协约》，1908年10月，签订了《新奉吉长铁路借款续约》，1909年7月签订了《吉长铁路借款细目合同》，清政府向"满铁"借款215万日元，收回了修建吉长铁路的自办权利。借款期内吉长铁路的总工程设计师由日本人担任，铁路运输收入存入日本横滨正金银行，但是，还是由中国自主经营。

　　吉长铁路是指从长春头道沟站至吉林区间的铁路线，西起长春头道沟，东至吉林，途经卡伦、饮马河、下九台、营城、土们岭、桦皮厂、九站、吉林等10个站，全长127.7千米，轨距4.8尺，是清政府融资修建，由交通部管辖的铁路。

　　1909年10月2日，吉长铁路举行了开工典礼，1910年5月动工，1912年10月建成通车，总造价500万元，其中建设车站花费31.9万元。1913年至

1926年又陆续增加了孤店子、兴隆山、龙家堡、河湾子站。1917年10月，中日签订了《改订吉长铁路借款合同》，中国政府向"满铁"借款451万日元，期限30年，在期限内，铁路管理权属于中国。中国政府任命1名局长全面监督铁路业务，"满铁"派1人指挥铁路经营，并派3人充当铁路局的工务、运输、会计主任。

1918年，中东铁路、南满铁路、吉长铁路三条线路实现联运。实际上，吉长铁路变成了南满铁路的一条支线，头道沟成为重要的货场，头道沟车站成为吉长铁路始发站，并且，在长春东门外设立了车站和铁道管理局。

1946年后，该铁路线运输瘫痪。1948年3月，吉林市解放，恢复通车。1980年，铁路部门对其进行了扩建，增设了4条调车线、2条货物线和1条牵出线。此后，又进行了多次建设，今为长图线之西段铁路。

▲ 吉林市火车站（20世纪30年代）

第一座车站——宽城子火车站

悠长的汽笛声打破了边陲小镇的宁静。

宽城子火车站是俄国人建造的火车站站房，俄国人称其为"宽城子车站"，老百姓则称其为"二道沟车站"。

俄国在修建中东铁路的同时，在其铁路沿线建起大大小小的火车站104个，一等站1个、二等站9个、三等站8个，其余为四等站。1899年，在长春二道沟开工建设了宽城子火车站区，1900年建成。同年7月15日，因俄军在修建站区的过程中，有随意砍伐树木、开矿、抢掠、奸淫妇女等恶行，长

▲ 宽城子车站（1929）

▲ 宽城子车站（1906）

春义和团奋起攻打宽城子车站，焚烧了站房和站内的物资，沙俄以此为借口，派大批俄军进驻长春进行镇压。义和团运动失败后，清政府签订了丧权辱国的条约，支付了巨额赔款。1901年，沙俄利用赔款按原计划重新建设了站房，1903年7月14日，宽城子火车站正式通车运营。

宽城子火车站位于铁路东侧，主站舍一层，呈长方形，面积为300平方米，砖木结构，整体建筑为青砖建造。站舍屋顶为长长的仰瓦屋面，屋面很陡，向前探出，形成前廊，这是为方便旅客躲风避雨而设计的，为四等小站。

虽然宽城子火车站是四等小站，但是，在重新修建时却是按三等站的标准修建的。特别是以宽城子火车站为中心，规划出5平方千米的中东铁路用地，采用近代城市规划理念和方法，对这块区域进行了功能分区，设置了站场区、仓储区、工业区、生活区和军事区五部分；并且，规划了道路、供水、排水、绿化等市政工程系统，设计了圆广场和垂直交叉的西方网格式道路，修建了水塔、俱乐部、教堂、学校、商店、兵营等附属设施。

▲ 宽城子站内景象（1906）

站区最初规划居住人口为3000人，俄国人2850人，占90%以上。站区内主要建筑有站房、行李房，以及货运、电力、机务、供水等设施。此处还包括办公楼、俱乐部、医院、教堂、稽查处、学校员工住宅、军营等建筑。此外，还开设了两条商业街路，一为"巴栅街"摊床市场，一为"秋林街"专卖俄国商品的店铺。俄国人还从西伯利亚引进了白杨树，进行街路和庭院的绿化。此后，越来越多的俄国人、修路工、护路军、牧师、移民、铁路职工家属纷纷涌入宽城子火车站，这里形成了异于中国传统格局的第二块街区，也成为长春第一块按功能规划建设的街区。

1905年日俄战争后，根据日俄签订的《朴次茅斯和约》，日本割去了中东铁路南段。1907年6月，日俄之间达成协议，俄国以560393卢布保住了宽城子站的所有权。同年8月，日本利用这笔钱廉价收购土地，建起了长春火车站。1935年3月，伪满傀儡政权接管了宽城子站，8月末，长春至哈尔滨间的路轨改成标准轨，哈尔滨至大连间可以直接通车。9月1日，宽城子站被废弃，设备被陆续拆除，宽城子站成为历史。

宽城子火车站已不复存在，原址为今中车长春轨道客车股份有限公司所属。

城市地标——长春火车站

长春火车站——一座历经百年风雨的火车站。

1907年3月至8月末，"满铁"强行圈占了长春知府预定作为商埠地和吉长路车站的土地，以379092日元极低价格在长春头道沟与二道沟之间强买503.8公顷土地。"满铁"在头道沟修建火车站，一是出于军事方面的考虑，头道沟位于长春老城和宽城子火车站之间，可以隔断长春市街与宽城子的联系，能有效地与沙俄抗衡，孤立俄国人的宽城子火车站；二是这里的农户少，只有十几户农民，地价便宜；三是离老城有一段距离，

▲ 刚刚竣工的长春站（1914）

便于管理；四是这里地势较平坦，便于大规模建设，为进一步发展留有空间。

1907年8月，"满铁"开始修筑长春火车站和周围的附属地。按照《长

▲ 长春站（1918）

▲ 长春站（20世纪30年代）

春驿站场计划》：车站居附属地中心地带，占地16.548万平方米，铁路线与中东铁路接轨，由西南向东北铺设，把市街分割成铁南铁北两大区域。站内铁路线延长69.2千米，铁路铺设用地11.89万平方米，货物事务所用地22.58万平方米，东西货场用地39.61万平方米，票房用地2123平方米，建筑面积2143.68平方米。同年11月3日，临时站台及站棚建成，货运开通，12月1日，开始客运，命名为"长春站"。

1909年2月，完成了长春站与宽城子站的联络线，1911年8月，又投资32万日元修建站房，1914年3月完工。该站房东西向，坐北朝南，建筑面积2100多平方米，钢筋混凝土结构，地下一层，地上二层，两翼是平房，候车室分三等，男女分设。主楼由山花雕塑屋顶和爱奥尼柱装饰，其整体风格为欧洲文艺复兴式，同时引入了美国的建筑形式。1920年，长春站又进行了一次扩建，将原来的天桥改为地下通道，修建了运输室、信号楼及电动道岔。1924年8月，在其东侧加修了行李房。1926年10月，候车室又向

▲ 长春火车站（20世纪20年代）

西进行了扩建。当时，长春站是城市地标性建筑。

东北沦陷后，1932年11月1日，改称"新京火车站"。1934年，将火车站候车室两翼的平房续建成楼房，扩建了候车室、站台、风雨棚，建筑面积增至4000平方米。

1945年日本投降后，改称长春火车站。1992年5月26日，长春火车站被爆破拆除，在原址上建起全新的长春火车站。

短途站——长春东站

长春东站是一座临时停车和短途乘车的二等小站。

长春东站，位于今长春市二道区惠工路38号，距离长春火车站3千米。清朝末年，东北中部形成了长春、吉林两个经济区，为了把这两个经济区连接起来，清政府融资修建了长春至吉林的吉长铁路，全长127千米。由于吉长铁路长春站是清政府建造的，最初称"清国站"，1934年，为了区别"满铁"修建的长春站，又因为该站设在伊通河东岸、长春城的东北，所以又称长春东站。

1910年春季，吉长铁路长春东站开始动工。1911年建成车站候车室及附属建筑。1912年12月，吉长铁路竣工通车。这样，在长春就有了三条（吉长铁路、中东铁路、"满铁"）管理归属不同的铁路。而且，这三条铁路的轨道宽度也不相同，中国吉长铁路为标准轨1435毫米，沙俄中东铁路为宽轨1524毫米，日本"满铁"为窄轨1067毫米，为了转运客货，在这

▲ 1912年，长春东站建成

三个车站之间，中俄日各自修建了通往对方车站的联络线。1917年10月，吉长铁路因贷款等原因，委托"满铁"经营。1918年8月，"满铁"将长春东站作为吉长铁路的专用站，称为"吉长铁路头道沟站"。后来，吉长铁路延伸到长春站，这里只作为临时停车和短途乘车站。1945年8月12日，苏军进入长春，溥仪从东站乘坐"展望车"仓皇逃往通化大栗子沟。

20世纪90年代，长春东站还是长春至吉林、通化、延吉的主要客运线路。2007年起，东站停办一切客运业务。2008年，车站被撤销，主站房拆除，同年年底在原站址建起长春铁路内陆港。

合资银行——华俄道胜银行

华俄道胜银行是长春出现的第一家中外合资银行。

1895年，俄国圣彼得堡万国商务银行与法国霍丁银行、巴黎荷兰银行、里昂信贷银行、巴黎国家贴现银行等合资成立道胜银行，资本金600万卢布，总行设在圣彼得堡。1896年6月，道胜银行为了与中国签订各种铁路建设合同，操纵和控制中国的铁路建设，该行董事长到北京诱迫清政府参股该银行，清政府同意出资500万两白银（756万卢布），组成华俄道胜银行。1899年中国第一家中外合资银行——华俄道胜银行上海分行在上海开业。此后，该行陆续在中国的天津、营口、哈尔滨、大连、长春等地开设了20多家分支行。

1896年后，沙俄攫取了中东铁路筑路权；1897年，哈尔滨至长春铁路段开工，翌年，沙俄在长春二道沟一带建设中东铁路附属地；1900年，在长春，成立了华俄道胜银行长春分行，资本金600万卢布，到1917年，资本达到5000多万卢布。华俄道胜银行主要管理东清铁路的建设资金，是沙俄为扩大卢布的使用范围，加速卢布在长春市场的流通而设立的。当时，修铁路、办工厂、建设附属地均使用卢布，铁路员工的工资、铁路运费也用卢布支付，沙俄商人与中国商人的贸易往来都是用卢布结算的，卢布成为长春市场的主要流通货币。该行在中国享有代收关税、盐税、经营铁路建筑、发行卢布等特权。

▲ 华俄道胜银行（1910）

　　1905年9月，在长春老城"金融第一街"西三道街开工兴建华俄道胜银行办公大楼，1906年12月末竣工。该楼由沙俄工程师尼克莱米斯塔夫设计，占地面积5000平方米，总建筑面积784平方米，砖木钢混结构，地上二层，地下一层，呈长方形，两侧带有突出的方形塔楼，塔楼顶部是陡坡方形屋顶，四周各开一老虎窗。后来几经维修，屋顶改用铁皮并涂黑漆，老虎窗也被取消了，为典型的俄罗斯传统建筑风格。1910年，华俄道胜银行与另一家俄法合资的北方银行合并，改称"俄亚银行"。1917年，俄国十月革命后，俄亚银行总行和85处分行被苏维埃政权收归国有，总行从圣彼得堡迁往巴黎。不久，长春分行也于1919年关闭，1926年9月俄亚银行因外汇投机失败而倒闭。

　　1930年9月，该建筑成为长春市立图书馆。东北沦陷时，先后由伪监察院、伪矿业监督署、伪水利电气建设局使用。

　　长春解放后，先后由公安局执法队、轻工业局、建筑安装公司、南关区双桥小学使用。1981年改为南关区少年宫，1985年被拆除。

俄式建筑——俄国领事馆

　　俄国领事馆办公楼为商埠地内造型最丰富的近代建筑。

　　1898年，沙俄攫取了在中国东北经营中东铁路（哈尔滨—旅顺）的特权后以护路为名，派遣大批军警到长春，沙俄势力向长春渗透。1900年，先是建起一座金融机构"华俄道胜银行"；接着，1907年，设立了沙俄领

▲ 俄国领事馆（1916）

事馆。最初，领事馆设在西双桥外华俄道胜银行附近，后来，又租用长春的大商号"和成祥"作为馆址。

1914年，在长春商埠地内，吉长道台衙署东面、长通路北侧建起一座新的领事馆。该建筑占地17000平方米，建筑面积800平方米，坐北朝南，地上局部二层，地下一层，采用自由式布局，一层与二层高低错落，直线与曲线相结合，平顶与尖顶相呼应，砌以青砖，外墙立面抹水泥砂浆，二楼窗楣用水泥塑形的飞鸽和花环装饰，在主体建筑的东西两侧各有一个圆形塔楼，相互映衬，上面为锥形铁皮屋顶，为典型的俄式建筑风格。该建筑除了在建筑材料上使用了青砖、水泥砂浆等新材料，在建筑技术上，还采用了独特的工字形钢梁和青砖组合楼板的钢组合结构，使楼体更加坚固，这种组合方式在长春地区的近代建筑中也是少见的。该建筑是长春商埠地内造型最丰富的近代建筑，是长春现存最早的近代建筑之一。

长春解放后，这里成为长春橡胶八厂职工宿舍。2011年，由长春市土地收购储备中心按原貌修缮，现为1914艺术馆，但并未对外开放。

俄式风情建筑——宽城子站俱乐部

宽城子站俱乐部是长春建筑史上最早使用红砖、水泥等新式建筑材料的建筑。

宽城子站俱乐部，位于长春市宽城区凯旋路2155号。在宽城子火车站建成后，为沙俄铁路军政要人、达官显贵建造一座娱乐场所被提上议事日程。宽城子站俱乐部建于1903年，由中东铁路公司设计并建设。这是一座极具俄罗斯风情的砖木结构二层建筑，四坡铁皮屋顶，入口为圆弧形，拱形窗户，内凹窗套装饰，窗户窄而高，外墙水泥抹面，并涂成白色，屋顶带有锥形角楼。在建筑材料上，使用了红砖、水泥和混凝土，这是长春以前从未使用过的新型建筑材料，是长春历史上第一座使用水泥砂浆涂抹外墙立面的近代建筑，为长春建筑史增加了新的建筑类型。能在中东铁路四等站的宽城子站修建一座俱乐部，可见宽城子站的重要性。1935年，宽城子站被废止。

长春解放后，这里成为长春机车厂职工医院。现在，该建筑旧址外体仍保持原貌，为吉林省人民医院凯旋分院，省级重点文物保护单位。

▲ 宽城子东支铁路俱乐部（1903）

豪华建筑——日本领事馆

日本驻长春领事馆建筑是商埠地内的"辰野式"豪华建筑。

1906年11月14日，日本驻长春领事馆开馆，为奉天总领事馆长春分馆。最初的馆址是租用长春老城西四道街马车店店主盛泰隆的住宅，因房屋简陋狭小，不方便办公，于当年12月，搬到老城西门内双桥子桥边俄国人的房子，后来又搬到西三道街租借杂货商人的房屋。1907年11月4日，长春分馆升格为领事馆。

▲ 日本领事馆（1916）

1908年5月，在长春商埠地（今上海路省政协驻地）规划用地内，日本人以20多万元的价格抢购了一块土地作为新馆舍用地，占地面积达33000平方米。1910年8月，日本驻长春领事馆向日本外务省提出兴建新馆计划，1911年7月18日，新馆开工建设，翌年9月30日竣工。该建筑由日本建筑师三桥四郎设计，加藤洋行工事部主持施工，耗资15.55万日元。主楼为地上二层，地下一层半，建筑面积1800平方米，为钢筋混凝土结构。采用日本国内流行的"辰野式"建筑风格，即在外墙上采用红砖纵横配置白色花岗岩，角部的塔楼为方形，局部窗户为拱形。入口设车道和门廊，四周筑有围墙，大门入口处设一圆形花坛。据当时记述，在长春、奉天、牛庄几个领事馆中，长春的日本领事馆"建筑更加豪华，占地面积大，尤令人惬意"。

1945年日本投降后，这里成为国民党警备司令部军警督察处。1948年长春解放后，成为苏联专家招待所。目前，大部分建筑已被拆除，原址由吉林省政协使用，为长春市重点文物保护单位。

城堡式建筑——"满铁"长春地方事务所

这是一座两侧带尖顶，酷似欧洲城堡的建筑。

"满铁"长春地方事务所位于长春火车站前广场西侧。1907年10月初，"满铁"在长春设立南满长春出张所，是一个掌管"满铁附属地"地方行政事务的机关。1908年改为经理系。1910年，日本建筑师横井谦介、

▲ "满铁"长春地方事务所（1910）

市田菊志郎和平泽仪平设计了这座欧洲城堡式的三层建筑，这是长春第一个有暖气且带水冲厕所的办公楼。同年，事务所迁入新建成的站前广场楼内。1915年12月，改称长春地方事务所。伪满傀儡政权成立后，改称"满铁新京事务局"。

长春解放后，由沈阳铁路局长春铁路分局公安处使用。1992年，长春火车站站前广场改造时该建筑被拆除，在原址上建起长春国际商业中心。

期货交易所——长春交易所

长春交易所是进行粮食杂谷和钱钞交易的场所。

最早的长春交易所是长春商会创办的。1908年，长春公议会改为商务会，并在财神庙设交易所，进行货币交易。1910年，在"满铁附属地"内，仿效老城的商务总会，中国商人创办了长春商会。1912年在"满铁"监督下，附属地内的长春商会开始进行期货交易。

1916年3月，根据日本"关东厅"取引所令，设立长春交易所。1918年，在"附属地"东五条通（东广场西南角）建设办公楼，该建筑由"关

▲ 1919年，长春交易所建成

东都督府"民政部土木课设计，清水组施工，投资30万日元，1919年竣工。该建筑地上二层，半地下一层，楼顶带塔楼，塔楼为日本传统的坡屋顶，外墙红砖贴面，为长春第一座日本传统风格与当时盛行的欧洲建筑风格相融合的折中主义建筑。

长春交易所主要业务是进行粮谷大豆、豆粕、高粱、小麦及钱钞（金银官帖）交易。交易日期普遍为4个月，也可延期，交易日期根据货物的不同而不同。开业后生意很好，曾出现日交易额超600万元的盛况。1918年，停止货币交易，只进行粮豆交易。

伪满傀儡政权成立后，长春交易所主要进行有价证券和特产品交易。1937年，日本发动全面侵华战争，伪满的农产品实行特殊产品配给制，长春交易所的自由交易名存实亡。1941年，太平洋战争爆发后，长春交易所主要进行日本证券交易。后来，因为没有业务交易，1942年，长春交易所关闭。

长春解放后，该建筑曾由长春市木材公司使用，1996年作为娱乐场所。后来因失火，该建筑被烧毁。

古希腊式建筑——横滨正金银行长春支行

这是长春火车站前金融街上一座希腊古典式风格的建筑。

横滨正金银行是日本早期的外汇银行，也是日本第二大银行。1880年成立，资本金300万日元，总行设于日本横滨。1893年在中国上海设立分行，后来陆续在中国香港、天津、北京、大连、沈阳、长春、哈尔滨、青

▲ 横滨正金银行（20世纪30年代）

岛、济南、广州等地设立分支机构，是日本对华经济侵略的重要金融机构。

1907年2月9日，日本正金银行长春办事处成立，最初办公地点租用了长春西三道街的一处民房。1909年9月，正金银行在大马路与东三道街交会处修建了新的办公楼。1919年5月，该办事处升格为长春支店，资本金1亿元。

随着其金融业务的不断扩大，总行决定在附属地内建设新的办公楼。1922年，在日本桥通（今胜利大街）开工建筑新楼，同年交付使用。该建筑由日本著名建筑师中村与资平设计，日本清水组施工，建筑面积1562平方米。地上二层，地下一层，钢筋混凝土结构。楼体正立面立有4根爱奥尼柱，柱头带有向下涡卷装饰，墙面贴土黄色瓷砖，为希腊古典建筑风格。地上一层为营业室，二层为经理室，地下金库门由美国旧金山赫尔曼安全有限公司制造。1937年12月，该行改称"新京支行"。

1945年日本投降后，该行业务停止。长春解放后，原址由长春市杂技团使用至今。1994年1月，被列为市级文物保护单位。

"辰野式"建筑——朝鲜银行长春支行

朝鲜银行长春支行办公楼是红白相间的"辰野式"建筑。

1909年11月，日本在韩国汉城（今首尔）成立"韩国银行"，1911年改称朝鲜银行。1913年，安奉铁路（丹东—沈阳）通车，中国与日本在朝鲜的经济往来迅速增加，朝鲜银行先后在中国上海、大连、沈阳、青岛、长春等地开设了26个分行。

1913年8月，朝鲜银行在长春设立办事处，1915年9月设立朝鲜银行支店，资本金4000万元。1919年，在"附属地"祝町三丁目12号（今南广场工商银行南广场支行）修建了一座办公建筑，1920年，办公楼竣工。

▲ 朝鲜银行长春支行（20世纪30年代）

该楼由日本建筑界泰斗辰野金吾的得意门生中村与资平设计，采用其老师的"辰野式"建筑风格，即墙面以红砖配置白色花岗岩条石，耗资25万日元。该楼为二层建筑，一楼为营业大厅，二楼为办公室。内部设计完善，装修考究，充分考虑到长春的气候特点，合理运用采光，将营业厅设计为四面大窗。为了防止夏天太阳西照过热，特将西侧3.5米高的拱形窗设计成多彩玻璃，保证了营业大厅冬暖夏凉。营业室柜台采用古希腊风格的大理石雕刻，地面、墙裙用进口天然大理石铺设。营业大厅还设有休息区、电话间、整理间等。1921年，办事处升格为长春支行，1932年改称"朝鲜银行新京支店"。1936年12月，"满洲兴业银行"成立后，这栋建筑成了"满洲兴业银行新京南广场支店"。

1945年日本投降后，由东北银行长春分行第一支行使用该建筑。1987年，在原二层建筑上接建一层。2000年8月，该建筑被拆除，在原址上按原建筑风格新建了一座七层办公楼，现为"中国工商银行长春分行南广场支行"。

西医医院——"满铁"医院

"满铁"医院是一座设备齐全的现代化医院。

1909年，"满铁"投资19万日元，在附属地大和通（今南京大街728号）兴建起一座现代化医院，名为"满铁医院长春分院"，1912年8月1日升格为"满铁长春医院"。

医院占地2万平方米，建筑面积3273平方米，造价19.5万日元，而购买医疗器械费用高达23.9万日元，远超建筑价格。主体建筑二层，局部一层，另有4栋病房楼，19栋家属楼。医院最初有主任医师3名、医师6名、助理医师2名、药剂师3名、护士32名。医院是完全按照西医的方式建立的，设有内、外、产、妇、眼、口腔、小儿等8个科，住院床位96张，分设门诊、住院两部分。当时医院的设施及医护人员的水平在长春都是最好的。它的主要服务对象是"满铁"社员及其家属以及侨居东北的日本人，至于中国老百姓则根本无力支付这里高昂的医药费。

东北沦陷时期，更名为"满铁新京医院"，此时医院职工2240人，设有300张床位。国民党时期改称"中长铁路医院"。

1948年长春解放后，这里归属沈阳铁路局长春铁路分局，称"长春铁路职工医院"。1952年至1954年曾是志愿军541部队的后方医院。后来，又称"长春铁路医院"。1989年拆除旧楼，重新建起七层新楼。2004年改为"长春市人民医院"。

▲ "满铁"医院（1910）

日侨学校——长春小学

"长春小学"是"满铁"为日本侨民建立的小学校。

长春小学，位于"满铁附属地"内的室町一丁目（今天津路），1908年5月7日建校。建筑由"满铁"工事课设计，池内市川工务所施工。砖木结构，二层楼房，投资13万日元。教室为木制地板，窗棂和窗玻璃都很小，门为木制推拉门，完全是日式设计。翌年，学校还建了室内运动场。

▲ 更名后的长春寻常高等小学校（1929）

当时，校长是日本人岩崎清。有教师18人，17个班级，学生837人（男生448人，女生389人）。设定一年级每班40人配一名正式教师。学生都是长春"满铁"社员的子女。1921年4月，因为北门临近室町路，更名为"长春室町寻常小学校"。1929年，改为长春寻常高等小学校，此时有教职员19人，学生709人，其中男生410人，女生299人。

1948年长春解放后，更名为二区中心校，1950年更名为头道沟中心校，1954年，改为天津路小学。现原校舍已被拆除，在原址上建起了新校舍。

初级小学——长春公学堂

长春公学堂是"满铁附属地"内专招中国学生的公立学校。

1912年11月1日，长春公学堂创立，这是"满铁"继辽宁盖平和熊岳附属地之后开办的第三所公学堂。最初，学堂设在日本领事馆院内，后来，在室町二丁目（今天津路）建起一处只有一层建筑的校舍，专门招收中国学生。

1913年2月22日开始招生，免学费和宿费，伙食费自理。首任堂长饭和氏。1922年堂长为熊田隆，舍监佟竹忱，有日籍教师4名，中国教师4名，教职员11人，学生285人。设8个班级，分初等科、高等预科和高等科。初等科学制4年，3个班，男生149人，女生22人。高等预科学制1年，2个班，男生47人。高等科学制3年，2个班，男生67人。1929年，学生达418人，男

▲ 长春公学堂正门（20世纪20年代）

生363人，女生55人。课程设有修身、国文、习字、算术、日语等。

伪满傀儡政权成立后，改为"满铁新京公学堂"，1937年，更名为"新京大和通国民学校"。1938年，学校改为初级小学校，4年制。在日本的学制中，小学分两个阶段，前四年为普通小学，后两年为高级小学。老百姓过去讲的"高小毕业"，指的就是小学六年毕业。

长春解放后，学校改为南京大街小学。原校舍几经翻修，由一层改为二层，后又改为三层。2010年，旧校舍被拆除，建起三层新教学楼。

职业学校——长春商业学校

　　长春商业学校是一所实行职业教育的专门学校。

　　长春商业学校，位于常盘町三丁目2号（今西二条），始建于1920年3月10日，占地面积47053平方米，建筑面积11424平方米。校长是日本人森川勉。当时，有教谕10人，助教谕1人，舍监3人，讲师9人，学生160人。该校只招男生。1929年，学生达到371人，教职员有27人。授课内容主要是

▲ 长春商业学校（1929）

商业知识，以及日、英、俄、汉、蒙古五种语言，为甲种商业学校。1932年，更名为"新京商业学校"。

1945年后，改为长春市师范院校。长春解放后，改为吉林省临时中学，1950年改为吉林省高级中学，1955年改为长春市第十中学，1960年改为长春市第一实验中学，1962年改为长春市实验中学，2001年市实验中学迁出，原校舍已被拆除，原校址现为长春市第72中学。

高等女校——长春高等女子学校

长春高等女子学校是一所专门培养日本籍女子的学校。

长春高等女子学校位于蓬莱町（今西广场东南角）。始建于1923年1月，是专门培养日本籍女子的学校。学校规模不大，主要招收日本籍女学

▲ 长春高等女子学校（20世纪20年代）

生，学校实行寄宿制。该校设施齐全，设有教室、礼堂、体育馆、游泳池等。1932年改称"新京敷岛高等女学校"，1945年改为长春市女子中学，1952年改称长春市第四中学，1957年改为长春市第十一高级中学，1998年长春市第十一中学从旧址迁出。2000年，原校址建筑被拆除，原校址现为长春开放大学。

电力供应——长春发电所

长春发电所是为解决长春火车站发电问题而设立的。

1908年，"满铁"为解决"满铁"沿线主要车站及附属地的发电问题，选择在"满铁附属地"内高砂町四丁目二号（今铁北二路31号）修建发电厂。1909年12月，长春发电所竣工发电。

最初，发电所只安装了一组200千瓦的发电机组，年发电量为58305度，主要是向火车站及"满铁"在长春的机关供电。一年后，又增加了两台200千瓦的发电机，年发电量达729107度。在建发电厂的同时，"满铁"在火车站货场前设立了发电厂电灯营业所，1910年2月，开始向"满铁附属地"内的住户及路灯送电。1923年，长春发电所共有6台发电机组，装机容量达3400千瓦。1926年，"南满洲电气株式会社"成立，长春发电所隶属于长春支店管理。

伪满傀儡政权成立后，长春发电所将商埠地的电灯厂吞并，1932年3月，改称"新京发电所"。1934年，成立了"满洲电业株式会社"，由

▲ 1908年，长春发电所及其水源地建成

其统一经营管理发电、送电及配电业务，"新京发电所"也归其管理。此后，长春发电所经过几次扩建，到1938年，发电所总建筑面积达5764万平方米，有7台锅炉，5台发电机组，总装机容量49250千瓦，年最高发电量1.9亿度，供电范围覆盖长春、四平、吉林等地。1943年，吉林丰满发电站建成后，开始向长春送电，"新京发电所"成为备用发电厂。

1945年8月，国民党接收了发电所，改称长春发电厂，但处于停产状态。1948年，长春解放后，发电厂恢复电力生产，开始供电。1986年，长春热电总厂成立，长春发电厂成为所属分厂。1989年，该厂改为长春热电一厂。

管道煤气——长春瓦斯制造所

长春瓦斯制造所是长春城区第一座煤气厂，开启了城市使用煤气的工业化时代。

长春瓦斯制造所建于1924年3月，1925年11月建成投产，投资100多万日元，是"满铁"在"南满铁路"沿线继大连、抚顺、安东、鞍山、奉天之后建立的第六个煤气厂。

煤气所（瓦斯制造所）位于西三条街与羽衣町交会处（今西三条街与杭州路交会处，原站前煤气厂）。当时，所内建有一座30个碳化筒的水平煤气干馏炉，日产煤气5600立方米，还建有一座日净化1万立方米煤气的精

▲ 长春瓦斯制造所（20世纪20年代）　　　　　　　（房友良　提供）

制室和一座容积为4300立方米的储罐。此外，还安装了一条长33万米的煤气管线，可向附属地内的近2万日本人供应煤气。1925年7月，"满铁"将附属地沿线的煤气企业合并，成立了"南满洲瓦斯株式会社"，长春瓦斯制造所成为"南满洲瓦斯株式会社"长春支店。伪满傀儡政权成立后，改称"新京支店"。

从1938年到1942年，增建了3座水平炉、3座储罐、2座精制室。到1942年，日产煤气62000立方米，储气量28600立方米，管道总长达250367米，用户26700户。煤气管道分布在北起和泉町（今辽宁路）、南到大陆科学院（今应化所）、东起东五条通（今东五条街）、西到卫生试验厂（今生物制品所）及兴安广场（今西安广场）一带。它的供应对象几乎都是日本用户，日本人占99%以上，中国用户只占0.7%，且均是伪满傀儡政权官吏。

1945年日本投降后，煤气生产供应停止。其后，国民党接管了此地，改称长春煤气厂。1948年长春解放后，煤气厂恢复供气。1954年10月，更名为长春煤气公司，成为长春最大的煤气厂。1993年，老厂房被拆除，原址现为家具城。

自来水开端——西广场水塔和敷岛通水塔

西广场水塔的修建是长春城区使用自来水的开端。

西广场水塔。"满铁"为解决附属地内日本居民的生活用水问题，在

▲ 西广场水塔（1914）

附属地内修建起一座水塔，该水塔是长春市区使用自来水的开端，也是当时长春最高的建筑物。

"满铁"为了解决附属地的供水问题，从1908年6月开始，在附属地的北端二道沟建起了三个9米多的浅水泥井，修建起一座泵站，主要用于火车站用水。1912年，"满铁"为向附属地居民供应生活用水，在市中心南端的高地西广场，利用附属地地势西高东低的特点，建起一座高30米的水塔。该水塔由"满铁"保线系土木主任志贺信一设计，工程预算为22.39万日元，实际耗资100万日元。水塔为圆柱形，上部为水泥浇筑，下部为钢架结构，由塔基、塔身、塔顶组成。塔身由8根钢板铆成的柱子支撑，塔顶为储水池，塔顶上方有避雷针。底部为钢板制成的圆形水槽，钢板水槽由"满铁"沙河口工厂制造，仅此一项就耗资6万日元。水塔容积10万吨，蓄水量229.4立方米。1913年4月，开始进行一般性给水，主要是对附属地市民及铁路送水，每日供水量为2700吨。1916年末，配水管延长1400多米，配水量突破30.1万立方米。

▲ 敷岛通水塔（1934）

敷岛通水塔。当时，"满铁附属地"内人口约1万人，水源是按供应2万人使用设计的。但随着城市人口的日益增长，供水需求也在不断增加。1933年6月12日，又在西广场南侧200米的敷岛通修建了敷岛通水塔。该水塔由"满铁"地方部工事科设计，东洋株式会社承建，当年11月完工。水塔高38.15米，钢筋混凝土结构，蓄水量为1000立方米。水塔设计形式新颖，功能性强，水槽内径13米，最低水位22.20米。水塔由12根柱子作支撑，蓄水池四周柱子间设计了狭长形窗户，底部做台阶状回收，在两柱之间还有装饰壁柱，外形别致。

长春解放后，这两个水塔都由铁路部门使用，2002年7月，被列为市级重点文物保护单位。现西广场水塔已停用。

第五章

20世纪近代建筑廊道

人民大街

人民大街为长春第一大街，以"亚洲长街"之名著称。

人民大街，作为长春城区的主干道已经有100多年的历史，从其诞生起，就以最长、最宽、最绿、最笔直而著称；更是由于街道两侧鳞次栉比的历史建筑，成为可阅读的20世纪近代建筑的历史长廊。

人民大街，是贯通市区南北的交通大动脉，北起北环城路，南至绕城高速公路，从北至南贯穿长春市区中心，是条正南正北的最长街道，它连接通往市区的各个主要街路。长度从最初的900米，到6千米、8千米，再到10千米、14千米，直至现在的18千米；宽度也从最初的36米，到54米，再到60米；最后形成现在的全长18千米、宽60米的城市空间主干线。其名称也刻着深深的历史印记，从最初的长春大街、"中央通"、"大同大街"、中山大街、"中正大街"、斯大林大街，到现在的人民大街，这

▲ 人民大街南段　　　　　　　　　　　　　　　（滕飞　摄）

些不同历史时期的称谓记录了城市百年街道的发展历程。

人民大街,是城市中心的绿色景观轴线。在人民大街两侧分布着许多公共绿地、开放式公园,著名的胜利公园、儿童公园、牡丹园、杏花邨公园、雕塑公园、友谊公园等大型开放公园,形成了今天城市独特的道路景观带,因此,人民大街又被称为"半城长街半城树"的绿色廊道。

人民大街最初称"长春大街"。1907年,在"满铁"大规模建设长春附属地时,以站前广场为中心做放射状建设道路,向南铺设了一条南北向马路,长900米,宽36米,这在汽车刚刚出现、以马车为主的时代,设计可谓超前。这条从火车站至今胜利公园的主干道,当初称"长春大街"。1922年,随着"满铁"势力的扩大,所有街路名称日本化,这条大街遂改称"中央通"。

当时,"满铁"将这条街道定位于官厅街,从北向南先后建起大和旅馆、"满铁综合事务所"、邮便局、警察署、日本"神社"、长春小学校等许多建筑。

东北沦陷后,1932年长春改称"新京"。"中央通"作为城市中轴线继续向南延伸,延长6.5千米至今工农广场;1938年,又延长8千米,到现在的卫星广场。同时,将道路拓宽到54米,设计为四车道。其两侧为绿地,外侧为马车道,由绿植隔开为人行步道,并分出快慢车道路。给排水、煤气、电缆全部埋入地下,高压线、照明线也设置在地下,这是与国际接轨的设计。以胜利公园为界,胜利公园以北路段仍称"中央通",以南路段称"大同大街"。沿着"大同大街"从北向南在重要交叉路口,先后建起站前广场、新发广场、"大同广场"(人民广场)、"兴仁广场"(解放广场)、"至圣广场"(自由广场)、"建国广场"(工农广场)等。并且,沿街路两侧建起许多商厦、银行、公园、大学等建筑。

1945年日本投降后,国民政府将"中央通"段改为"中山大街",南段改为"中正大街"。长春解放后，更名为"斯大林大街"，1996年改称"人民大街"。

人民大街作为长春的城市骨架、地标性街道，承载了城市百年的历史记忆，更见证了长春100多年的发展变迁，既是城市的百年缩影，也是城市壮美的景观带，更是城市的窗口和名片，是一条充满生命力的绿色风景线。

▲ "中央通"（20世纪30年代）

▲ "大同大街"（20世纪30年代）

人民广场

人民广场为长春城市中心的原点，市内的街心大花园。

人民广场坐落在人民大街中心位置，广场直径300米，中心岛直径220

▲ 俯瞰人民广场 　　　　　　　　　　　　　（伪满皇宫博物院藏）

米，占地面积7万多平方米。由广场向外放射出五个路口，南北连接人民大街，东面为长春大街，东南为民康路，西面连接西安大路，并在广场中央设置了标注城市海拔高度的城市基准石。广场周边建有中共长春市委、长春市公安局、网通长春分公司、人民银行长春中心支行、长春市工人文化宫、吉林省宾馆6座著名建筑。广场遍植苍松、翠柏、垂柳、白桦等多种树木3000多株，绿树掩映，花草繁茂，为市内最大的街心花园，是长春市中心的城市基准点。

广场始建于1933年，在伪满《"新京"都市规划概要》中将其定位为经济中心。在广场四周建有"满洲中央银行""满洲电信电话株式会

▲ "大同广场"（1933）

社""首都警察厅""新京特别市公署"等主要建筑。1945年8月日本投降后，该地改称"斯大林广场"，苏军在广场上修建了一座苏军烈士纪念塔。

　　1946年5月，国民政府将其改称"中正广场"。长春解放后，改称人民广场，成为长春的标志性建筑，被长春市政府定为城市紫线保护街区。

苏联红军烈士纪念塔

　　苏联红军烈士纪念塔为长春城区中心广场的标志性建筑。

　　苏联红军烈士纪念塔位于长春市人民广场中心，是为了纪念支援中国人民抗日战争和世界反法西斯战争而英勇牺牲的苏联空军烈士修建的。

▲ 苏联红军烈士纪念塔　　　　　　　　　　　　　　（滕飞　摄）

　　1945年8月，苏军红军进入长春后，将"新京大同广场"改称"斯大林广场"，并把广场中心的城市基准点标石挖掉，然后按照事先准备好的设计图纸，用两个月的时间，在长春市中心广场的城市基准点上建起一座苏联红军烈士纪念塔。

　　纪念塔断面呈方锥形，为苏联建筑风格，用花岗岩方条石砌成，由塔基、塔座、塔身三部分组成。塔基为圆形，直径30米，置于地下。塔座亦为圆形，由三层圆盘组成，面积314平方米。塔高五层，通高27.75米，底层边长6米，顶层边长2米。塔身正面朝北，塔身第二层中部镶嵌有苏联国徽图案，第四层中部镶嵌苏联红军军功章浮雕，顶部方石上嵌有绿色飞机模型，作向北展翅飞翔姿势。塔身四面均刻有文字，北面上方用中文阴刻"苏军烈士永垂不朽"，落款"长春市各界人民"；下方用俄文阴刻"为苏联的荣誉和胜利，在战斗中牺牲的英雄们永垂不朽"；南面上方用中文阴刻"中苏友谊万古长青"；下方用俄文阴刻"这里埋葬着为苏联的荣誉和胜利，在战斗中英勇牺牲的后贝加尔湖方面军的飞行员"。在塔身的东西两侧用俄文刻着在同日军作战中英勇牺牲的23名苏军飞行员的姓名和军衔。

1945年11月7日，苏联红军烈士纪念塔落成，长春市举行了揭幕仪式，长春市各界人士及苏军参加了仪式。1961年，纪念塔被吉林省人民政府列为省级重点文物保护单位。

"满铁"综合事务所旧址

"满铁"综合事务所的办公大楼，是长春第一座带电梯的办公楼。"满铁"综合事务所旧址位于长春火车站前，为"满铁"驻长春机关总部，亦称"满铁新京支社"。该建筑1935年6月3日动工，1936年7月9日竣工，由"满铁"地方部工事课太田宗太郎设计、钱高组施工。该建筑占地面积1839平方米，建筑面积9724平方米。一层至四层每层均为1839平方米，钢筋混凝土幕壁式结构。地上四层，局部五层，地下一层，由地基到最高屋顶为26.8米。外墙腰线为人造石和花岗岩石，上贴浅黄色面砖，底部为蘑菇石。入口上方有六条突起的竖向装饰线条，门廊两侧墙面也各有两条突起的装饰条。入口处有两个特大的铜座灯，内设两部电梯，为长春第一座带电梯的办公楼，也是"满铁附属地"内最大的建筑。此楼建成

▲ "满铁综合事务所"大楼现为沈阳铁路局长春办事处　　　　　（滕飞　摄）

后，"满铁地方事务所"的许多机构迁入该楼办公。

1936年10月，"满铁"设立"满铁综合事务所"。1938年4月1日，"满铁综合事务所"升格为"满铁新京支社"。1944年2月，"满铁"陆续将本部由大连迁到长春，入驻该大楼，11月后，这里成为"满铁"本部。1945年9月27日，中长铁路苏联代表加尔金中将宣布取消"满铁"的法人资格，"满铁新京支社"的牌子被摘下。

长春解放后，该建筑最初由中国长春铁路理事会使用，1953年，由沈阳铁路局长春铁路分局使用，现为沈阳铁路局长春办事处。2000年，在该建筑上加建一层。

长春邮政局旧址

　　长春邮政局是长春最早的邮政局。

　　长春邮政局旧址位于长春火车站正南方向，人民大街与天津路交会处的东南角。由日本东京都督府民政部土木课课长松室重光设计，1907年11月竣工，耗资7.5万日元。占地9856平方米，建筑面积125600平方米。主体建筑地上二层，地下一层，砖混结构。L形拐角楼，上方为两组双柱支撑的三角墙，楼顶为方形穹窿大坡面，屋檐有山花图案装饰，正门两侧是欧式圆柱，主体立面为拱券柱廊。外墙装饰精细，造型独特，仿欧洲古典式建筑风格。

▲ 长春邮政局（1915）

▲ 现为长春邮政局宽城邮政支局　　　　　　　　　　　　（滕飞　摄）

　　1906年9月1日，日本人把长春孟家屯军用通讯社改为"关东都督府"邮便电信局宽城子支局。1907年10月21日迁到头道沟公会堂后院，改称长春支局，11月1日改称长春邮便局。同年市内电话开通，使用磁石式交换机。1909年3月30日，位于"中央通"的长春邮政局开始营业。1912年2月14日，哈尔滨至长春开通民间直通电话。到1922年，邮政局员工达300多人。1924年，长春县警察所修建电话网，翌年，成立了长春四乡长途电话处。1935年4月1日，改称"新京中央邮便局"。

　　1946年，国民党将其改为长春市邮局。1948年长春解放后，改为长春市邮政局。现为长春市邮政局宽城邮政支局。

"满铁"图书馆旧址

"满族"图书馆建筑规模不大,但藏书丰富。

1910年11月,"满铁"长春图书馆最初设在"满铁"室町小学校(今天津路小学)内,称"满铁"长春图书阅览场。1916年迁至"中央通"六号。1922年6月,迁至黄河路,更名为"满铁"长春图书馆。1925年,该图书馆藏书6944册,主要为"满铁"调查部提供服务,同时为"满铁"社员及其家属提供图书借阅服务。

1931年6月9日,在人民大街动工兴建新馆,该工程由"满铁"工事课

▲ "满铁"图书馆(1939)

▲ 现为长春市图书馆分馆　　　　　　　　　　　　　　　　　（滕飞　摄）

设计、长春地方事务所工事系监理、近藤组施工，1931年10月12日竣工。其总建筑面积407平方米，坐东面西，砖瓦结构，地上一层，地下一层，耗资2.53万日元。地上一层为一般阅览室和儿童阅览室，地下一层为仓库、厕所等。新楼竣工后，"满铁"长春图书馆搬迁到这里，1932年更名为"满铁新京图书馆"。1938年5月，与"新京市图书馆"合并，组成"新京特别市立图书馆"，原"满铁"馆为总馆，"新京"馆为分馆，总馆馆长由日本人山崎末次担任。藏书达5.3万册，成为当时五大图书馆之一。

　　1945年8月，日本投降后，国民党接管了此建筑，更名为"长春市立图书馆"。1946年秋，由吉林省政府管理，更名为"吉林省立长春图书馆"。1948年10月长春解放后，由长春市政府教育局接管，更名为"长春市立图书馆"，11月，更名为"长春图书馆"。1958年，由于图书馆馆舍太小，由此迁出，这里成为电影发行放映公司办公楼。20世纪90年代该建筑由"和平大戏院"使用。2009年被列为市级文物保护单位。2011年，旧址划归长春市图书馆使用。

弘报大楼旧址

弘报大楼是日本建筑师横井兼介设计的最后一栋建筑。

弘报大楼旧址位于人民大街西侧，胜利公园北侧，是伪满洲国通信社办公楼，亦是伪满傀儡政权新闻中枢机构。

该建筑于1937年10月7日动工修建，翌年11月15日建成，以"弘报协会"和"国通社"的名义投资50万元。是日本建筑师横井兼介设计的最后一栋建筑，由"关东州"横井建筑事务所设计监理、裕昌公司施工。总建筑面积4213平方米，钢筋混凝土框架结构。建筑高度16.1米，最高塔楼距

▲ 弘报大楼（1939）

▲ 弘报大楼旧址现状　　　　　　　　　　　　　（滕飞　摄）

地面20.56米。地上三层，局部带有半地下室，内设一部电梯。一、二层为接待室、办公室、印刷发送室、照相室等，三层为俱乐部、阅览室、事务室，半地下室为食堂、厨房、库房等。大楼建成后，"弘报协会"和"国通社"全部搬来办公，一些外国驻长春支社也搬到这里办公，该建筑成为新闻中心。

1945年8月，日本投降后，该建筑由国民党中央日报社长春分社使用。长春解放后，这里先后由吉林省劳动厅、吉林省司法厅等单位使用。现为中国移动青岛路营业厅。

大兴大厦旧址

大兴大厦是一座居于特殊位置的L形建筑。

大兴大厦旧址坐落于新发广场东南角，与日本关东军司令部和日本关东军宪兵司令部隔街相对，地理位置特殊，是"满洲大兴株式会社"和"满洲兴业银行"的合署办公楼。

1935年6月27日，该建筑动工，1936年10月31日竣工。由伪满中央银行营缮课设计监理、高冈组施工。总建筑面积10649平方米，钢筋混凝土结构。地上四层，地下一层，整体建筑呈转角L形。楼顶带有方形塔楼，正门

▲ 大兴大厦（1937）

▲ 现为吉林省人民政府综合办公楼　　　　　　　　　　　　（滕飞　摄）

主立面上方装有7根方柱，外墙一楼为大理石贴面，二楼以上为褐色拉丝瓷砖贴面，工程造价56.2万元。该楼的东侧为"满洲大兴株式会社"，西侧为"满洲兴业银行"。该银行为伪满工矿企业和特殊会社投资贷款，是伪满重大产业开发的专业银行，其发行的兴银债券用于开发工矿产业。

　　1945年日本投降后，国民党接管此楼。1956年成为吉林省政府综合办公楼，俗称"八大厅"。1988年在原建筑上加盖二层，楼顶塔楼被拆除。

"康德会馆"旧址

　　"康德会馆"大楼曾是日本各大财团及会社合署办公的商用建筑。

　　"康德会馆"旧址位于人民大街1811号。该建筑由日本三菱财团投资、三菱合资会社地产课藤村郎设计、大林组施工。工程分两期建设，总造价149.6万元。1933年11月25日，第一期工程开工，1935年6月5日竣工。1935年9月，又在其建筑的西北面建设二期工程，与一期工程相连成为一体。该建筑占地面积6925.6平方米，总建筑面积8898平方米，钢筋混凝土

▲ "康德会馆"（20世纪30年代）

▲ 曾为长春市政府办公楼 　　　　　　　　　　　　（滕飞　摄）

结构。地上四层，半地下一层。建筑主体高20米，塔楼距地面38米。外墙底部由大块蘑菇石砌成。拱券式大门，楼内备有两部电梯。楼顶上方为方形双层塔楼，周围四座小塔围着高大的主塔，四角攒尖顶铺铜瓦，为"兴亚式"建筑风格。

　　1948年长春解放后，该建筑成为长春市政府办公楼。1985年，在原楼加盖二层，现为六层建筑。2006年，长春市政府从该建筑迁出。现为长春市级文物保护单位。

海上大楼旧址

　　海上大楼曾是大型保险公司——"东京海上火灾保险株式会社新京支社"的商用办公楼。

　　海上大楼旧址位于人民大街1810号，全称"东京海上火灾保险株式会社新京支社"，是一家保险公司。1937年5月15日动工，1938年11月30日

▲ 海上大楼（1939）

竣工，工程耗资120万日元。由东京木下建筑事务所木下益治设计、大林组施工。占地面积6380平方米，总建筑面积20577平方米，钢筋混凝土框架结构。地上五层，地下一层，在转角处有三层塔楼。主体建筑高度20.75米，顶部塔楼距地面38米。建筑主体外墙饰以腰线，临街的西北侧腰线以下是浅色花岗岩，以上贴灰白面砖；东面为人造石，腰线以上贴灰白砖；入口高大的门罩为浅色花岗岩贴面，方形壁柱中有凹槽装饰线。是当时"大同大街"两侧的标志性建筑。

1945年日本投降，东北各地保险公司随之关闭。长春解放后，该建筑由长春市人民医院使用。1997年在原建筑上加盖一层，塔楼被拆除。现为长春市中心医院，长春市级文物保护单位。

▲ 现为长春市中心医院　　　　　　　　　　　　　　　（滕飞　摄）

"满洲中央银行"旧址

"满洲中央银行"大楼以庄重、坚固著称。

"满洲中央银行"旧址位于人民大街2030号,人民广场西北侧,是东北沦陷时期建造的单栋总面积最大的建筑,也是首个钢筋混凝土建造的建筑。

该建筑1934年4月22日动工,1938年6月15日竣工,工程历时四年多。原计划造价600万元,实际支出1000万元,是伪满国务院大楼造价的4倍,是当时建造时间最长、造价最高的建筑。由曾经长期担任日本第一银行建

▲ "满洲中央银行"(1939)

筑课长的西村好时建筑事务所设计、伪满中央银行营缮课监理，地下两层由日本福昌公司建造，地上四层由福昌和大林组共同建造，这三家公司是当时日本最著名的公司。该建筑占地面积3万平方米，建筑面积26835平方米。地上四层，地下三层，建筑高度从地基算起21.5米，至最高塔屋的高度为27.5米，地上一、四层和地下一层都高达5米多，地上二、三层也高达4米。主体结构为钢框架，然后浇灌混凝土，是当时唯一的钢混凝土结构的建筑。建筑的正面和侧面外墙贴花岗岩，背面贴人造石，室内地面为磨光花岗岩，墙壁为进口大理石。用于外墙和室内地面的花岗岩都产于四平十家堡。该建筑使用的钢材达5000多吨，其中钢骨架2440吨、钢筋2650吨，占当时建筑工程用钢量的一半。其他建筑材料的使用量也非常大，水泥用了25万袋，人造石材5700平方米，大理石5400平方米，花岗岩7500块，工程作业人员达60多万人次。

该建筑为欧美银行特有的建筑形式，主体立面有10根直径2米粗的古希腊多立克式石柱，意为中流砥柱、信用坚固。入口侧门采用水平推拉式，室内一楼营业大厅通透、宽敞高大。大厅的正面与两侧有28根大理石贴面的塔司干巨柱凌空支撑屋顶，这是产自琉球群岛的天然大理石。大厅中央顶部有一巨大的拱形钢结构玻璃天窗，阳光直射进室内大厅。地面铺设的天然大理石和墙上大理石壁炉都是从意大利进口的。附设的咨询台、休息座椅、写字台均为古希腊风格的大理石雕刻而成。大厅内的瓷砖壁画是日本仙台工厂制造的。楼内的设备不仅齐全，而且先进，有暖气和空调设备。在地下一层，为了保持一年四季恒温，安装了自动温度调节机，还有防止地下返水的吸水设备和自动发电设备。此外，还安装了自动干燥设备、自动排风设备、自动灭火设备、可变速的电动送风机、自动送煤的锅炉，送风机和排风机就达36台；电梯有7部，2部为运钞梯，5部为工作人员使用的电梯。通信方面，有一部自动交换总机，一部自动真空传动机。除

▲ "满洲中央银行"营业大厅（20世纪30年代末）

主要设施外，该建筑还修建了装备齐全的附属设施，有印刷厂、事务室、汽车库、杂品库、给水室、卫生室、消毒设备、纸币焚烧炉，并配有防火防盗装置。该建筑耐震耐火，对空袭亦有特殊防御设备。这些设备均为当时新样式，在当时的亚洲也是先进的。整个建筑从设计到施工都由日本人承担，甚至连卫生设备、暖气设备、电气设备、升降机、家具等都由日本公司生产，然后运到东北。

特别值得一提的是地下金库，金库安装有先进的拾音设备，只要附近有声音，总控室就能听到。金库周围还安有4块3米多高的巨型反光镜，无论人在哪个位置都能照到。银行大楼共设有6个金库，最重的金库大门达25吨，最轻的也有15吨。此门与汽车库门相仿，长4米，宽2米，厚1.5米，均为钢铁制成，由美国纽约万事利公司定制，由海路运至大连，再由大连运抵"新京"火车站。由于大门沉重，搬运困难，15吨重的大门，从"新京"火车站运往"满洲中央银行"时，用了50匹马、30名壮劳力，从日出开始搬运，到中午才运到七马路。由于载重过大，马车车轮陷于冰中，不能前进。搬运25吨重的大门更是费尽了心思和人力，用了150匹马从"新京"火车站利用冬季冰冻的道路，花了四五天的时间才将其搬运到工地现场。地下金库以坚固和精致著称。

▲ 现为中国人民银行吉林省分行　　　　　　　　　　　　（伪满皇宫博物院藏）

第六章

建筑可阅读的历史名街

新民大街

新民大街——一条最具景观效应和百年沧桑历史的文化名街。

走进一座城市，总有一条街道让人印象深刻。无论是晴天还是雨天，无论是白昼还是夜晚，走在古树参天、绿荫掩映的街道上，你随时都能触摸到厚重的历史感。

新民大街始建于1933年，当时称"顺天大街"。街道全长1.5千米，宽60米，1946年改称"民权大街"，长春解放后，改称新民大街。

新民大街从最北端的溥仪"新皇宫"起，在其道路两侧分布着伪满国

▲ 新民大街（2022）　　　　　　　　　　　　　　　（滕飞　摄）

▲ "顺天大街" 建于1933年　　　　　　　　　　　　　　（房友良　提供）

务院、伪满司法部、伪满军事部、伪满经济部、伪满交通部、伪满综合法衙等建筑，这几座历史建筑是伪满官厅建筑的重要代表，是日本侵略我国东北的重要历史见证，现为第七批全国重点文物保护单位。

新民大街除了这些历史建筑外，最大的特色是它的绿化带，以地质宫中轴线为起点，北起长春最大的广场——文化广场，南至新民广场，西侧有长春德苑公园，南端有长春最大的人工湖——南湖。而且，在这条街路的中央还设有一条16米宽的绿化带，这条绿化带将道路两侧的绿树连接在一起，使整个街道都掩映在绿树之下，走在大街上，如同穿梭在森林中。

另外，在城市规划上，新民大街对长春城市总体风貌的形成起到了导向作用，它强化了长春从建设之初在全国城市规划中的领先地位。在街道规划上，既受中国传统城市规划思想的影响，又融合了西方近代规划理念，呈现出街道布局纵向延伸、建筑轴向对称、绿化层级丰富的特征。在建筑艺术上，采用了东西方融合的现代建筑风格，是20世纪东北近代建筑运用新技术、新工艺、新材料、新理念的具体实践，具有较高的建筑艺术价值。

2012年6月，新民大街以其完整的历史格局、独特的历史建筑、完好的历史院落、丰富的绿化体系，被国家批准为"中国历史文化名街"，这是吉林省首条中国历史文化名街。

伪满国务院旧址

伪满国务院办公楼是东北沦陷时期最具代表性的伪官厅建筑。

伪满国务院旧址位于今新民大街北端，新民大街与解放大路交会处的东南角，北与地质宫相望。它是东北沦陷时期伪满官厅建筑中最具代表性的建筑，为"兴亚式"建筑风格，建筑外观呈"王"字形，亦称第五厅舍。

1933年3月，伪满国务院成立了"官衙建筑委员会"，负责伪满官厅建筑的设计审查。1934年初，伪满总务厅厅长亲自主持了伪满国务院设计方案的审查，并吸取了第一厅舍、第二厅舍的设计经验和教训。这次没有选用相贺兼介的设计方案，而是采用了年轻设计师石井达郎的设计方案。石井在设计该建筑之前，专门考察了北京故宫，在设计方案中运用了中国建筑元素，并参考了日本国会议事堂的设计，把中日传统建筑形式结合起来，将设计方案定位于满足日本侵略者对东北长期统治的政治需求。

1934年7月19日，该建筑动工建设，1936年11月20日竣工。占地面积49465平方米，总建筑面积19115平方米，由大林组施工。地上四层，地下一层，另加二层塔楼。地上一、二层面积4242平方米，三层3736平方米，四层1962平方米；塔楼一层324平方米，二层144平方米。地面距塔楼高度44.8米，中央四层高22.15米。建筑坐西朝东，平面呈"王"字形，中央塔楼高出两翼，两侧左右对称。钢筋混凝土幕壁式结构。外墙和屋瓦均为深褐色，墙面贴花砖或石板。外部正门左右两侧的圆柱及腰线、基础石、磨

▲ 伪满国务院（1938）

菇石台阶等均采用吉敦线穆林产的红花岗石，正面及中央塔楼采用的是富国石。地下室有通风照明装置，宽敞的过道可过轿车。塔楼顶部采用中国传统的重檐四角尖顶，为当时市内最高建筑，三层高的门廊设计了两根方柱和四根塔司干柱廊。

　　建筑材料使用的石材是吉林产的玉砂石、饮马河的河沙、小野田的水泥，墙体使用东京式的红砖，室内楼梯扶手的抱鼓石为产自意大利的大理石。室内的三部电梯为1933年日本生产的奥的斯电梯，其中一部是专门供伪满皇帝溥仪和伪满国务总理张景惠等专用的电梯。该电梯虽然没有现代电梯先进，但在当时已具备了先进安全的控制系统，这部电梯至今保存完好。整体工程造价250万元，用工26万人次，仅次于造价600万元的伪满中央银行大楼。

　　1946年后，该建筑由国民党励志社及国民党第一兵团政工、副官、军需处使用，东北"剿总"第一兵团团部也曾设在此。1948年10月，长春解放后，先后由长春解放大路小学、解放军第一军医大学基础医学部使用。1958年由吉林医科大学使用。1978年由白求恩医科大学使用。1983年被列为省级重点文物保护单位。2000年，该建筑由吉林大学基础医学院使用。2013年5月，被批准为第七批全国重点文物保护单位。

▲ 现为吉林大学基础楼　　　　　　　　　　　　　　　　　（伪满皇宫博物院藏）

伪满军事部旧址

伪满军事部大楼设计有独特的三面拱形入口。

伪满军事部旧址位于今新民大街与解放大路交会处西南角，与伪满国务院旧址隔街相对，正面朝向地质宫，现由吉林大学第一临床医院使用，外部保存完好。

该建筑于1936年8月31日动工，1938年10月31日竣工，由伪满营缮需品局设计监理、大林组施工，工程造价110.19万元。建筑面积15764平方米。地上四层，局部五层，地下一层，钢筋混凝土结构。室内门厅为二层楼高的通厅，四周回廊的柱头带有巨大的斗拱造型。入口雨棚设计独特，三面入口均设计成圆拱形的门洞。入口上部栏板有巨大的望柱，局部的女儿墙为城墙

▲ 伪满军事部（1938）

▲ 现为吉林大学白求恩第一医院 　　　　　　　　　　（伪满皇宫博物院藏）

垛口形式，顶部做成两坡顶，屋顶为深褐色琉璃瓦，并做成挑檐口，可自由排水，外墙为水泥砂浆抹面拉毛，与相对的伪满国务院建筑外墙质感色彩相同。楼内设有大小会议室、娱乐室、读书室等多功能附属设施。

1945年10月，国民党军队进驻长春，使用伪满军事部旧址。1948年长春解放后，该建筑先后由解放军第一军医大学第一临床医院、吉林医科大学、白求恩医科大学第一临床学院使用。现由吉林大学第一临床医学院使用。2013年3月，被列为第七批全国重点文物保护单位。

伪满司法部旧址

伪满司法部办公楼是曾落选的"帝冠式"建筑。

伪满司法部旧址位于今新民大街中段东侧，与伪满经济部隔街相对，是所谓"帝冠式"建筑。该建筑1935年动工，1936年建成，占地面积16328平方米，建筑面积5200平方米。坐东朝西，正门朝西，钢筋混凝土结构，局部内框架结构，工程造价43万元。主体建筑地上三层，地下一层，中央为六层高的塔楼。塔楼及两翼一层的窗户均为火焰形窗套，二、三层为条窗。屋顶塔楼的设计及绿色琉璃瓦是典型的日本风格。外墙为赭石色瓷砖贴面，中间塔楼部分为白瓷砖贴面，是一座最具日式建筑风格的伪官厅建筑。

这个建筑的设计方案是相贺兼介为伪满国务院办公楼设计的。由于这

▶ 伪满司法部
（1938）

▲ 现为吉林大学新民校区校部 　　　　　　　　　　　　　　　　（滕飞 摄）

个设计方案的建筑主体造型完全采用了日本传统的建筑构件，即"帝冠式"建筑风格，特别是塔楼的设计日本味十足，且塔楼的体量过大，使建筑的两翼显得过于短小，入口门廊过低，给人以黑暗和压抑感，门前双柱的设计也显得笨重，整体设计完全是日本风格，这与日本关东军"满洲式"建筑的政治要求相差甚远，因此最终没有被选中，这个落选了的设计方案只好被用在了伪满司法部办公楼的建筑上。

1932年，伪满司法部在长春老城西三道街上的道胜银行办公，同年迁到商埠地五马路被服厂，后来又迁到"大同广场"第二厅舍（今长春市公安局）与伪满外交部合用办公楼，1936年，伪满司法部新楼建成后，迁到"顺天大街"新址。

1945年，日本投降后，该建筑被国民党占据。1948年长春解放后，由中国人民解放军第一军医大学接管，现为吉林大学新民校区校部办公楼。2013年5月，被列为全国重点文物保护单位。

伪满交通部旧址

伪满交通部大楼，是一座折中主义风格的建筑。

伪满交通部旧址位于今新民大街南段西侧，为折中主义风格的"兴亚式"建筑。1936年8月18日开工建设，27日举行奠基式，1937年12月10日竣工，由伪满营缮需品局营缮处设计监理，日本长谷川组施工，工程造价44.67万元。

该建筑占地面积18464平方米，总建筑面积8055平方米。地上主体四层，两翼三层，地下一层。一楼1977平方米，二楼1864平方米，三楼1864平方米，四楼483平方米，地下1867平方米。地面距塔楼高度27米。钢筋混凝土结构，中间屋脊高高翘起。外墙局部用深褐色的琉璃面砖装饰，建筑下部为浅色石材，屋顶为深红色琉璃瓦顶。使用的建筑材料有：钢筋597吨、混凝土3500立方米、红砖1840万块，石材为"连京线"卢家屯生产，大理石由矢桥大理石店提供，人造大理石由田中瓷砖商会制造，琉璃砖由抚顺石川制陶所制造，瓷砖由日本常滑船井制陶所制造，瓦由抚顺南昌工业株式会社生产，卫生陶瓷具由名古屋制陶工厂生产，照明电气由川崎电制社制造，机械由斋藤省三商店提供，电气由"满洲电机商会"承办，家具由高岛屋制作。用工近8万人次。伪满交通部成立之初，先后在长春自强小学、东三省官银号长春分号办公。1938年新楼建成后迁入此楼。

1945年日本投降后，旧址先后由苏军和国民党军队使用。长春解放后，由解放军军医大学、白求恩医科大学使用。现为吉林大学公共卫生学院。2013年5月，被列为第七批全国重点文物保护单位。

▲ 伪满交通部（1938）

▲ 现为吉林大学公共卫生学院（滕飞　摄）

伪满经济部旧址

伪满经济部大楼当时被称作"东洋趣味的近代式"建筑。

伪满经济部旧址位于今新民大街中段西侧，是新民大街上外部造型最简单的伪满官厅建筑。

该建筑于1937年7月17日动工，1939年7月31日竣工，工程造价77.4万元，由伪满营缮需品局设计监理、清水组施工。占地面积29778平方米，总建筑面积10254平方米。建筑坐西朝东，平面呈长方形，钢筋混凝土结构。建筑中央上方为长屋脊造型，地上四层，局部五层，距地面高度26.51米。

▲ 伪满经济部（1942）

▲ 现为吉林大学第三临床医院　　　　　　　　　　　　　（滕飞　摄）

两翼外墙为深褐色面砖，中间外墙贴灰白色石材，外墙石材产自本溪和吉林两地，屋瓦由奉天窑业生产。使用钢材700吨、水泥6万袋，动用人工214万人次。该楼建成后，伪满经济部迁入此楼。

1945年8月日本投降后，该楼被国民党占用。1948年10月长春解放后，先后由解放军第一军医大学第三临床学院、吉林医科大学第三临床学院、白求恩医科大学第三临床学院使用，现为吉林大学第三临床医院。2013年5月，被列为第七批全国重点文物保护单位。

伪满综合法衙旧址

伪满综合法衙大楼号称最具浪漫主义色彩的现代建筑。

伪满综合法衙旧址位于今新民广场东南侧、最南端，毗邻南湖公园。因为伪满洲国的"最高检察厅""最高法院""新京特别市最高检察厅""高等法衙"均设于此，是伪满傀儡政权审判、检察机关共用的衙署，故该楼被称为"综合法衙"。

1936年6月，该建筑开始动工建设，1938年9月竣工。由日本建筑师牧野正巳设计、伪满营缮需品局监理、高冈组施工。该建筑占地面积104000

▲ 伪满综合法衙（1939）

平方米，建筑面积14859平方米，钢筋混凝土结构，造价84.87万元。地上五层，半地下室一层。中间主体塔楼采用"兴亚式"四方长屋脊尖顶，方圆结合，屋顶镶紫红琉璃瓦。建筑外墙为竖向条纹、质感粗糙的棕黄色面砖，相间当地产的白色砂岩石材组合而成，利用面砖的色差组成不同的光影变化，曲线处的面砖为弧形，整体外表呈柔和圆角曲线。室内在巨大门廊上方开有玻璃采光顶，中庭有四层楼高，是当时最高的室内空间。四周设有回廊。室内楼梯、扶手及墙裙采用米黄色水磨石贴面，水磨石装饰构件的质量达到当时高水平。在该楼门前设有一圆形喷水池，中间有一石制

▲ 现为中国人民解放军第964医院（南湖院区）

的植物花卉喷水口，这是伪满官厅中唯一门前设有喷水池的建筑。

　　设计师牧野长期生活在中国，对中国传统建筑非常了解，但在设计该建筑时，他并没有受中国传统建筑风格的影响，也没有直接照搬日本的"帝冠式"和欧美的古典式建筑样式和构件，只是在局部装饰上运用了日本建筑传统的样式，在建筑主体上更多运用了自己原创和更新的理念，该建筑没有采用通常的庄重柱式，中间高起的墙体采用弧形，通体采用弧形曲线。另外，为避免广场和两侧道路噪声的干扰，特将临街的一面建筑做成单廊的形式，采用很窄小的钢窗，但是，这也使室内采光不足。

　　1946年5月，国民政府接收了该建筑，将吉林省高等法院设于此。1948年10月，长春解放后，由解放军空军接管，并一直为部队医院使用，现为中国人民解放军第964医院（南湖院区）。2013年5月，被列为第七批全国重点文物保护单位。

第七章

火红年代的地标建筑

长春地质宫

　　新中国成立后，全国各地掀起红红火火的社会主义建设高潮，从首都北京到全国各地方城市，涌现出一大批具有民族特色的建筑群，这些体现新中国建设成就和中国人民智慧的地标性建筑，成为中国建筑史上的里程碑，被永久地载入中国建筑史册。长春在那个火红年代建设的建筑，既反映了中国传统建筑的特色，又体现了浓浓的时代气息，为后来长春的城市建筑风格定下了基调。同时，这些建筑也见证了长春市的发展变迁，是一个时代的记录，直到今天，这些建筑仍然是城市中最耀眼的地标性建筑。

　　首先要说的是长春地质宫，位于朝阳区西民主大街6号，是利用溥仪"新皇宫"地基建起的大屋顶拱式宫殿建筑。

　　该建筑于1953年7月1日开工，1954年6月18日竣工，由长春市建筑设

▲ 长春地质宫　　　　　　　　　　　　　　　　　（伪满皇宫博物院藏）

计院王辅臣主持设计，长春市建筑工程公司施工。该建筑占地面积27万平方米，建筑面积3万平方米，地上四层，地下一层，绿琉璃瓦单檐歇山顶，两脊终端加凤凰浮雕装饰，翼角上饰有脊兽，屋顶下的檐口、斗拱、梁坊均为釉彩。该建筑运用了中国古典建筑的高台基、大屋顶、传统彩绘等仿古设计，是新中国"一五"期间国家重点建设项目。该楼建成后由时任中国社会科学院院长郭沫若题写了"地质宫"匾额。现为第七批吉林省文物保护单位。

长春地质学院鸽子楼

长春地质学院鸽子楼（今吉林大学地球科学学院教学楼）位于建设街2199号，人们习惯称其为"鸽子楼"。1952年，在长春成立了隶属于地质矿产部的东北地质学院，同年该建筑建成，成为

▲ 鸽子楼　　　　　　　　　　　　（滕飞　摄）

东北地质学院的教学楼。

　　该建筑由著名建筑大师梁思成的学生刘鸿典设计。在设计中，以经济实用为原则，运用"非对称、积木堆砌"的流派设计。在施工中为追求外墙色调的变化，采用"摔浆法"工艺，尽可能地使水泥墙面颜色变深。同时，为了不使墙面颜色过于深暗和死板，在深色的水泥墙面上，每隔一段距离就抹光一下，这样在墙面上就印出"之"字形花纹，形似鸽子，远远望去，像一只只展翅欲飞的鸽子，所以，被称作"鸽子楼"。现在是吉林大学地球科学学院教学楼。2009年被列入第八批长春市文物保护单位。

长春市体育馆

　　长春市体育馆位于人民大街2999号，是"一五"期间长春市的重点建设工程，是吉林省最早建成的公共综合体育馆之一。

▲ 长春市体育馆 　　　　　　　　　　　　　　（滕飞　摄）

该建筑于1956年10月开工，1957年11月竣工，由吉林省建筑设计院设计、长春第一建筑工程公司施工。占地面积3.2万平方米，建筑面积1.4万平方米，建筑四层，钢筋混凝土框架结构。顶部为大跨度网状角钢结构，建筑平面呈"工"字形，立面对称布局。主入口处正门和两翼分别饰有纹样和五角星图案浮雕。

体育馆的比赛馆跨度42米，高26米，内设4300多个座席，可以进行篮球、排球、羽毛球、乒乓球等球类赛事，还可以进行体操、技巧、武术、举重、拳击、摔跤等比赛。1988年，该建筑作为"世界建筑的成功之作"入选英国的《世界建筑史》。现为第七批省级文物保护单位。

长春市工人文化宫

长春市工人文化宫位于南关区人民大街2302号，人民广场东北侧。该建筑于1956年动工，1958年竣工并投入使用。由长春冶金建筑学校黄金凯

▲ 长春市工人文化宫　　　　　　　　　　　　　　（赵炳清　摄）

主持设计、长春第一建筑工程公司施工。建筑总面积1.68万平方米。五层局部框架混合结构。建筑立面造型具有民族建筑风格，细部檐口装饰线角，使用新材料，具有浓郁的民族风格。室内的大剧场设有1480个座位，还设有排球比赛馆、乒乓球馆、健身房，并设有小型电影放映厅、舞厅、文化活动室、图书阅览室和游艺厅等，可同时容纳4000人进行各种娱乐活动。

该建筑造型宏伟、简洁大方，整体与人民广场周围的建筑协调一致，共同构成气势恢宏的纪念性建筑群。2009年，被列为第八批市级文物保护单位。

吉林省图书馆

吉林省图书馆原址位于朝阳区新民大街1448号，是新中国成立后吉林省第一座大型公共图书馆，该建筑为中国传统仿古建筑风格。

该建筑于1957年动工，1958年建成，郭沫若题写馆名"吉林省图书馆"。占地面积2.4万平方米，总建筑面积1.3万平方米，由吉林省建筑设计院卜毅

▲ 原吉林省图书馆
（滕飞　摄）

主持设计、长春第一建筑工程公司施工。钢筋混凝土结构，绿色琉璃瓦仿古钻天顶，对称两翼为传统形式单檐口，平面呈"T"字形。原设计方案是具有中国古典建筑风格的琉璃瓦、双层大屋顶，因为响应国家"厉行节约"的号召，改为单檐屋顶，但在建筑风格上还是采用了传统的仿古建筑形式。建筑立面简洁对称，造型美观，与新民大街上的其他建筑在体量、造型和色彩上基本保持一致，是单体建筑与周围建筑群体环境结合较好的实例。现为第七批省级文物保护单位。现在是吉林省文化和旅游厅办公楼。

吉林省宾馆

吉林省宾馆位于南关区人民大街2598号，人民广场西南侧，为中国传统大屋顶建筑。该建筑于1956年动工，1959年建成使用，由长春市建筑设计院高铁汉和卜毅共同设计、长春市第一建筑工程公司施工。占地面积4.8

▲ 吉林省宾馆

（赵炳清 摄）

▲ 吉林省宾馆内部
　（赵炳清　摄）

万平方米，建筑面积1.6万平方米。主楼七层，框架结构，两翼各五层，砖混和部分框架结构。建筑造型简洁、对称、朴素，屋顶采用了中国传统的翘角及仿斗拱建筑风格。

　　吉林省宾馆建成后，成为省市人代会、党代会举办重要会议的主会场，曾多次接待过党和国家重要领导人。2009年被列为第八批市级文物保护单位。

南湖宾馆

　　南湖宾馆位于朝阳区南湖大路3798号，南湖公园南侧，为园林式大型宾馆。该建筑于1958年2月动工，1959年竣工并投入使用，由长春市建筑设计院卜毅主持设计、长春市第一建筑工程公司施工。整体建筑由1栋三层主楼和6栋别墅组成，占地面积86万平方米，建筑面积14万平方米。建筑风

▲ 南湖宾馆　　　　　　　　　　　　　　　　　　　（滕飞　摄）

格采用中国传统园林布局手法，使楼群与水面、树林、亭台等人造景观融为一体。主楼采用仿明代宫阙式建筑风格，飞檐微翘、圆柱通顶、气势宏伟，内部设有总统套房、大中小型会议室、接待厅、中西式餐厅，以及电影厅、游泳馆等服务设施。6座别墅小楼为中式、法式、德式，各具风格，扇形分布在院内的东南部的丛林中。宾馆院内绿树成荫，花草繁茂，将东方古典园林与东西方建筑融为一体。现为第七批省级文物保护单位。

中国科学院长春光学精密机械研究所

中国科学院长春光学精密机械研究所位于东南湖大路3888号。该建筑于1958年动工，1959年建成使用。由长春市建筑设计院陈有耐主持设计、

▲ 中国科学院长春光学精密机械研究所　　　　　　　　　（伪满皇宫博物院藏）

长春市第一建筑工程公司施工。建筑平面呈"H"形对称式布局，建筑面积7443平方米，建筑主体五层，局部六层。建筑外立面嵌深米色瓷砖，正面入口上方加盖雨篷，建筑造型简洁、现代，在光影的照射下富于变化，是新中国成立后长春第一座具有现代主义风格的建筑。

中国科学院长春应用化学研究所

中国科学院长春应用化学研究所（简称"应化所"），位于人民大街5625号。该建筑由中国科学院设计院主持设计、吉林省第一建筑公司施工，1962年建成使用。建筑面积11590平方米，地上五层，地下一层，局部六层，钢筋混凝土结构。建筑呈长方形，造型对称布局，屋角起翘和仿斗

▲ 中国科学院长春应用化学研究所 　　　　　　　　　（滕飞　摄）

拱，外墙贴乳白色瓷砖，整体庄重严谨，是中国传统建筑形式与现代建筑风格相结合的大型科研建筑工程。现为第七批省级文物保护单位。

吉林农业大学教学楼

　　吉林农业大学教学楼位于净月区新城大街2888号，为绿琉璃瓦屋顶的中国传统民族风格建筑。该建筑于1958年动工，1960年竣工并投入使用，由长春建筑设计院设计、长春建筑公司施工。总建筑面积1.74万平方米。建筑平面对称布局，主体三层，局部四层和六层。外墙贴米黄色面砖，屋顶铺设绿琉璃瓦。建筑整体简洁利落，采用民族传统设计风格。因为当时正在批判"复古主义建筑思潮"，所以，运用了民族古建筑设计手法，是"少花钱、多办事、标准高"的新建筑范例。现为第七批省级文物保护单位。

▲ 吉林农业大学教学楼　　　　　　　　　　　　　　（赵炳清　摄）

▲ 碧瓦朱檐，典型的传统建筑风格　　　　　　　　　（赵炳清　摄）

吉林大学理化楼

　　吉林大学理化楼位于朝阳区解放大路2519号，吉林大学前卫校区北区校园内。该建筑建于1964年8月，由长春市建工局设计室设计、吉林省建一公司施工。总建筑面积达4.3万平方米，主体六层，局部九层，钢筋混凝土结构。平面对称式布局。主入口大门突出，建筑立面造型简洁，对称，檐口下部和局部设有传统纹样图案浅浮雕装饰，具有古朴的传统民族建筑风格，反映出当时的建筑技术水平，是当时吉林大学规模最大的教学楼，体现了新中国成立初期建设技术的发展水平。现为第七批省级文物保护单位。

▲ 吉林大学理化楼　　　　　　　　　　　　　　　（伪满皇宫博物院藏）

第八章

强者风范的制造之都

时代骄子——中国第一汽车集团有限公司

第一汽车制造厂是中国汽车工业的摇篮。

众所周知，汽车是19世纪人类最伟大的发明之一。当卡尔·本茨发明了世界上第一辆汽车时，没人能想到，城市由步行时代、马车时代飞速地进入了汽车时代。汽车实现了机械与速度的完美结合，飞旋的车轮使城市变得越来越宽广，城市之间的距离以车程计算，车轮将空间距离缩短，让人们的生活半径扩大，人们进入了汽车社会，城市变成了"车轮上的城市"。

如果要问：中国的第一辆汽车、第一辆轿车、第一辆越野车产自哪里，第一个现代化轿车基地、第一个产销上百万辆的汽车企业是哪个，所

▲ 第一汽车制造厂奠基石　　　　　　　　　　　　（滕飞　摄）

有人都会脱口而出："第一汽车制造厂。"（简称"一汽"）

在一汽门前有块巨大的汉白玉基石，上面雕刻着毛泽东亲笔题写的"第一汽车制造厂奠基纪念"。1953年7月15日，中国第一汽车制造厂在长春诞生，中国的汽车工业史在长春这片土地上正式翻开历史篇章，长春成为新中国工业的基石，一汽被称为共和国汽车工业的长子，中国汽车工业的"摇篮"。

1953年6月，中南海召开政治局会议，讨论建设汽车厂问题。6月9日，毛主席签发了《中共中央关于力争三年建设长春汽车厂的指示》，并将建设新中国第一汽车厂列为第一个五年计划的首批重点工程。当时，全国各地掀起轰轰烈烈支援一汽建设的热潮，大批干部、高级工程师、技术人员、大学毕业生和归国留学生及技术工人近2万人，从祖国的四面八方汇集到长春，支援一汽建设，作为一汽的建设者，他们感到无上光荣。一汽建在长春，让长春人感到既光荣又责任重大，大家把建设一汽当作自己家的事，长春市把1954年市政建设费用的95%及1955年市政建设费用的84%都用于支援一汽建设。

1956年7月13日，由毛主席命名的"解放"牌汽车在一汽试制成功。第二天，第一批12辆"解放"牌CA10型汽车装配完成，一汽将喜讯报给党中央、毛主席。这12辆中国"解放"牌汽车浩浩荡荡驶向长春市区，成千上万的人涌上街头一睹国产汽车的风采，人们奔走相告，中国结束了不能制造汽车的历史。1956年10月1日，第一批"解放"汽车参加了国庆阅兵式。1956年10月15日，一汽正式建成投产，当年就制造出解放牌汽车1240辆。

1958年5月21日，中国第一辆国产轿车CA71东风牌轿车诞生，"东风"二字为毛泽东手书。人们可能会问：当时中国的第一辆国产小轿车不是叫"红旗"吗，怎么叫"东风"呢？这是取自毛主席"东风压倒西风"的著名论断。100天后，一汽人用铁榔头手工打造的第一辆国产"红旗"牌

▲ 20世纪60年代，第一汽车制造厂生产的"解放"牌卡车运往全国各地
（轩中午　提供）

▶ 1956年7月13日，国产第
一辆"解放"牌卡车下线
（倪玉臣　提供）

轿车试制成功。1958年9月20日，中国第一辆CA30型越野汽车试装成功。到1962年，一汽已生产出解放、红旗、越野等三个系列汽车。

改革开放给一汽带来了发展机遇，一汽以敏锐的目光捕捉到了合作的商机，开启了与德国大众汽车公司合作的步伐，1990年4月10日，奥迪100型组装下线。1991年2月6日，一汽大众公司成立，此后，宝来、高尔夫、捷达、速腾、奔腾、迈腾、奥迪、马自达、丰田等品牌一个个横空出世。2011年6月28日，中国第一汽车股份有限公司成立；2017年11月，更名为中国第一汽车集团有限公司（简称"中国一汽"）。

"解放"，一个响亮的名字，自1956年7月13日中国一汽制造出"解放"牌汽车，到2021年7月13日自主研发的第800万辆"解放"牌卡车正式下线，从1到800万辆，"解放"牌汽车见证了中国汽车工业从无到有、跨越半个多世纪的巨变。到目前为止，"解放"牌汽车已出口80多个国家和地区，"解放"中重型卡车连续四年全球销量第一。

▲ 现代化的生产车间（2018）　　　　　　　　　　（赵炳清　摄）

　　"红旗"车，是中国一汽精神的内核，被称作"中国第一车"。1958年，"红旗"轿车开进了中南海；1959年国庆10周年大典上，"红旗"车队驶过天安门；1962年，"红旗"车成为接待外国贵宾的国宾车。自此，"红旗"车成为中央领导人的专用车和国宾车以及外事活动的礼宾车。1984年10月1日国庆35周年阅兵式上，中央军委主席邓小平和阅兵总指挥秦基伟分别乘坐"红旗"新型车检阅中国人民解放军各军兵种的强大军容。1999年国庆50周年的盛大阅兵式、2009年国庆60周年的大阅兵、2019年国庆70周年的大阅兵，选用的检阅车均是中国一汽"红旗"轿车。"红旗"品牌创造了4年销量增长63倍的奇迹。"红旗"，是中华民族工业的自豪和骄傲，是中国豪华车市场销量最大的国产品牌。

　　截至2021年底，中国一汽拥有员工12.8万人，资产总额6021亿元，拥有红旗、解放、奔腾等自主品牌和大众、奥迪、丰田等合资合作品牌，累计产销汽车超过5000万辆，2021年位居《财富》世界500强第66位。

　　中国一汽是中国汽车工业使命的担当者，是中国汽车文化的符号，是长春的骄傲和荣耀。

汽车盛会——中国长春国际汽车博览会

　　中国长春国际汽车博览会演绎着汽车嘉年华的盛宴。

　　长春，作为中国汽车工业的摇篮，承载着中国汽车工业的光荣和梦想。中国长春国际汽车博览会（简称"长春汽博会"），是长春人翘首以

▲ 长春汽博会（2014）   （滕飞 摄）

盼的盛会，是展现长春厚重汽车产业积淀和文化底蕴的窗口。中国长春国际汽车博览会始创于1999年8月15日，至今走过了23年的光辉历程。2022年7月15日，第十九届中国长春国际汽车博览会在长春国际会展中心盛大开幕，这是一年一度的中国车坛盛宴。与此同时，长春国际汽车文化节暨第四届"红旗"嘉年华同步开启。

本届汽博会以"绿动车城"为主题，以"振兴汽车产业、打造国际汽车名城"为目标，突出国际化、专业化、品牌化特点，以引领新能源、新动力、新概念为坐标，设置了9个室内展馆、8个室外展区，通过"主会场+分会场"联动、"线下+线上"并行的方式进行展示。此次特别推出了新技术应用及媒体直播馆、合资品牌及新能源主题馆、一汽主题馆，以及汽车户外体验区、汽车民宿体验区等，并且，还在长春北湖、兴隆保税区和长春慢山里设置了分会场。本届汽博会最吸引眼球的是新能源品牌的亮相，比亚迪、理想、极狐、高合汽车、上汽奥迪、广汽埃安、岚图、长安深蓝等十多个新能源品牌车精彩展现，充分体现了长春汽博会的科技引领性。

室外的汽车民宿体验区和汽车户外体验区，将实体品牌民宿及户外品牌商品引进展会，让百姓沉浸式实景体验房车露营的生活方式，近距离接触大自然。

本届展会集中展示了智能网联、新能源、新动力、新技术、新车型，并特别展示推广了一汽"红旗"品牌。从2018年到2020年，新"红旗"销量3年增长42倍，创造了品牌销售史上的奇迹。"红旗"以引领民族汽车产业崛起壮大的新形象成为本届汽博会上最耀眼的明星。在本届展会上，"红旗"品牌系列的全新"红旗"H5闪耀登场，以其超群颜值、超群安全、超群健康、超群舒享、超群劲动的"超群五技"，为观众呈现出前所未有

▲ 长春汽博会"红旗"品牌展位　（滕飞　摄）

的视觉盛宴。此外，"红旗"H5在智慧领航方面还聚焦智能驾驶、智能座舱、智能交互、智能制造、智能OTA等大场景，开发专利技术64项，领航智慧出行，成为新时代B+级智慧豪华轿车的典范。"红旗"，作为民族汽车工业的优秀品牌，已成为"中国第一、世界著名"的新品牌。

本届汽博会期间，还举办了一系列主题活动，包括35款国内首发及新车展示、2022中国（长春）国际新能源汽车高峰论坛、长春汽车零部件

跨境电商交易会、花车巡游等，以及分会场的房车露营、汽车电音节等户外汽车文化体验活动，形成了全城联动、具有长春特色的汽车产业文化展会。

1999年举办的首届中国长春国际汽车博览会，只有600家企业参展商参会，参观人数30万人次。经过20多年的发展，到2022年在全球新冠肺炎疫情依然严峻的情况下，仍成功举办了第19届中国长春国际汽车博览会，且取得了可喜的成果：本届汽博会共有128家企业、155个品牌的1330辆汽车集中亮相展会，创下销售车辆30000台、交易额63.33亿元、参观人数达61.8万人次、线上展厅观众超千万人次的纪录。

如今，长春汽博会已经成为引领汽车未来、展示汽车文化、促进汽车消费、拉动经济增长的重要展会，成为中外车企品牌展示、产品交易、信息共享、合作共赢的重要平台，成为长春的金色名片。

"和谐号"——中车长春轨道客车股份有限公司

中车长春轨道客车股份有限公司，被誉为轨道列车世界速度的领跑者。

中国第一辆地铁车、第一辆25型车、第一辆单轨车、第一辆磁悬浮列车、第一列动车组，中国标准动车组、CRH380B高寒动车组、CJ-1城际动车组，我国首列不锈钢地铁车、铝合金轻轨车、单轨车、耐高寒地铁车、无人驾驶地铁车、低地板轻轨车等60多种城市轨道车辆，这些数不胜数的第一均来自中车长春轨道客车股份有限公司（简称"中车长客"）。中车

长客，被誉为我国
动车组和地铁车的
摇篮。

中车长客，原称
长春客车工厂（简
称"长客"），始
建于1954年，是国
家"一五"期间的重
点建设项目之一。
1957年8月24日，长
客举行开工典礼，
1958年竣工，是新

▲ 长春客车工厂正门　　　　　　　　　　（房友良　提供）

中国第一个自行设计、施工、装备、专门制造铁路客车的工厂。1969年10
月1日，标有长春客车工厂制造字样的地铁客车在首都北京亮相，长客与北
京地铁一起载入新中国工业制造的史册。

1986年，长客与英国铁路工程公司技术合作，开启了与国外的合作之
路，大大提升了当时中国铁路车辆制造的生产工艺及质量水平。1991年，
168辆25A型新型空调客车试制并应用成功。1995年，与韩国韩进公司合作
生产了3DG不锈钢车体客车。同年，获得217辆伊朗德黑兰地铁车辆订单，
长客开始走出国门。1999年6月12日，中国自行研制的第一列时速200千米
的高速电动铁路客车组在长客下线，这标志着中国铁路客车生产正式步入
"高速列车"领域。2001年8月14日，中国第一辆国产磁悬浮客车在长客下
线，运营时速60千米，最高试验时速可达100千米。

2002年3月长客改制，更名为中国北车长春轨道客车股份有限公司。
2005年，与德国西门子公司开始全面技术合作，生产350km/h动车组。

2006年，取得了向澳大利亚出口526辆双层不锈钢客车的大订单，成为中国第一次向发达国家出口轨道车辆的产品。2007年3月30日，中国第一列国产化动车组CRH5"和谐号"在长客整列编组下线。"和谐号"是目前国内最先进的高速动车组，成为中国铁路第六次提速的主力车型。

2008年，长客签订了出口中东地区455辆地铁车和160辆双层客车的国内最大机车车辆订单。2009年1月，长客研制的CRH3-350型动车组最高时速由350千米提高到380千米。经过60多年的发展，目前，长客建有国内规模最大、精度最高、技术最先进的碳钢车、不锈钢车、铝合金车三条生产线，配备了德国、意大利、韩国、日本等国家制造的世界最先进的技术装备，以生产22型车、25型车、双层车、动车组、特种车、城铁车、地铁车、宽轨车、磁悬浮车等车辆著称。

可以看到，跑在国内铁轨上的绝大多数客车都产自长客，你乘坐的北京地铁、武汉轻轨、重庆单轨、广州地铁及国外的平壤地铁、德黑兰地铁等均来自制造之都——长春，长客制造的车辆占全国铁路客车的46%

▲ 中车长客"复兴号"　　　　　　　　　　　　　（杨铭　摄）

（2000年之前曾达90％），占国内轨道交通用量的55％。产品已远销到美国、巴西、阿根廷、澳大利亚、新西兰、泰国、伊朗、沙特、巴基斯坦、孟加拉国、斯里兰卡及我国香港等22个国家和地区，出口车辆超过7000辆。

2015年6月1日，经国务院同意、国务院国资委批准，中国南车股份有限公司与中国北车股份有限公司合并，注册成立中国中车股份有限公司，并于6月8日在沪港两地上市交易。

中车长春轨道客车股份有限公司是中国第一、世界第五的轨道客车制造企业。正如《新闻联播》的报道"北车长客从高速动车的追赶者到世界速度的领跑者"，中车长客已成为我国轨道客车装备制造业速度的领跑者，中国高铁的"国家名片"。

"柴老大"——吉林柴油机厂

吉林柴油机厂是我国柴油发动机制造的摇篮，曾经人人羡慕的"柴老大"。

这是一片近2万平方米的工业旧址，老厂房、红砖墙、锈钢板，扑面而来的工业气息告诉你，这里是一座老工业厂区。

吉林柴油机厂（简称"吉柴厂"），是国家"一五"计划的重点建设项目，是新中国成立后长春市柴油机、锅炉行业的第一家企业，也是制造和修理高速柴油机的大型骨干企业，当时生产的多项产品填补了我国在该领域的空白，在长春市的经济发展中起到了重要作用，是新中国高速坦克柴油发动机制造的摇篮。

1950年11月，作为国家"一五"计划的重点建设项目之一，长春成立了东北机械第十九厂。1952年，划归第二机械工业部后，改建了旧厂房，又新建了车间、仓库，更新了设备，铺设了铁路专用线，产品由民用改为军用。1953年8月，改称"国营六三六厂"。1956年9月5日，工人们以蚂蚁啃骨头的精神，研制出我国第一台国产B2-34型高速坦克柴油发动机，填补了我国不能生产制造坦克发动机的空白，从此，吉柴厂从维修坦克发动机步入制造坦克发动机的阶段。1958年5月，划归第一机械工业部第七局管理，改称"国营柴油机厂"。1961年，为了发展吉林省的农业机械化事业，充分发挥军工企业的优势，东北局、第一机械工业部和吉林省委共同决定，由吉柴厂负责筹建拖拉机厂。1962年12月22日，试制成功3-12型船

▲ 吉柴文化广场 （滕飞 摄）

用柴油机，并批量投入生产。1979年，该产品被省部评为优质产品。1963年至1965年，吉柴厂重新调整生产布局，采用多种新工艺，工业总产值突破2000万元。

　　1977年，由国家投资2364万元，先后建起铸铝东厂房、水压机厂房、二次变电所、南岭分厂、热处理车间等，同时调整了装配、钢件等7个车间，产品质量显著提高。1980年，全厂生产面积达138000平方米，职工总数达6446人，拥有设备1737台，实现利润249万元，被吉林省、五机部命名为"大庆式企业"。1986年6月，吉柴厂的代表产品200GF29-1型发电机组，填补了国内发电机组的一项空白。1988年，吉柴厂归属首都钢铁公司，改名"首钢吉林柴油机厂"。2005年，进行国有企业改制，成立了集团公司。2006年实现产值1.2亿元、利税1000万元，被评为中国优秀企业。

　　吉柴厂曾和一汽齐名，在全国是排行第二的国有军工厂，是当时长春

▲ 吉柴文化广场一角　　　　　　　　　　　　　　　　（滕飞　摄）

人人向往的国营大企业，被称作"柴老大"。新中国成立初期，国家领导人陈云等先后来厂视察。吉柴厂以生产军用发动机、冶金设备、汽车零部件闻名于中国工业行业。

斗转星移，东北老工业已成为一个时代的符号。为珍视、记录吉柴厂在新中国工业发展历程中创造的不朽业绩，2009年，长春市二道区政府开启了对吉柴厂生活区的保护修缮工程。2010年，位于长春东盛大街的柴油机厂生产厂区被拆除，但将老家属楼保留了下来。这里曾是国家为企业职工及家属建造的规范化、现代化的住宅区，是以工业生产为依托，形成的包括居住、教育、娱乐、餐饮等多行业，自成体系的小区域社会，是"一五"期间东北老工业基地典型的生活空间，是一段东北老工业峥嵘岁月的缩影，是东北老工业规划建设的典型代表。

将东北老工业时期的居住文化、生活方式等生活文化和气息保留并展现出来，还原老厂区家属楼生活的人间烟火气，把那段不被现在的年轻人了解的峥嵘岁月定格在当下，是对那个火红年代和青春芳华的致敬。

时光背影——长春拖拉机厂

长春拖拉机厂——东北老工业的背影，渐行渐远的乡愁。

在长春有种说法"西有汽车厂，东有拖拉机厂"，长春拖拉机厂（简称"长拖"）也曾有过与长春第一汽车厂比肩的辉煌。在时光的驿站里，在"长拖"人的记忆中，长春拖拉机厂是几代人的自豪和骄傲。

▲ 长春拖拉机厂正门　　　　　　　　　　　　　　　（房友良　提供）

　　在"鼓足干劲、力争上游、多快好省地建设社会主义"总路线方针指引下，1958年5月29日，长春拖拉机厂诞生，这是继洛阳拖拉机厂之后的全国第二大农机制造企业。

　　长春拖拉机厂是在国家经济困难时期，举国家之力，自力更生建设起来的，曾是国内最大的轮式拖拉机生产基地，与洛阳、天津拖拉机厂并称农机制造业的三雄。1959年，长拖生产的"上游"牌拖拉机参加了国庆十周年的庆典游行。二十世纪六七十年代生产的"东方红"28型拖拉机畅销东北、华北、西北、中原等地区，并出口阿尔巴尼亚等国，还被印在第三套一元人民币（1960年）的正面。1962年，周恩来总理曾来厂视察，并责成第一汽车厂和洛阳拖拉机厂协助长拖建厂。长拖是新中国成立之初国家为实现农业机械化全国布局的重点支柱企业之一。

　　20世纪80年代，为适应农村改革，长拖最先推出小四轮拖拉机，当时供不应求，并获得多项大奖："12型"作为部优产品，曾获"国家金牛奖"和"牡丹奖"，"150型"为省名牌产品，"250型"在波兰获国际金奖。据老长拖人回忆：长拖就是一个大家庭，繁盛时期职工达到上万人，那时啥都不缺，人员不缺，技术人才有1500人，大学生有1000多人，吉林大学专门有为拖拉机厂培养人才的拖拉机系。

2006年，承载着城市工业辉煌的长春拖拉机厂宣布破产。2021年，长春市政府启动对长拖厂区的更新改造工程，将长拖作为历史文化街区进行保护性改造。

为了传承工业历史文脉，留存城市老工业记忆，作为代表新中国成立后的"一五""二五"时期独特的工业遗产，长拖厂区的大体量特色建筑被保留下来，融入了现代艺术、时尚、创意等元素，被改造成为文化生态型开放街区，为艺术家、游客提供多样的休闲、娱乐、交流空间。

2021年11月，长春拖拉机厂历史风貌街区以"长拖1958"崭新的姿态成为城市新地标，那些传承老工业文脉的厂房、机器、厂区、古树等被注入新的活力，融入了现代城市生活。走进这片土地，扑面而来的仿佛是工人老大哥的热血芳华。

▲ 改造后的长拖街区　　　　　　　　　　　　　　（赵炳清　摄）

留下工业文明，留住工人乡愁，让城市有历史、有情感、有温度、有故事，东北老工业已然成为城市一道独特的风景线。

秋天的童话——有轨电车

"摩电车"，现代都市的时光记忆。

想知道长春的秋天有多美，一定要乘坐54路有轨电车才能深刻体会。它将载着岁月的光阴，带你穿行在层林尽染、遍地金黄的城市中心，让人心旷神怡，仿若置身在五彩的童话世界。在2022年开年热播剧《人世间》中，这辆叮叮当当穿梭在城市中的有轨电车，像油画一样不断出现在镜头中，惊艳了所有追剧的人们，成为怀旧的诗意名片。

在长春繁华的红旗街上，在川流不息的人流中，你会日日听到哐当哐当的电车声，循声望去，你会发现一道久远的风景，在21世纪的现代都市，居然还跑着一列记忆中的有轨电车。

有轨电车作为古老的交通工具，自1881年在德国诞生以来，在世界上许多城市得到迅速发展，成为城市地面的主要交通工具。长春的有轨电车始建于1941年。东北沦陷时期，长春的交通主要以人力车、马车为主，1933年市内营运线路有3条，公共汽车只有50台，后来增加到250台。当时，市内的公共汽车最早由俄国人经营，后来由"满洲电气株式会社"及"新京交通株式会社"经营。1941年，由于能源紧张，公交建设也进行不下去了，所以考虑设计铺设有轨电车。"新京交通株式会社"从日本东拼

▲ 有轨电车   （滕飞 摄）

西凑来一些车辆及钢轨设备，钢轨、枕木是"满铁"用过的旧货，电车是东京、名古屋淘汰的旧车，车辆规格、大小、牌号什么样的都有，有1905年德国西门子公司制造的，有一战时美国通用电气公司生产的，也有日本日立公司生产的，可谓五花八门。最早修建的线路是火车站到抚松路、西安大路至西广场的两条线路，全长13.3千米，1941年11月1日正式通车。1942年修建了沿自由大路至动物园的线路；1943年，修建了火车站至东大桥、三马路至南关、抚松路至孟家屯等线路；到1944年，全市共铺设有轨电车线路7条，拥有电车73台。其中6条线路以站前广场为始发站。当时考虑到城市街道的美观，没有在人民大街、新民大街、解放大路和自由大路等主要街路铺设有轨电车。长春解放前，因为没有电力供应，电车曾一度停运。

　　长春解放后，经过人民政府的整治抢修，4条有轨电车线路通车运营，成为市区的主要交通工具。1958年，长春电车工人自行设计制造出"长春号"有轨电车，开辟了中国人自己制造电车的先河。20世纪60年代，是长春有轨电车最辉煌的时期，共有6条线路，总长达52.63千米，电车达88台。改革开放后，随着经济的发展，因有轨电车老旧故障频发、维修费用高、影响其他交通工具通行等原因，大部分有轨电车线路陆续被拆除，1986年拆除了51线和56线，1992年拆除了53线，1996年拆除了52线。而红旗街至和平大路的54路有轨电车线路被保留了下来。

　　2000年，长春市政府投资5000万元，对54路有轨电车的线路、轨道、线网等设施进行了全面改造，并设计了工农大路至西安大路线路。2009年，54路有轨电车被评为非物质文化遗产。2014年8月25日，55路有轨电车上线运营，将红旗街和长春西客站连接起来。2015年，长春公交集团购置了3台仿古电车，一台是仿照1958年长春自行制造的老"长春号"，另两台是仿照20世纪50年代的"200型"有轨电车。从红旗街到西安大路全长

7.41千米，设车站16个。目前，除大连外，长春也是国内保留有轨电车的城市。

在长春浪漫唯美的秋季，乘上54路有轨电车，穿梭在落英缤纷的街道中，感受车轮滚滚的都市诗意，体会都市里的童话世界，是北国春城的独特体验。

第九章

闻名遐迩的电影之都

电影摇篮——长春电影制片厂

长影，几多赞歌，几多辉煌。

《英雄儿女》《上甘岭》《冰山上的来客》，"为了胜利，向我开炮"，那些让人热血沸腾的画面，那句激荡人心的呼喊，让人们记住了一个名字：长春电影制片厂（简称"长影"）。

长影，是新中国电影的标志性符号，是中国电影的一面红色旗帜，是新中国电影的摇篮，是几代人奋力追逐的光影，是几代人的青春记忆，人们因为长影，认识了长春这座城。

1895年，电影诞生于法国巴黎，1896年首次进入我国上海，1907年传入长春，在长春西三道街有俄人开设的电灯影戏一座。长影的前身是1937年成立的"满洲映画株式会社"（简称"满映"）。1945年8月15日，日本投降，"满映"解体，中共地下党接收了"满映"，1945年10月1日，成立了东北电影公司。1946年5月，东北局宣传部指示东北电影公司迁出长春，经哈尔滨、佳木斯等地，在6月1日到达兴山（黑龙江鹤岗市），他们把一些破旧的房屋改建成临时厂房和宿舍，10月1日，成立了东北电影制片厂（简称"东影"）。在极端困难的条件下，1947年5月，东影拍摄了第一部纪录片《民主东北》；11月，完成了第一部木偶片《皇帝梦》，拍摄了第一部短故事片《留下他打老蒋》。1948年完成了第一部科教片《预防鼠疫》和第一部动画片《瓮中捉鳖》。1949年拍摄了第一部故事片《桥》和

▲ 长春电影制片厂　　　　　　　　　　　　　　（伪满皇宫博物院藏）

▲ 东北电影制片厂旧照

第一部译制片《普通一兵》，创下了新中国电影的七个第一。这些影片成为新中国电影史上的开山之作，从此，揭开了新中国电影史的新篇章。

1949年3月底，东影分批迁回长春。1955年2月28日，东影正式更名为长春电影制片厂。1958年2月14日，毛泽东来吉林省视察时，来到长影，在摄影棚里观看了苏里导演正在拍摄的《红孩子》，并与扮演细妹的小演员合影留念。同年，长影抽调数百名业务骨干支援西安、广西、内蒙古、辽宁和黑龙江筹建电影厂。在20世纪60年代和80年代，长影创作生产的影片数量和质量达到高峰。

20世纪80年代，长影拥有全国最大的7个摄影棚，拥有亚洲最大的洗印车间、最大的道具库。长影拍摄的影片率先在国际电影节上获奖，1950年《中华儿女》获卡罗维发利国际电影节自由斗争奖；《钢铁战士》获卡罗维发利国际电影节剧本奖；1951年，《白毛女》获卡罗维发利国际电影节特别荣誉奖；《内蒙古人民的胜利》获卡罗维发利国际电影节编剧奖。

长影拍摄了革命战争题材影片《钢铁战士》《平原游志队》《董存瑞》《上甘岭》《战火中的青春》《英雄儿女》《兵临城下》《开国大典》；农村题材的《白毛女》《我们村里的年轻人》《香魂女》；少数民族题材的《五朵金花》《刘三姐》《冰山上的来客》；知识分子题材的《人到中年》《蒋筑英》等2000多部作品，长影艺术家们塑造的许许多多英雄形象深深地印在几代人的心中。同时，长影也收获了无数的荣誉和掌声，创作的作品获得了无数"华表奖""百花奖""金鸡奖""五个一工程奖"等国家大奖。

1998年，长影率先在全国电影界改制，1999年1月4日，成立了长影集团有限公司。2013年5月，长影老厂区被列为第七批全国重点文物保护单位。

长影已经走过了70多年的辉煌历程，长影，作为一个时代的符号，作为几代人的精神食粮，影响了几代人的成长，成为几代人铭心刻骨的青春记忆。

流金岁月——长影旧址博物馆

沿着电影的脚印，追寻青春的芳华。

在2022年开年大剧《人世间》中，长影旧址博物馆多次出现在镜头里，让长影旧址博物馆迅速火遍全国。

长影旧址博物馆位于长春市南湖公园西北侧，是利用长春电影制片厂旧址建立起来的电影博物馆，建筑面积37549平方米。博物馆通过文物收藏保存、艺术展览、数字平台、电影互动等形式，记录长春电影制片厂的创业史、发展史和文化史。长影旧址博物馆包括电影艺术馆、摄影棚展区、洗印车间展区、长影电影院、长影音乐厅及电影文化商业街，2014年8月19日，正式对外开放。

长影的前身是"满洲映画株式会社"（简称"满映"）。1937年上半年，先是请日本照相化学研究所对摄影棚和办公楼进行设计，7月初，邀请日本导演藤伊与吉、枝正四郎，摄影师藤井春美，部分演员及电影理论家来长春进行筹建"满映"的准备工作。"满映"占地面积163936平方米，建筑面积20294平方米，由日本照相化学研究所建筑专家增谷麟仿照德国乌发电影公司的布局设计、日本清水组施工，1939年11月竣工，耗资250万元。建筑包括办公楼1座、摄影棚6个、录音室1个、洗印间1个，以及道具厂等附属建筑，所有建筑全部采用砖木结构。办公楼与摄影棚均为三层，"满映"的设备在当时是先进的、齐全的，无论是拍摄、照明、编辑、洗印，还是录音、后期合成、放映等，使用的都是精良的设备，当时拍摄的电影效果已达到世界先进水平，是当时亚洲最大的电影企业。

1945年8月15日，日本投降，"满映"解体，中共地下党接收了"满映"，1945年10月1日，成立了东北电影公司。1955年2月28日，更名为长春电影制片厂。

▲ 长影旧址博物馆 （胡欣 提供）

▶ 长影旧址博物馆内部展厅
（滕飞 摄）

从此，新中国电影从这里起步，创下了一个又一个共和国的电影丰碑，《上甘岭》《平原游击队》《五朵金花》《刘三姐》《英雄儿女》等经典影片都是在这里诞生的。走进博物馆，共和国的经典影片一一呈现在你的面前，《上甘岭》的隧道，《冰山上的来客》的旋律，一幅幅刻骨铭心的画面、震撼心灵的歌曲、无悔忠贞的誓言、人间的无疆大爱、生命中的纯真；老电影院、老座椅、手绘海报、老电影票、老道具，都历历在目，让你激动，让你流泪。

许多年轻人可能还不知道，在2004年之前，长影出品的电影字幕都是由字幕师一笔笔写上去的，很多书法家都是从长影走出来的，如苏平、周昔非、郝幼权、吴自然、姚俊卿、金钟浩等。那些耳熟能详的老艺术家、电影人在长影旧址博物馆都能找到他们的身影，新中国电影发展史的每一个脚印都在这里呈现。

长影旧址博物馆记录了中国共产党创建的第一个电影制片厂的光荣与辉煌，长影创作的故事、影像、歌曲不仅留在了胶片上，更烙印在了一个时代人们的心中，那些红色经典深深地影响了一代又一代人的成长，成为永不褪色的青春底色。

▲ 长影标志性符号——工农兵 　　　　　　　　　　　　（滕飞　摄）

东方好莱坞——长影世纪城

长影世纪城——中国第一家世界级电影主题公园。

长影世纪城，位于长春净月国家高新技术产业开发区，占地面积30万平方米，集电影娱乐、电影科技园、电影景观园于一体，荟萃好莱坞、迪士尼的特效电影精华，有"世界特效电影之都"之称。

长影世纪城依托长影深厚的电影文化底蕴，以高科技手段、新颖的现场体验，展示特效电影文化独特的魅力；将美国好莱坞环球影城与迪士尼游乐园的特色结合在一起，将激光电影、动感球幕、三维巨幕电影、立体水幕电影相结合，推出创新科技、惊险刺激、体验演艺、游艺欣赏等游乐项目，将参与、体验、互动融为一体，圆游客高科技的电影之梦。

这里有世界唯一的室内激光影院，不戴立体眼镜就可感受立体的特效电影。在飞翔式穿幕影院，长影联手《指环王》原班人马制作的特效：180度的旋转，跃升五层楼高的空中，双脚垂于空中，以飞行的姿态体验山河巨变、时空交换、急速坠落的极限挑战，让游客体验《指环王》特效的非凡震撼。

在世界首座正交多幕特种影院的"空间迷城"中，体验感知全球顶尖的电影科技，揭开特效影片《金棺之谜》的面纱。

在6层楼高的巨型银幕上，3D巨幕电影科幻巨制《冒险游戏》，让游客体验外星人与地球人的一场战争，冒险游历3D特效电影的巨大震撼和

▲ 长影世纪城   （赵炳清 摄）

神奇。

前所未有的惊险，难忘的星际探险，非常实验室的勇者游戏都在考验游客的胆识。如好莱坞大片《山崩地裂》一样，你将亲身体验神秘的玛雅古城被火山吞噬的惊骇一幕。在这里读魔幻天书、看星夜明珠、探八卦玄机，你能感受到电影特技的种种奇妙所在。

"演员就位，准备，开始！"游客可体验当明星的感觉。闯进卡通地带，进入童话王国，你就是国王，你就是王子，你就是公主，你将拥抱所有的童趣和梦想，你将得到百分之百的电影奇幻体验。

来到长影世纪城，将满足你当明星、当外星人，体验飞檐走壁、空中飞人、冒险游历等所有电影之梦。

金鹿唱响——中国长春电影节

中国长春电影节是以城市之名诞生的中国第一个电影节。

1992年8月23日，第一届中国长春电影节隆重开幕，这是中国第一个以城市命名的国家级电影节，与金鸡百花电影节、上海国际电影节、珠海电影节并称中国四大电影节。到2022年，中国长春电影节已走过了整整30个年头，这是中国第一个具有国际性、持续举办时间最长的电影节。电影和电影节，已成为长春这座城市最重要的文化符号。

长影，作为新中国电影事业的摇篮，在新中国电影史上创造了无数个第一，长春是最有资格举办电影节的城市。所以，广电部决定在一南一北，上海、长春举办电影节，上海办国际电影节，长春办中国电影节，以华语片为主，举办东方奥斯卡式电影节。

1992年举办的第一届中国长春电影节盛况空前，由6000名群众组成的30个方队走过地质宫广场，经解放大路、人民大街到达新发广场。一路上，表演方队吸引了成千上万的市民驻足观看，整座城市因此沸腾起来。第一届中国长春电影节最高奖项命名为"金鹿奖"，因为长春是梅花鹿之乡，鹿是一种聪明可爱、深受人们喜爱的动物，所以采用鹿的造型设立"金鹿奖"。"金鹿奖"从这届电影节开始唱响，成为中国长春电影节的标志，成为中国电影人追求的无上荣耀。

中国长春电影节不仅"让世界了解长春，让长春走向世界"，而且，给长春创造了巨大的社会效益和经济效益。1994年8月23日，第二届中国长春电影节在刚刚落成的长春体育场举行，这届电影节的开幕式表演盛况空前，由几千人扭起的东北秧歌热情奔放，长春空军航空大学的表演，更让观众欢呼雀跃。作为拥有电影基因的城市，长春市民对电影的热爱和钟情在表演中体现得淋漓尽致，中国长春电影节不仅成为中国电影人的盛会，也成为全体市民的重要节日。

2022年8月23日至28日，由中央广播电视总台、吉林省政府主办、长春市政府承办的第十七届中国长春电影节华彩绽放。本届电影节以"喜迎二十大、光影三十年"为背景，以"新时代新摇篮新力量新坐标"为主题，以三十年为新起点，迈向电影未来和长春未来。三十年来，在长春电影节上，有数十部优秀影片获得"金鹿奖"，上百位华语电影人获得殊荣。长春电影节突出专业性、权威性，为中国电影事业搭建了一座展示中国电影成就的平台，推出和表彰了许多优秀的电影作品和人才，推动和促进了中国电影事业和产业的繁荣发展。在第十七届中国长春电影节上，《长津湖之水门桥》获得最佳影片奖，《你是我的春天》获得评委会大奖。本届电影节举办了电影展映、电影论坛、致敬"摇篮"、群众文化等多项活动，最突出的是群众性的电影节参与活动，在文化广场、北湖湿地公园、水文化生态园、南溪湿地公园等地举办了"电影歌曲大家唱""电影主题音乐会""经典电影台词朗诵"等200多场群众性的电影文化系列活动，把电影的盛会办成了百姓的节日，将长春的电影文化深深扎根于百姓的生活中，融入城市文化的血脉中。

中国长春电影节以鲜明的华语电影特色，广泛的群众性和朴实、严肃、严密的权威性，得到电影人的广泛认可，成为中国华语电影的重要评奖盛会。而且，中国长春电影节始终坚持专业性与群众性并重的办节理念，注重专业品质，关注百姓情怀，在海峡两岸暨香港、澳门，在新加

▲ 第十七届中国长春电影节闭幕式暨颁奖典礼　　　　　　　（王航　提供）

坡、马来西亚、印尼等世界华语电影制作地区具有重要影响。

走进电影院，致敬"最可爱的人"，成为当下许多年轻人提升自我精神追求的方式。《长津湖之水门桥》《你是我的春天》等优秀国产影片赢得了广大青年观众的热烈追捧和点赞。

长影，作为新中国电影的摇篮，拍摄了数以百计的家喻户晓的经典影片，缔造了中国电影的黄金时代。长春，这座孕育了新中国电影的城市，将与电影节带来的星光一起共逐光影，共铸辉煌。

第 十 章

创造第一的科技之都

中国光谷——中国科学院
长春光学精密机械与物理研究所

一束束射向外太空的神奇之光从这里迸发。

"两弹一星""载人航天工程",中国第一台红宝石激光器、第一台大型电影经纬仪等十几项"中国第一"在这里诞生,因而这里被称为中国光学事业的摇篮,这里就是中国科学院长春光学精密机械与物理研究所(简称"长春光机所")。

长春光机所主要从事发光学、应用光学、光学工程、精密机械与仪器的研发生产,是光、电、算结合的综合性研究所。

1952年,"一五"期间,在党中央的整体布局下,新中国光学领域的第一个研究所——长春光机所在长春诞生,从此,她肩负起奠定中国光学事业发展基础的历史使命。1999年,由中科院长春光机所与中科院物理所合并成立了中国科学院长春光学精密机械与物理研究所。

长春光机所在第一任所长、著名光学家王大珩的带领下,连续创造了全国众多第一:第一台电子显微镜、第一台多倍航空投影仪、第一台高精度经纬仪、第一台大型万能工具显微镜、第一台中子衍射晶体光谱仪、第一台红宝石激光器、第一台跟踪测量电影经纬仪等,为我国光学事业取得开创性成果。二十世纪六七十年代,长春光机所又将光学的种子播向祖国各地,把2000多名光学人才输送到全国各地,成为光学人才培养基地,援建了十余家科研机构、大专院校和企业。如1962年，援建成立了西安光机所；1964年，援建成立了上海光机所；1973年，援建成立了成都光机所……；并涌现出"知识分子的优秀代表"蒋筑英等众多英模人物，先后参加了"两弹一星""载人航天工程"等多项国家重大工程项目。长春光机所现有18个研究室，国家重点实验室/工程中心6个、中科院重点实验室2个；是中科院博士生重点培养基地，设有硕士点9个、博士点7个、博士后流动站3个，在学研究生上千人。拥有院士3人，国务院政府特殊津贴获得者37人，863、973各领域专家9人，国家级各类领军人才15人。

2000年以后，长春光机所取得了以神舟系列有效载荷为代表的一批重大科研成果，获得国家及省部级科技成果奖励157项，其中国家科技进步特等奖3项，国家科技进步奖、国家发明奖、国家自然科学奖28项，中科院、

▲ 长春光机所1号门　　　　　　　　　　　　　（伪满皇宫博物院藏）

省部级一等奖74项。2003年，成功研制的米级分辨率航天相机搭载神舟五号飞船升空，为神舟装上天眼；在载人航天工程中，神舟五号、六号搭载的相机，以及天宫一号和神舟八号对接使用的瞄准仪器都是长春光机所研制的。2015年，成功发射"吉林一号"；2018年，研制出四米量级碳化硅反射镜，结束了我国小口径反射镜依靠进口的局面。长春光机所研制的光学设备搭载多颗卫星，代表着国内光学仪器的最高水平。

长春光机所自成立以来，在我国光学领域取得了一项又一项重大科研成果，诞生了王大珩、徐叙瑢、吴学蔺、龚祖同、张作梅、干福熹、唐九华、王之江等一大批功勋卓著的科学家，他们成为我国光学史上最耀眼的明星。

长春光机所是无数"追光人"追梦的起点，是中国的"光谷"。

应化的摇篮——中国科学院长春应用化学研究所

中国科学院长春应用化学研究所（简称"长春应化所"），是一个响当当的名字，它创造了100多个"中国第一"：中国第一块合成橡胶、中国第一批分离稀土元素、中国第一条"导电聚苯胺（俗称导电塑料）生产线"等科研成果，共取得科技成果1200多项，其中包括镍系顺丁橡胶、火箭固体推进剂、稀土萃取分离、高分子热缩材料等重大科技成果450多项，荣获国家自然、发明、科技进步奖60多项，省部级成果奖400多项，申请

▲ 中国科学院长春应用化学研究所 　　　　　　　　　　　　（滕飞 摄）

国内和国际专利2100多项、授权1900多项。建成了3个国家重点实验室、2个国家级分析测试中心、2个中科院重点实验室和1个中科院工程化研发平台；成批成建制地向30余个新兴科研机构的企业输送专业人才1200多人，被誉为"中国应用化学的摇篮"，是享誉国内外的综合性化学研究所。

1948年12月1日，长春刚解放，东北行政委员会接管了原伪满大陆科学院，组建起"东北工业研究所"；1949年9月，更名为"东北科学研究所"。在当时极其困难的条件下，该所为我国东北经济发展做出了重要贡献。1952年8月，改称"中国科学院长春综合研究所"，同年12月，中科院物理化学所从上海北迁长春。1954年6月，组建成"中国科学院应用化学研究所"，完成了由一个工业部门研究所向综合性化学研究所的历史性转变。

应化所的主要研究方向聚焦先进材料、资源生态环境和人口健康三大领域。学科为高分子化学与物理、无机化学、分析化学、有机化学、物理化学、应用化学、拓展生物化工学科，其中的高分子化学与物理、稀土化学与物理、分析化学等3个主学科为国际一流。应化所拥有高分子物理与化学国家重点实验室、电分析化学国家重点实验室、稀土资源利用国家重点实验室、中科院生态环境高分子材料重点实验室、中科院高性能合成橡胶及其复合材料重点实验室、高分子复合材料工程实验室、国家电化学和光谱研究分析中心等等，是国务院学位委员会首批授权培养硕士、博士和博士后流动站，中科院首批博士生重点培养基地。应化所拥有中国科学院院士7人、发展中国家科学院院士4人、万人计划16人、国家百千万人才工程7人、国家杰出青年科学基金获得者26人。

70年来，长春应化所取得了无数个中国第一：1958年，长春应化所在国内首次分离出15个单一稀土元素，60年代承担了国家重点课题"纯铀中杂质的分析"，1962年开展火箭推进剂研究；1963年召开全国第一届物质结构学术报告会，会议由所长吴学周主持，著名科学家卢嘉锡、唐敖庆、柳大纲、钱人元等都参加了会议；1980年，研制的火箭固体推进剂应用在我国第一枚远程运载火箭上；1982年，研制成功我国第一台核磁共振谱仪，获中科院科技进步一等奖；1985年，顺丁橡胶工业生产新技术获国家科技进步特等奖，激光分离铀同位素的原理性实验被评为全国十大科技成就之一；1997年10月，长春应化所作为第一大股东的"长春热缩"在上海证券交易所上市，成为中科院系统第一家所办企业上市公司；2007年，建成我国首条年产5000吨聚乳酸树脂生产线并实现批量生产；2009年，建成世界首套万吨级医用聚烯烃生产装置及国内首套万吨级抗辐照老化医用材料生产线，其系列产品在国内有超过80%的三甲医院使用，并获得国家科技进步二等奖和国家技术发明二等奖；2015年，建成了吉林省化工新材料重大科技创新基地；2017年，建成世界首条10吨级稀土硫化物着色剂连续化隧道窑中试生产线。

长春应化所的"化学""材料科学"已进入世界ESI（基本科学指标数据库）全球前1‰行列，达到国际顶尖水平。拥有重点研究领域的装备水平已接近或部分达到国际先进水平。

长春应化所还承担着对社会进行科普教育的重任，2004年建立了"长春应化所科技展馆"。作为对青少年进行科普教育的重要平台，展馆用真实实物、简洁易懂的大科普方法，传播科普知识，弘扬科学精神，展示我国科技工作者在世界科技前沿取得的重大科技成果，让观众身临其境地感受科学的奥秘。

长春应化所担当着中国科技"国家队"的光荣使命。

黑土卫士——中国科学院东北地理与农业生态研究所

黑土，地球赠予人类的宝藏。

东北沃野千里的黑土地，被称为"耕地中的大熊猫"。保护好、利用好黑黝黝的土地，"藏粮于地、藏粮于技"，让黑土永远造福子孙后代是我们的责任和义务。

在长春，有一所著名的研究保护黑土生态的研究机构。2002年3月，经中国科学院批准，中科院长春地理研究所与中科院黑龙江农业现代化研究所整合，成立了中国科学院东北地理与农业生态研究所（简称"地理所"）。这是中科院设立在东北地区的综合性地理学、农学、生态学、环境科学与技术研究机构。

地理所最早成立于1958年10月，当时称中国科学院吉林分院地理研究所，办公地点在东北师范大学地理教学楼。1960年9月后，先后称中国科学院吉林分院地质地理研究所、中国科学院东北地理研究所、吉林省地理研究所。1978年7月，改称中国科学院长春地理研究所；2002年3月，称中国科学院东北地理与农业生态研究所。地理所现有中科院重点实验室3个、研究中心2个、野外实验站12个，以及农业研究与示范基地12个；建有中科院湿地生态与环境重点实验室、黑土区农业生态重点实验室、大豆分子设计育种重点实验室、遥感与地理信息中心、东北区域发展研究中心，并设有黑龙江省黑土生态重点实验室、吉林省生态恢复与生态系统管理重点实验室、吉林省草地畜牧重点实验室、长白山湿地与生态吉林省联合重点实验

▲ 中国科学院东北地理与农业生态研究所 　　　　　　（程延喜　提供）

室、大豆分子设计育种吉林省工程研究中心等学科研究机构。

地理所还是国家人才培养基地，拥有中国工程院院士1人，国家杰出青年科学基金获得者3人，国家"973计划"、国家重点研发计划、国家科技基础性工作专项、国家科技支撑计划等项目首席专家10人，国务院政府特殊津贴获得者59人；有地理学、生态学、环境科学与工程一级学科博士点和博士后流动站，有博士学位授予专业5个、硕士学位授予专业8个。

地理所成立60年来，取得了一大批独具特色的重大科研成果，创建了我国湿地学科理论体系，阐明了黑土演化过程与驱动机制，育成东北大豆、水稻和玉米20个品种，成功研究出机载三频段微波辐射计，奠定了我国卫星微波遥感器研究和应用基础；获得国家授权专利327项、科技奖励202项、国家科技进步一等奖2项、二等奖3项、省部级一等奖17项，为国家粮食安全和东北老工业基地振兴做出了基础性、战略性和前瞻性的贡献。

地理所还不断拓展与国内外研究机构的合作交流，与湿地国际（组织），美国国家湿地中心和路易斯安那州立大学，澳大利亚联邦科学与工业研究组织、埃迪斯科文大学，俄罗斯科学院太平洋地理研究所和水与生态问题研究所，日本北海道大学等机构建立了合作机制。

地理所作为具有鲜明学科与区域特色、不可替代的地理学与农业生态综合性研究机构，正在为国家农业转型及生态文明建设服务，更为全球黑土生态文明建设贡献着智慧和力量。

保护黑土地就是保护我们自己的家园。

九天揽月——"吉林一号"卫星

"这是一次具有里程碑意义的跨越。"

2015年10月7日，在酒泉卫星发射中心，搭载"吉林一号"卫星的长征二号运载火箭腾空而起，向着浩渺的宇宙疾驰而去。"吉林一号"卫星发射成功，标志着我国航天遥感应用领域向商业化、产业化发展迈出了重要一步，在我国航天界引起巨大轰动。

"吉林一号"卫星，由中国科学院长春光学精密机械与物理研究所所属的长光卫星技术有限公司研制，它创造性地采用"星载一体化"设计，成功发射一箭四星，四颗卫星包括一颗光学遥感主星、一颗灵巧成像验证星、两颗灵巧成像视频星。"吉林一号"卫星是一颗太阳同步卫星，它以每秒7.5千米的速度在天上飞行，每天能绕地球15圈，30秒就能拍到两百多千米宽的图像。"吉林一号"卫星最大的优势是多星组网运行，它开创了我国商业卫星应用的先河，开创了我国航天领域的众多第一：创造了我国第一颗自主研发的商用高分辨遥感卫星、第一颗自主研发的星载一体化商用卫星、第一颗自主研发的米级高清动态视频卫星等。"吉林一号"卫星的多项技术指标处于国际先进水平，是我国重要的光学遥感卫星星座，是我国航天遥感应用领域商业化、产业化发展的重要标志，为农业、通信、自然灾害等领域提供数据反馈，对区域经济发展起到了重大作用。"吉林一号"一飞冲天，引领吉林省从农业大省向科技强省迈进，使吉林省经济社会发展迈入全新的"卫星＋"时代。

2017年1月9日，"吉林一号"视频03星再次成功发射，与2015年发射的4颗卫星，共同组成了"吉林一号"卫星星座，这5颗卫星已先后执行7700多次拍摄任务。

2017年11月21日，在太原卫星发射中心，搭载着"吉林一号"视频04、05、06星的长征六号运载火箭顺利进入预定轨道，标志着"吉林一号"卫星第三次发射圆满成功。此次发射的是商业遥感卫星创新工程，该工程由60余颗卫星组成遥感观测星座，具备宽幅成像、高分成像、多光谱成像、视频成像等观测能力，主要是为政府部门和行业用户等提供遥感数据和产品服务。

▲ "吉林一号"卫星发射画面 　　　　　　　　　　（长光卫星技术股份有限公司提供）

2022年4月30日，"吉林一号"在黄海东海海域成功发射"一箭五星"，五天之后，又添8星，至此，在轨卫星数量增至54颗。

2022年8月10日，在太原卫星发射中心，"吉林一号"成功将眉山"天府星座"等16颗卫星发射升空，创下单次发射卫星最多的纪录。其中10颗高分03D星主要用于获取高分辨率光学遥感影像，提供遥感数据服务，6颗云遥卫星主要用于气象观测领域。从2015年至2022年，8年时间"吉林一号"卫星已成功发射了21次，从"一箭四星""一箭八星""一箭九星""一箭十星"，到"一箭十六星"，在轨卫星数量从4颗增至70颗，显著提升了"吉林一号"星座的数据获取和信息服务能力。"吉林一号"成

▲ 在太原卫星发射中心，成功发射"一箭四星"（长光卫星技术股份有限公司提供）

为我国目前最大的商业遥感卫星星座。

　　"吉林一号"卫星的成功发射，直接影响着我们每个人的日常生活，如果我们每天开车上下班想避开拥堵路段，"吉林一号"卫星将为你实时传输最优路径；如果你在黄金周出行，想提前了解哪些旅游景区人多拥挤，"吉林一号"卫星都会向你提供实时数据。

　　预计到2030年，"吉林一号"卫星将实现138颗卫星在轨运行，届时，将具有全天时、全天候数据获取能力。未来的"吉林一号"卫星，将面对全球70亿客户。不久的将来，这只天空中的"千里眼"将把你餐桌上的面包、苹果都一览无余。

第十一章

城在大学的文化之都

城在大学——吉林大学

许多来到长春的外地人都会问："到底是吉林大学坐落在长春，还是长春坐落在吉林大学？"

吉林大学之所以大，是因为它有6个校区：前卫校区（吉林大学）、南岭校区（原吉林工业大学）、新民校区（原白求恩医科大学）、朝阳校区（原长春科技大学）、南湖校区（原长春邮电学院）、和平校区（原中国人民解放军军需大学），分布在长春市东南西北四个方位，无论走到哪里，都能看见吉林大学，给人感觉城市就在大学里。

吉林大学，是教育部直属的全国重点综合性大学，国家"双一流""211工程""985工程"国家重点建设大学。2000年，吉林大学由原

▲ 吉林大学前卫校区正门 　　　　　　　　　（滕飞 摄）

吉林大学、吉林工业大学、白求恩医科大学、长春科技大学、长春邮电学院合并组建而成。2004年，原中国人民解放军军需大学并入吉林大学，最终组成现在的超级体量的中外知名的高等学府。

学校校园占地731.6万平方米，校舍建筑面积273万平方米。2022年有专任教师6506人，其中教授2357人、两院院士11人、哲学社会科学资深教授7人、外聘杰出教授50人、国务院学位委员会学科评议组成员20人、博士后在站人员1334人、在籍学生73010人。其中，本科生41518人、预科生144人、硕士研究生21283人、博士研究生8907人、留学生1158人，绝对是个庞大的大学城。

吉林大学拥有众多国家一二级重点学科且门类齐全，有一级学科国家重点学科4个、二级学科国家重点学科15个、国家重点（培育）学科4个；拥有国家重点实验室5个、国家工程实验室1个、国家地方联合工程实验室6个、国家工程技术研究中心1个、国家国际科技合作基地4个，以及教育部人文社会科学重点研究基地6个等众多国家级和省部级重点科研项目，实力和影响力在国内外均受到高度认可，是全国高校的翘楚。

吉林大学是一所具有红色基因的大学，是中国共产党亲手创建的综合性大学，其前身是东北行政学院。抗日战争胜利后，为培养迎接新中国诞生所需要的革命干部和专业人才，1946年10月5日，中国共产党在哈尔滨建立了东北行政学院。1948年5月，与哈尔滨大学合并，改称东北科学院。1948年11月，东北科学院在沈阳恢复原名东北行政学院。1950年3月，更名为东北人民大学。同年9月，学校迁至长春。1952年，国家从北京大学、清华大学、燕京大学等院校抽调一批知名学者充实学校的师资队伍。1955年5月，著名马克思主义理论家、教育家、社会活动家匡亚明任校长兼党委书记，他三顾茅庐，延揽名师，只为要"办一个像样的大学""找像样子的老师"，给学校注入学术新风气。

1958年8月，东北人民大学划归吉林省领导，更名为吉林大学。1960年，国家正式批准吉林大学为重点综合性大学。1978年，中国量子化学之父、中国科学院院士唐敖庆出任校长，他提出重点大学建设要成为教育和科研"两个中心"，成为新时期办校的重要指导思想。2020年，国际小行星委员会正式命名一颗小行星为"唐敖庆星"。

2000年合并到吉林大学的五所大学均是全国赫赫有名的重点大学：

吉林工业大学，前身是1955年9月26日成立的长春汽车拖拉机学院。1958年11月更名为吉林工业大学，1960年成为全国重点高等院校，1997年成为首批国家重点建设高校之一。吉林工业大学是以汽车、农机为优势和特色的工、管、理、文相结合的多学科全国重点大学，是为我国汽车工业和机械工业培养高层次人才的重要基地，是"中国汽车、农机工业的摇篮"。

白求恩医科大学，是诞生于抗日烽火中的学校，前身是1939年9月18日成立的晋察冀军区卫生学校。1940年1月，为了纪念国际主义战士、加拿大共产党员、著名胸外科医师诺尔曼·白求恩，更名为"白求恩学校"。1946年6月，被命名为"白求恩医科大学"。1951年，改称中国人民解放军第一军医大学。1954年2月，第一、第三军医大学合并为中国人民解放军第一军医大学，随后，学校从天津迁至长春。1958年6月，学校移交地方，更名为"长春医学院"。1959年6月，更名为"吉林医科大学"。1978年恢复称"白求恩医科大学"。该校为国家培养了大批医学人才，造就了许多著名的医学专家，取得了丰硕的科研成果。

长春科技大学，前身是1951年12月1日成立的东北地质专科学校，首任校长李四光。1952年全国高等学校调整，成立了东北地质学院。1957年更名为"长春地质勘探学院"，1958年12月，更名为"长春地质学院"，1979年2月，被教育部列为全国重点高校。1996年12月，更名为"长春科

▲ 吉林大学南校区　　　　　　　　　　　　　　　　（赵炳清　摄）

技大学"。该校是以工为主、理工结合、文理渗透、发展边缘新兴学科的综合性地质大学，为国家培养了大批矿产资源普查、勘探、开采、保护和综合利用方面的人才，丰富了我国地球科学的理论研究，在我国地质工业上取得了骄人的成绩。该校著名地球物理学家黄大年创造了多项"中国第一"，为我国"巡天探地潜海"填补了技术空白，使中国正式进入"深地时代"。

　　长春邮电学院，前身是1947年3月10日在黑龙江省佳木斯市成立的东北邮电学校。1947年，学校迁至哈尔滨，1948年10月又迁至长春，更名为"长春邮电学校"。1979年1月更名为"长春邮电学院"。该校是我国东北地区唯一一所信息类工科高等学校，为国家培养了一批又一批信息通信方面的人才。

　　中国人民解放军军需大学，是以军事兽医教育和军事后勤教育为办学特色的高等军事学院。其办学历史可追溯到1904年清政府在河北保定创办

▲ 吉林大学南校区唐敖庆楼　　　　　　　　　　　　　　（赵炳清　摄）

的北洋马医学堂。1912年国民政府将其改为陆军兽医学校，后来学校迁至
北平。1938年，为躲避战火，学校迁至贵州安顺。1949年11月，学校改组
为中国人民解放军西南军区兽医学校。1951年10月，学校改为中国人民解
放军第二兽医学校。1952年1月，学校由贵州迁至长春。1953年1月，中国
人民解放军第二兽医学校与中国人民解放军第一、三、四兽医学校合并，
组建成"中国人民解放军兽医大学"，朱德为其题写校名。1992年8月改称
中国人民解放军农牧大学，1999年4月，更名为中国人民解放军军需大学。
2003年11月，学校移交地方，2004年8月并入吉林大学。该校是一所以军
事兽医教育和军事后勤教育为特色的高等军事学校，为国家培养了大批高
素质的军事后勤人才。

　　多年来吉林大学用"吉大智慧"获得无数成就：吉大科研团队发明的
"板材无模多点成形装置"，获得第十二届"中国专利金奖"，并成功应
用于北京奥运会场馆"鸟巢"的建造；中国第35次南极科考，吉大团队用

自主研发的装备成功钻穿近200米厚的南极冰盖；吉大研发的"地壳一号"万米钻机完钻井深7018米，创造了亚洲国家大陆科学钻井新纪录。

今天的吉大，有18个学科进入ESI全球前1%，数学、物理学、化学、生物科学、计算机科学、哲学、考古学等7个学科入选基础学科拔尖学生培养计划2.0基地，62个专业被认定为国家级一流本科建设点，51门课程为国家首批一流课程。

教师的摇篮——东北师范大学

"勤奋创新　为人师表"，这是东北师范大学的校训，也是东北师范大学的办学理念。

我国著名教育家、东北师范大学第一任校长成仿吾先生提出，学校要为中小学教育服务，这成为东北师范大学的办学思想，也是东北师范大学以基础教育为优长的办学特色，因此，东北师范大学被誉为"人民教师的摇篮"。

东北师范大学（以下简称"东师"），是教育部直属高校，是中国共产党在东北地区创建的第一所综合大学。1945年10月25日，毛泽东接见延安大学的主要领导，指示学校向东北迁移，创办"新型的东北大学"。1946年2月，东北大学在本溪建校，1949年7月定址于长春，1950年4月更名为东北师范大学，隶属教育部，是一所以培养新型中学师资为目标的高等师范院校。1996年9月，入选首批国家"211工程"重点建设大学。2009

年承担国家"985工程教师教育优势学科创新平台"项目，2017年9月，入选国家"双一流"建设高校。

东师现有自由校区和净月校区两个校区，有全日制在校学生26997人、专任教师1671人；学校设有22个学院、81个本科专业，23个博士学位授权一级学科，37个硕士学位授权一级学科，以

▲ 东北师范大学校本部正门（自由校区）

（滕飞　摄）

及22个博士后流动站，形成了类型多样的人才培养体系。

东师以科学研究为强校之本，创建世界一流大学和一流学科建设，其中马克思主义理论、世界史、数学、化学、统计学、材料科学与工程6个学科入选世界一流学科建设行列。学校拥有1个药物基因和蛋白筛选国家工程

▲ 东北师范大学净月校区

（赵炳清　摄）

实验室和14个部级重点研究基地；世界文明史研究中心、农村教育研究所是教育部人文社会科学重点研究基地。而且，国家汉语国际推广领导小组（简称国家汉办）、国务院侨务办公室、教育部及外交部分别在东师设立了"国际汉语教师培训基地""华文教育基地""教育援外基地""中国东盟教育培训中心"及中国赴日本国留学生预备学校等。

东师人才辈出，群星荟萃，拥有一批国内外著名的专家学者，如著名诗人公木，他作词的《中国人民解放军军歌》家喻户晓；还有作家萧军、吴伯萧，文学史家杨公骥，语言学家孙常叙，历史学家李洵、丁则民、林志纯，教育学家陈元晖，音乐家马可、吕骥，病理学家白希清，数学家张德馨，核物理学家王琳，地理学家丁锡祉，鸟类学家傅桐生，生物学家郝水，新中国学校体育创始人之一杨钟秀，等等，这些大名鼎鼎的专家和学者、作家和诗人让东师名扬海内外。

东师是众多高考学子向往的学习圣殿，是培养大师的摇篮。

飞行员的摇篮——空军航空大学

"我爱祖国的蓝天，晴空万里阳光灿烂，白云为我铺大道，东风送我飞向前。"

每当听到这首歌曲，我们都会心潮澎湃，情不自禁地仰望蓝天，羡慕那些飞上蓝天的天之骄子。这首耳熟能详的歌曲传唱了几十年，激励、影响了几代人的成长。

▲ 空军航空大学 　　　　　　　　　　　　　　　　　（滕飞　摄）

空军航空大学，是中国人民解放军唯一一所"空地合训、指技兼容"的培养飞行人才的综合性高等军事学府，中国人的"航空梦""空军梦"都是从这里起航的。

学校作为中国最早的空军飞行员培训基地，前身是1946年3月1日在通化成立的东北民主联军航空学校，这是中国共产党创办的第一所航空学校，史称"东北老航校"。1950年创建了东北军区航空学校，1954年更名为空军第一预备校，1988年升格为空军长春飞行学院。1958年又创建了空军第二航空预备校，1986年更名为空军第二飞行基础学校，1993年并入空军长春飞行学院。此外，1950年，还创建了东北军区航空学校，1976年更名为空军第七航空学校，1986年升格为空军第七飞行学院。2004年，空军长春飞行学院、第二航空学院、第七飞行学院合并，组建成空军航空大学。

学校拥有军事学、工学两大学科，设有航空飞行与指挥、飞机与发动机、航空军械、航空火控系统、航空电气与仪表、航空通信与导航、航空雷达等16大专业。其中军事训练学、航空宇航科学与技术、控制科学与工程为一级学科；航空飞行与指挥、飞行指挥与控制、军事情报、仿真工程、摄影测量与遥感、航空侦察设备、航空仿生等专业为空军院校独有专

▲ 空军航空大学图书馆　　　　　　　　　　　　　　（滕飞　摄）

业，设有1个博士后科研工作站、6个硕士学位一级学科授权点，形成了基础教育、专业教育、飞行训练相融合的空地教学训练体系。

学校作为展示空军对外开放形象的窗口，与北大、清华、北航联合培养飞行人才，在全国16所青少年航空学校开展航空特色教育。并承办空军航空开放活动，组建"天之翼""红鹰"飞行表演队，以及"蓝鹰"跳伞表演队、无人机表演队，面向公众展示我国空军的强大力量与自信。

2019年10月17日，在长春举办了庆祝人民空军成立70周年航空开放活动暨首届长春航空展，空军航空大学的飞行表演队和跳伞表演队进行了精彩的空中表演。2022年8月26日，空军航空开放活动暨长春航空展在长春盛大开幕，在万人瞩目下中国空军八一飞行表演队和空军航空大学"红鹰""天之翼"飞行表演队共舞蓝天，大国重器歼-20、运-20、歼-16、轰-6K、空警-500等新型装备尽数亮相，空降兵、航空兵各显身手，向国人展示了我国空军经过70多年的发展取得的成就和强大的空军力量，让国人领略了航空兵展翅苍穹的矫健身姿，感受到了我国航空嘉年华盛典的热烈氛围。

70多年来，空军航空大学创造出中国空军史上无数个第一：最先培训出新中国第一批女航空员、最先承训双学士飞行员、最先培养出空军侦察情报人才等近20个空军之最，为国家培养各类人才14万余名。其中近300名学员成长为共和国的将军。战斗英雄王海、张积慧、王伟等，航天英雄杨利伟、翟志刚、费俊龙、聂海胜、刘伯明、景海鹏，新中国第一位女航天员刘洋、特级航天员王亚平等都出自令长春人无比骄傲与自豪的空军航空大学。

空军航空大学，是无数人向往的航天摇篮、英雄摇篮、将军摇篮，是实现航空梦的起点。

▲ 2022长春航空展　　　　　　　　　　　　　　　（徐克　摄）

论文写在大地上——吉林农业大学

"明德崇智，厚朴笃行。"

吉林农业大学毗邻净月潭国家森林公园，占地面积1338公顷。校园绿树环绕、青草如茵，是一所深深扎根于黑土地、为国家培养了成千上万农业科技人才的高等学府。

吉林农业大学已有70多年的历史，其前身是1948年创建的黑龙江省农业干部学校，1950年改为黑龙江农业专科学校，1956年更名为北安农学院，1958年，北安农学院、长春畜牧兽医大学、长春农学院筹备处合并成立了长春农学院，周恩来总理亲笔题写了校名。1959年更名为吉林农业大学。

▲ 吉林农业大学正门   （滕飞 摄）

学校现有农、理、工、医、文、管、法、教、经、艺等学科，22个学院，拥有15个国家级一流本科专业、7个国家特色专业、2个国家专业综合改革试点专业；有9个博士后科研流动站和9个博士学位授权一级学科；拥有食用菌新种质资源创制国际联合研究中心、小麦和玉米深加工国家工程实验室、人参新品种选育与开发国家地方联合工程研究中心、经济菌物研究与利用国家地方联合工程研究中心等22个国家和部委级科研平台。现有全日制在校生22288人、教职工1700余人。学校拥有一批领域内著名专家，有中国工程院院士李玉教授及双聘院士1人、国务院学位委员学科评议组成员6人……为国家级专家服务基地。与美国、加拿大、英国、意大利、俄罗斯、日本、韩国、澳大利亚、南非等国家和地区的93所院校、机构建立了校际交流合作关系，是"'一带一路'南南合作农业教育科技创新联盟"理事成员单位。

多年来，学校致力农业科技的研发和成果转化，先后获得国家科学技术奖3项、省部级奖励97项。其中，"玉米和杂粮精深加工技术创新与产业化应用"创新团队，先后主持承担了国家自然科学基金、国家"863"计划、国家科技支撑计划、国家"十三五"重点研发计划专项等国家重点项

▲ 吉林农业大学校园风光　　　　　　　　　　　　　　（赵炳清　摄）

目，并获得国家科技进步二等奖、中华农业科技进步一等奖等科研奖项。

学校作为国家和区域农业、农村发展的重要人才培养、科技创新和推广服务基地，是吉林省特色高水平应用型大学，是教育部首批高等学校科技成果转化和技术转移基地。

吉林农业大学坚持"以人为本、德育为先、能力为重、全面发展"的目标，始终致力培养学术型、应用型、复合型高素质人才，从吉林农业大学走出去的毕业生就业率始终处于吉林省高校领先行列，是"全国毕业生就业典型经验高校"。

"把论文写在大地上"，是吉林农业大学办学的特色之路。

光学的摇篮——长春理工大学

长春理工大学，因光而生的大学，中国光学英才的摇篮，是新中国第一所培养光学专门人才的高等院校，是以光电技术为特色的吉林省省属重点大学，是吉林省、国家国防科技工业局、长春市共建高校。

长春理工大学，1958年由中国科学院创办，原名为长春光学精密机械学院，第一任院长是"两弹一星"元勋、两院院士王大珩。中国第一埚光学玻璃研制者龚祖同、中国第一台激光器研制者王之江、中国第一台高精度经纬仪研制者薛鸣球等16位院士曾在校任教或学习。学校曾隶属于中国科学院、国防科工委、五机部、国家机械工业委员会、机械电子工业部、中国兵器工业总公司，1999年转为吉林省管理，与国防科工委共建。2002

▲ 长春理工大学正门 　　　　　　　　　　　　　　（赵炳清　摄）

年，更名为长春理工大学。

　　长春理工大学占地面积71.8万平方米，建筑面积62.7万平方米，现有学生3万多人，其中博士研究生600多人、硕士生4000多人、本科生16000多人，教职工2000多人。学校师资力量雄厚，有中国工程院院士1人、双聘院士7人、国务院学位委员会学科评议组成员3人、"863"计划专家委员会委员1人、"973"计划首席科学家3人、国家有突出贡献的中青年专家4人等一批国家级优秀人才。

　　经过60多年的建设与发展，学校形成了以光电技术为特色，光、机、电、算、材相结合为优势，工、理、文、经、管、法、艺协调发展的大光电学科体系。拥有1个国家重点学科、4个吉林省重中之重学科、16个吉林省特色高水平学科；7个博士后科研流动站、8个博士学位授权一级学科、32个博士学位授权学科、20个硕士学位授权一级学科、60个本科专业，其中有4个国家级一流本科专业；拥有1个国家级重点实验室、1个国家地方联合工程实验室、2个国家地方联合工程研究中心、3个国际科技合作基地、25个省部级重点实验室；拥有"863""973""国家自然科学基金科研项目1500多项。学校在激光技术、光电仪器、光通信技术、光电功能材料、现代光学设计与制造技术、计算机技术、纳米技术等领域及北斗工程、国家载人航天工程等方面，为国家重大战略实施做出了重要贡献。其研制开发的半导体激光器、固体激光器、光电检测设备、生物医疗仪器、特效电影等高科技产品，均获得了较好的经济效益。

学校坚持国际化发展战略，与美国、英国、加拿大、俄罗斯、韩国、挪威、日本等20多个国家的高校和科研院所建立了友好合作关系，建校以来有70多个国家千余名学生来校深造。

长春理工大学学科特色鲜明，科研能力突出，人才培养质量在全国高校位居前列，被誉为"小211高校"。

▲ 长春理工大学科技大厦 （赵炳清 摄）

银行家的摇篮——吉林财经大学

　　吉林财经大学是新中国第一所金融高等学校，也是新中国第一所税务本科高校，素有"税务系统的黄埔军校""银行家的摇篮"等美誉。

　　吉林财经大学已有七十多年的历史，前身是1946年7月东北银行总行在佳木斯举办的银行干部训练班。1948年3月，东北银行总行从佳木斯迁到哈尔滨，训练班设在哈尔滨。12月，训练班随同东北银行总行迁到沈阳。1950年3月，东北银行总行训练班改为东北银行干部学校。7月，干部学校

▲ 吉林财经大学

（滕飞　摄）

从沈阳迁到长春，地址在长春市人民广场银行大楼。9月15日，成立东北银行专门学校，成为新中国第一所金融高等学校。1953年成立了中国人民银行长春银行学校。1957年2月，学校迁到斯大林大街82号。1958年9月，更名为吉林财贸学院，成为吉林省第一所高等财贸学府。1970年8月，更名为吉林省财贸学校。1978年5月，恢复原名吉林财贸学院。1992年5月，更名为长春税务学院，归国家税务总局领导，成为全国第一所税务本科普通高等学校。2010年，更名为吉林财经大学。

2005年，学校整体迁至净月开发区，校园占地面积108万平方米，建筑面积30多万平方米。现有经济学、管理学、法学、文学、理学、工学六大学科，37个本科专业，以及国家级一流本科专业建设点10个、省级一流本科专业建设点6个、国家级特色专业建设点6个、省级特色专业10个，是全国会计硕士专业学位示范性联合培养实践基地，亚泰工商管理学院为"中国十佳MBA商学院"。

▲吉林财经大学体育场 （范欣 提供）

吉林财经大学坚持科研创新，为国家战略和地方经济发展服务，拥有"全国中国特色社会主义政治经济学研究中心"、吉林省"2011计划"重大需求协同创新中心1个、吉林省社会科学重点领域研究基地3个、吉林特色新型高校智库2个、吉林省高校人文社会科学重点研究基地7个、吉林省高校重点实验室3个……现有在校学生13000人，教职员工910人，与美国、英国、澳大利亚、俄罗斯、日本、韩国、加拿大、新加坡、法国、瑞典等十多个国家和地区的52所大学建立了校际合作关系。

多年来，该校秉承"明德崇实"的校训，努力建设特色鲜明的知名高校，毕业生就业率保持在90%以上，社会口碑、信誉度良好，是全国毕业生就业典型经验高校。吉林财经大学正在努力打造成国内知名、国际有影响力的高水平财经大学。

一级博物馆——伪满皇宫博物院

伪满皇宫博物院，一座见证了中国近代历史风云变迁的宫廷旧址，是清朝末代皇帝爱新觉罗·溥仪充当伪满傀儡政权皇帝的宫廷旧址，是日本侵占中国东北十四年的历史见证，是全国重点文物保护单位、全国爱国主义教育基地、国家一级博物馆、5A级旅游景区，长春十大标志性建筑之一。

伪满皇宫博物院位于长春市光复北路5号，总占地面积25万平方米，建筑面积13.7万平方米。这里原来是民国时期的吉黑榷运局，其中，始建于

▲ 伪满皇宫莱薰门　　　　　　　　　　　　　　　　　（杨铭　摄）

清末民初的两栋建筑（后来的缉熙楼、勤民楼）非常有特点，这两栋建筑在建筑形式上，采用了欧式的拱门、开间、柱式、装饰、雕刻和室外廊道等欧洲建筑风格；在建筑材料上，引进了西方的砖块、水泥、石材、玻璃等现代建筑材料，打破了中国传统的木材在建筑构造中的主导作用，将欧洲古典主义建筑风格与中国传统建筑形式相融合，代表了20世纪初中国建筑从传统走向现代的过渡特点，成为特定历史时期中国建筑风格的一个缩影，是近代长春百年城市发展的重要代表建筑，成为长春商埠地繁荣发展的见证。

1932年3月8日，清朝逊帝溥仪在日本侵略者的挟持下来到长春。3月9日15时，溥仪在吉长道尹公署就任"满洲国执政"。4月3日，溥仪从吉长道尹公署搬到原吉黑榷运局及盐仓所在地，盐仓成为"宫内府"。1934年3月1日，溥仪第三次"登基"，成为"皇帝"，这里被称作"帝宫"，以区别于日本东京的皇居。

　　伪满皇宫旧址是一个建筑群，在建筑风格上，既有中国传统样式，又有欧洲哥特式，更有中日合璧式，可谓中西并举、不伦不类。而且，更为奇特的是在长长的宫墙上还分布着11座碉堡。在功能使用上，伪满皇宫更是五花八门，功能杂陈，风格迥异。

　　伪满皇宫分为东、西两院。西院以中和门为界，分为内廷和外廷，内廷的主要建筑有：溥仪及其后妃居住的寝宫缉熙楼，以及中西膳房、茶房、侍医室等群房；外廷的主要建筑有：溥仪处理政务的办公楼勤民楼及怀远楼、嘉乐殿、宫内府、西花园等。

　　东院原是吉黑榷运局的盐仓，1938年建成同德殿，以此为中心，先后建起了东御花园、防空地下室、游泳池、书画楼等附属建筑。

　　缉熙楼原来是吉黑盐务稽核处的办公楼，始建于1908年，是长春知府孟宪彝组织修建的，是长春盐仓的官舍。1915年，吉黑盐务稽核处迁到此处办公。此楼因年久失修，房屋破损严重，1926年稽核处报请翻修，1928年3月，对此楼进行了重新修建，由吉黑榷运局建筑科设计、开埠局竺光魁监工、哈尔滨人王兰亭承建，花费大洋5.5万元，在当年10月竣工。该建筑坐北朝南，地上二层，地下一层，建筑面积1036平方米，面阔27.22米，进深16.81米，平面呈长方形，建筑整体为砖木结构，青砖清水墙，三角形木屋架，四面坡绿色铁皮屋顶，主入口门廊由6根罗马塔司干柱支撑，立面山花为欧式山花，为欧洲古典主义建筑风格。

　　溥仪搬来后，此楼成为溥仪和婉容、谭玉龄居住的寝宫。溥仪据《诗经·大雅·文王》"穆穆文王，于缉熙敬止"，将此楼命名为"缉熙楼"，意为"敬仰光明"。

　　缉熙楼二楼以楼梯为界分为东、西两部分。西部为溥仪的生活区，有卧室、书斋、理发室、佛堂、卫生间、中药房，溥仪只占用了此楼的四分之一；二楼东部为婉容的生活区，有卧室、书房及吸鸦片的房间。两个生活区中间以金丝绒幔帐隔开，两人平时互不往来。婉容随溥仪到长春后，空享一个"皇后"的名分，长期受到溥仪的冷落，每天只好以鸦片为伴，最后精神分裂。1945年8月，婉容随溥仪逃往通化大栗子沟，次年死于延吉。

一楼西部为谭玉龄的生活区，有卧室、客厅和卫生间。这位来自北京的初中学生，1937年被封为"祥贵人"，深得溥仪宠爱，1942年8月病逝，谥为"明贤贵妃"。一楼东部为宫中女官和太监的住处。

勤民楼位于"帝宫"西院中轴线上的西北侧，为坐北朝南二层方形圈楼，始建于1911年，原为吉黑榷运局办公楼。建筑面积1206平方米，砖木结构，楼中央带方形天井，二楼的外侧建有檐廊式平台，正门入口上方建有一铁皮穹顶，门口两侧装饰爱奥尼柱，颇具欧陆风情。该建筑既有中式的木质檐廊和老虎窗，也有欧式的立柱和穹顶，为欧洲古典主义建筑风格。

▲ 伪满皇宫勤民楼 　　　　　　　　　　　　　　　　（杨铭 摄）

　　溥仪搬来后，将此楼作为处理政务的办公楼，溥仪为效法康熙皇帝"敬天法祖，勤政爱民"的祖训，用"勤民"命名此楼。一楼有四个候见室，分别接待不同身份和等级的日伪官吏。二楼有正殿，东、西便殿，御书房，赐宴殿，佛堂等。

　　怀远楼于1934年建成，是位于勤民楼北侧的二层楼房，溥仪据《中庸》"柔远人，则四方归之，怀诸侯，则天下畏之"命名，是"帝宫"外庭中的主要建筑之一。二楼的东半部为奉先殿，是溥仪祭祀列祖列宗和佛祖的场所，每逢年节，溥仪都要亲临烧香、行礼、祭祀。二楼的西部是一个中型宴会厅，名为"清晏堂"，每逢重要节日、纪念日或重要活动，溥仪均在此赐宴。另外，宫内府的部分行政办事机构："帝室"会计审查局、近侍处、掌礼处、侍从武官处、尚书府均在此楼办公。

　　嘉乐殿位于勤民楼东侧，是个大型宴会场所，1941年冬建成使用。建筑面积890平方米，共一层，顶棚高度约6米。室内南北向排列数盏玻璃大吊灯，西侧设有奏乐室、配餐室。"嘉乐"是溥仪据《诗经·小雅》中"我有旨酒，以燕乐嘉宾之心"命名。

　　宫内府始建于1909年，位于原吉黑榷运局办公楼的西侧，是一座中国传统的四合院，这是吉黑榷运局历任局长的公馆。1911年，首任吉林榷运局局长董士恩入住公馆。1923年5月，局长阎泽溥将原有房屋拆除重建，修建了带有双层窗口、四面带廊、廊下有座椅，并建有澡堂和厕所的现代四合院。这里先后居住过几任局长，九一八事变后的局长是魏连熙，所以，这里曾被称为"魏公馆"。

　　1932年3月，在溥仪搬来之前，将这里进行了重新装修，在这个小四合院中设有"宫内府大臣"办公室、次长室、总务处长室、事务官室、秘书室、翻译室、会议室、综理科、文书科、会计科等。

　　西御花园原为吉黑榷运局的一个简易花园，位于缉熙楼的西侧。1934

▲ 伪满皇宫同德殿　　　　　　　　　　　　　　　　（杨铭　摄）

年溥仪对西花园进行了重新修建，由日本设计师规划设计。花园内有用太湖石堆起的假山，假山上建有方形小亭，假山下为水池、花草、树木，园内假山、凉亭、水池、小桥相映成趣，颇为秀美。溥仪还在这里修建了网球场和高尔夫球练球场。这里是溥仪与家人相聚之所，也是溥仪排解郁闷心情的唯一去处。

此外，在西花园内还有两栋青砖瓦房，一栋称"植秀轩"，这里曾作为溥仪与家人聚会的餐厅和客厅，也做过宫中"内廷"学生的教室。谭玉龄入宫后，在此专为她设置了教室和书房，这里成为谭玉龄活动的主要区域。另一栋瓦房称"畅春轩"，最早是溥仪会亲的场所，也做过溥仪四妹和五妹的闺房。1942年谭玉龄病逝，曾在此停灵21天，再从这儿移灵到"护国般若寺"。

同德殿于1936年开始筹建，翌年四五月动工修建，1938年冬季完工。

由伪满营缮需品局营缮处宫廷营造科科长相贺兼介主持设计、清水组施工，工程造价56.1万元，每平方米高达100元，建筑费用仅次于伪满中央银行。该建筑整体结构为壁幕式，大厅是框架式，由钢筋混凝土筑成。建筑风格为中日合璧式，屋顶是中国典型的黄琉璃瓦，而屋脊又完全是日本式的。日本人别出心裁地在房屋檐头雨滴瓦头上铸有"式德""式心"字样，两种字交替排列。正门设有两道大门，第一道门是铝合金制的白色双扇大门，中间带有花卉装饰；第二道门是并排三个门，为木制双扇门。大厅的地面为美术水磨石，其他房间的地面铺红松地板，中间是长条形地板，四周是人字形地板，除日本间外，楼里的所有房间都铺有地毯。

　　同德殿采用了当时先进的设施，其豪华程度及功能齐备程度是"宫内"其他建筑无法相比的。在采暖上使用了三种设备：一是采用通风方式，在门上安了一个通风口，通风筒直接通到锅炉房；二是电器采暖，大

▲ 伪满皇宫东御花园　　　　　　　　　　　　　　　（杨铭　摄）

部分房间里都装有壁炉，每个壁炉里安有2000瓦的电炉子，壁炉罩都是由镀金刻花铜片制成的；三是采用暖气，室内的温湿度都由锅炉房控制。

同德殿地上二层共有十多个房间，一楼是溥仪办公、接待、宴会和娱乐的场所，主要有广间、候见室、叩拜间、便见室、中国间、钢琴间、台球间、日本间、电影厅等。二楼是专为溥仪和婉容设计的，但是，由于溥仪疑心日本人在建同德殿时安装了窃听器，所以，溥仪及婉容从未在这个豪华的寝宫住过一天。直到1943年李玉琴入宫，二楼为她一人独享。

东御花园1938年与同德殿同时建成，位于"皇宫"东南角，紧临同德殿，占地11100平方米，由"新京特别市"公园科长佐藤昌设计，是仿照日本赤坂离宫庭园设计修建的。最初花园里只有几何形的花坛和日式石灯，栽种一些樱花。后来，将挖防空地下室的土堆在了南侧，并按照溥仪的意思，仿照长白山山脉和瀑布缩制成了假山。假山上栽种了来自长白山的各种名贵树种，花园的点景石是从吉林松花江运来的。在假山的东面修建了一个人工瀑布，将水引入北面一个葫芦形的大水池，夏季，池内放养着从日本新潟引进的锦鲤。东花园假山也成为李玉琴的"望家山"。

防空地下室是一座独特的建筑，隐藏在东御花园东面。1937年9月，在修建同德殿的同时，开始在同德殿东南侧动工修建防空地下室，11月完工，由日本关东军组织设计图纸、伪满建筑局营缮科监督施工。整体为钢筋混凝土结构，顶部为3米厚的钢筋水泥，能承受两吨多重炸弹的轰炸。

1939年诺门罕战役后，日本关东军对伪满皇宫中的防空洞进行了加固。为了增强防爆性，又在防空洞的上面修了一座7米高的土山。防空洞的实际使用面积132.8平方米，南北长43米，东西宽11.5米。洞里共有五个房间，第一间为换气室，安装了两套通风换气设备，通过一条长14米、宽0.1米、高0.23米的铁制通风管道，用手摇抽气机为每个房间过滤空气。第二个房间为观察室，这里备有一台潜望镜，用来观察外边的情况。第三个房间是溥仪为列祖列宗的牌位准备的避难之所。第四、第五房间是个套间，室内只简单放些椅子，供溥仪及其家人避难之用。这座独特设施在最后还真派上了用场。1945年8月8日，苏联正式对日宣战，这时空袭不断，溥仪常常被警报声惊起，在几个侄子和随侍的保护下，带着李玉琴拿着祖宗牌位慌忙逃入防空洞躲藏，等警报解除后才敢出来。8月11日，溥仪仓皇逃离伪满皇宫，这座独特建筑的功能也随之终结。

游泳池，这是伪满皇宫中又一道别致的风景。1938年同德殿建成后，在同德殿东面、防空地下室的北面，为溥仪建起一个露天游泳池。由于溥仪不会游泳，加上"皇帝"体肤不能露于人前的原因，游泳池自建成后，溥仪就从未下过水，只是在这里看侄子们戏水而已。

书画楼亦称"小白楼"，这是伪满皇宫中最不起眼的建筑，却是中国历代稀世珍宝的栖身之所。这是一栋独立的、四周无建筑连接的极简单的二层建筑，建筑面积435平方米，砖混结构，坐北朝南。正门为两扇对开

▲ 伪满皇宫缉熙楼　　　　　　　　　　　　　　（杨铭　摄）

门，通往二楼的是水泥楼梯，室内设施简陋。早在紫禁城时期，溥仪假借"赏赐"溥杰为名，从北京故宫盗运出一大批国宝，溥仪被赶出紫禁城后，将这批国宝储藏在了天津。溥仪当上伪满洲国皇帝后，陆续将存放在天津的国宝运到了伪满皇宫，藏在了这座小白楼中。这批国宝有中国历代手卷、字画、珠宝、宋版书、殿版书，其中书法名画1300件、册页40件、书画挂轴21件、宋元版书200部、殿版书3箱、古玩玉器18箱，包括晋代王羲之和王献之父子的《曹娥碑》《二谢贴》、僧怀素的《论书贴》、欧阳询的《仲尼梦奠贴》《行书千字文》、阎立本的《萧翼赚兰亭图》、周昉的《簪花仕女图》、司马光的《资治通鉴》、张择端的《清明上河图》等等。1945年8月，溥仪在仓皇逃离伪满皇宫之际，命人从大批字画中精选出书法名画4箱120件、日本出版的《大藏经》4箱30多本，以及各种珠宝金饰品等带到通化大栗子沟。而留在小白楼的大部分稀世珍宝遭到了前所未有的厄运，最后都被留守在伪宫中的近卫军、禁卫军和宫内人员洗劫一空。长春解放后，只有一小部分珍宝被陆续追回。

1945年8月12日，溥仪从伪满皇宫仓皇逃往通化大栗子沟，只留下部分近卫军和禁卫军把守这座空荡荡的宫殿。但很快，这些士兵在将伪满皇宫财物洗劫一空后，也纷纷逃散。国民党接收长春后，在这里建起松北联中。长春解放后，这里先后由长春第一汽车厂技工学校、吉林省文化干校、吉林省政法干校、吉林省农业展览馆、公安总队干训班使用。1954年，吉林省博物馆从吉林市迁入长春，入驻这里。1962年，吉林省委办公厅批准成立伪皇宫陈列馆，后停止建设。1982年，伪皇宫陈列馆恢复建制，2000年，改名为伪满皇宫博物院。2013年被列为第七批全国重点文物保护单位。

伪满皇宫博物院作为国家一级博物馆，文物收藏丰富，有宫廷文物、日本近现代文物、东北近现代文物、民俗文物等大批文物。伪满皇宫博物院作为5A级旅游景区，现有宫廷核心区、博物馆区、休闲区、创意展示区四大功能区，开放景区30余个，宫廷原状陈列区50多个。2020年被评为"全国最具创新力博物馆"。

文物会说话——吉林省博物院

吉林省博物院以丰富的书画收藏著称于博物馆界。

吉林省博物院原名吉林省博物馆，是吉林省第一家国有博物馆，由郭沫若题写馆名，是国家一级博物馆，是吉林省规模最大的综合性历史与艺术博物馆。

1951年5月，吉林省政府批准筹建吉林省博物馆，1952年1月27日，吉林省博物馆在吉林市正式开馆。1954年9月，吉林省博物馆随省政府从吉林市迁到长春市，馆址设在伪满皇宫。1964年7月，与伪皇宫陈列馆合署办公。2003年9月，吉林省博物院在原吉林省博物馆和吉林省近现代史博物馆的基础上组建。2007年5月8日，吉林省博物院新馆址在长春市净月开发区奠基。2015年12月，院舍迁入净月高新技术开发区永顺路1666号。

吉林省博物院建筑面积3.2万平方米，展区建筑面积17700平方米，藏品库房建筑面积6614平方米。院内功能齐全、文物藏品丰富，现有文物藏品12万件，包括一级文物295件、二级文物3379件、三级文物14280件。其中高句丽、渤海、辽金时期的文物以及中国历代书法绘画、东北抗联文物等在全国占有重要地位。最具代表性的文物有北宋苏轼的《洞庭春色赋·中山松醪赋》行书卷、南宋杨婕妤的《百花图》卷、金张瑀的《文

▲ 吉林省博物院 　　　　　　　　　　　　　　　（赵炳清　摄）

姬归汉图》、元张渥临李公麟的《九歌图》、明董其昌的《昼锦堂并书记》、清丁观鹏的《法界源流图》等，以及近现代著名画家吴昌硕、齐白石、张大千、徐悲鸿、溥心畬等名家的作品。另外，还收藏有中国历代陶瓷器、萨满民俗文物、近现代革命文物等。

　　吉林省博物院之所以有这么丰富的书画收藏，应该感谢馆中的"两宝"，一是幸逢"天下民间收藏第一人"，我国集收藏家、鉴赏家、书画家、诗词学家、京剧艺术家于一身的文化宗师张伯驹先生，是他成就了吉林省博物院的收藏。这源于他和博物院的一段特殊情缘。1961年时任吉林省委宣传部部长的宋振庭邀请张伯驹到吉林省博物馆担任副馆长，张先生用他超凡的鉴定眼力和广泛的社会关系，将国内文物市场上齐白石、张大千、溥心畬等名家的书画作品征集到馆，如元代倪云林的《敬亭山寺图》、明代画家董其昌的《昼锦堂》图卷、孙隆的《花鸟草虫图》，以及曾被王世襄收藏的宋代"松风清节"琴等一大批名家作品，并将明清书画、扇面、成扇及名人书札等大量买进。而且，他还将个人收藏的大量历代书画作品捐献给博物馆，其中有曾被历代宫廷和大收藏家视为绝世珍品的南宋杨妹子的《百花图》卷、南宋赵伯骕的《白云仙桥图》卷和《宋拓九成宫醴泉铭》册、苏东坡的《洞庭春色赋》、元代仇远的《自书诗》卷、明代薛素素的《墨兰图》轴，以及历代书画作品60余件。他不仅自己捐，还动员朋友捐，宋振庭捐献了金末元初何澄的《归庄图》卷、阮鸿仪捐献了赵孟頫的《种弘书札》卷等，于省吾捐献了明代马守贞的《兰花图》，等等。据记载，到1966年前，吉林省博物馆的书画类藏品已有六七千件，这成就了吉林省博物馆（院）在全国博物馆书画收藏上的地位。

二是吉林省博物院的另一镇馆之宝——苏轼的《洞庭春色赋·中山松醪赋》。这是溥仪从故宫里带出的珍宝，关于其收藏过程还有个曲折的故事。苏轼是北宋著名文学家、诗人、书画家，著名的唐宋八大家之一。这幅作品是苏轼在大雨中亲笔手书的两篇赋，是苏轼传世墨迹中字数最多的书法作品。二赋由七张白麻纸接装成长卷，横306.3厘米，纵28.3厘米，《洞庭春色赋》行书32行，287字；《中山松醪赋》行书35行，312字；两赋末端为自题，10行，85字，前后总计684字。此长卷文章豪放畅达、想象丰富，书法沉雄劲健，一气呵成。拖尾有元人张孔孙，明人黄蒙、李东阳、王辞登、王世懋、王世贞、张孝思题跋，且有清乾隆皇帝的题跋和题诗。该作品的珍贵在于流传有序，钤诸家鉴藏印记数十方。清乾隆时作品藏于内务府，溥仪出宫时将此卷携出，藏于长春伪满皇宫。1945年8月，溥仪匆忙出逃通化大栗子沟，仅带走了小部分珍宝，大部分没有带走的财物被伪皇宫近卫军和禁卫军抢劫一空。此国宝是一名叫刘忠汉的"禁卫军"连长从伪皇宫中抢到的。1982年11月，吉林省博物馆得知该国宝收藏在刘忠汉的儿子刘刚（吉林市五中历史教师）家中，遂请多位著名书法家鉴定，确定此作品为苏东坡真迹，最终于1983年1月，吉林省博物馆将该国宝征集入馆。

当时，苏轼二赋的发现轰动了国内书画界，故宫博物院著名书画鉴定专家徐邦达、刘九庵等书画名家专程到长春一睹苏东坡真迹。

吉林省博物院以收藏中国历代书画丰富而著称博物馆界，其举办的展览主要有"白山松水的记忆——吉林省历史文化陈列""吉林故事——吉林省非物质文化遗产展""张伯驹夫妇捐献书画作品展""瓷彩华章——吉林省陶瓷艺术馆"展，以及"大千时代——大风堂的朋友圈 吉林省博物院藏书画作品展"等临时展览。"黑土军魂——东北抗日联军军史陈列"荣获全国博物馆陈列展览十大精品奖。

走进博物馆，爱上博物馆，感受博物馆的历史文化魅力，是当下人们文化追求的热点。

▲ 吉林省博物院张伯驹馆　　　　　　　　　　（赵炳清　摄）

自然世界——吉林省自然博物馆

　　吉林省自然博物馆位于净月大街2556号，毗邻净月潭国家森林公园，占地面积54000平方米，建筑面积14700平方米，亦称东北师范大学自然博物馆。该馆成立于1987年5月12日，隶属于吉林省文化厅，2001年1月1日，划归东北师范大学管理，同年5月9日，成立东北师范大学自然博物馆。2007年5月1日，新馆正式对外开放，为首批国家一级博物馆、全国科普教育基地、国家环保科普基地，被誉为"一馆藏天下"的自然世界。

　　吉林省自然博物馆主要从事动物、植物、地质古生物、自然地理等领域标本的收藏、研究、展示和科普等活动。馆内收藏的标本主要以反映吉

▲ 吉林省自然博物馆

（赵炳清　摄）

林省的自然环境资源为主，也有一定数量的全国重点保护动物标本。馆内藏有国家一、二级保护动物标本598件，动物标本中包括亚洲象、东北虎、丹顶鹤、中华秋沙鸭、金斑喙凤蝶等珍贵标本；化石标本中，有猛犸象、披毛犀、原始牛化石骨架及中华龙鸟化石等标本。馆内还收藏有吉林省200个典型土种的整段标本和分层标准土样。

馆内常设展览分为"山之魂""林之韵""蝴蝶谷""鸟之灵""兽之趣""化石世界""猛犸象"七大展区。

"山之魂""林之韵"展区，采用仿真技术模拟出长白山的神韵，使观众仿佛走进了长白林海，穿行在茂密幽深的白桦林中，大美长白山尽收眼底，令人不由得发出"一山有四季，十里不同天"的感叹。

"蝴蝶谷"展区，展示了来自世界各地300多种、600件珍贵亮丽的蝴蝶标本，声控的幻象仪惟妙惟肖地展示了蝴蝶的一生。

"鸟之灵""兽之趣"展区，营造出逼真的自然环境，栩栩如生地将大自然中珍稀鸟兽的矫健身姿和优美体态真切地展现出来，使人仿佛能听到鸟在鸣叫，看到虎豹在奔跑。

▲ 吉林省自然博物馆恐龙化石　　　　　　　　　　　（赵炳清　摄）

"化石世界"展区，分"化石""恐龙时代""东北第四纪灭绝动物""探索之角"四个单元，展示区内的电动仿真恐龙尤其受到小朋友们的欢迎。

"猛犸象"展区，展示了吉林省出土的3具猛犸象化石，让观众对本地史前动物有了直观的认识和了解。

此外，博物馆还不断推出"长白山风光""走近大象'敢买'"（长春动植物公园从缅甸引进的大象，名叫"敢买"，因心脏病猝死后，经长春市人民政府批准，由该馆制成标本收藏和展示）、"中华秋沙鸭摄影展""大自然语言——物候"等临时展览，向公众传播生态文明思想，并在爱鸟周、科普日、地球日开展公众参与的科普教育活动。

吉林省自然博物馆作为中小学生的课外活动基地、科普课堂，越来越受到中小学生和家长们的青睐。每到节假日，自然博物馆里人潮涌动，成为孩子们学习科学、亲近自然的最佳校外课堂。

文以载道——吉林省图书馆

读书，阅读，千年翰墨书香浸染着北国春城。

图书馆在中国最早是以藏书楼的形式存在的。1936年在殷墟发现的甲骨窖穴被认定为我国最早的"藏书楼"，距今已有3000多年的历史。11世纪中叶，随着印刷术的出现，开始有了图书收藏的几种方式，一是国家藏书，二是私人藏书，三是书院藏书，但大多数图书只以藏为主，"私而不公"，很少有对外开放的。所以，在各地只有藏书楼，却不见图书馆。

在中国，最早创立图书馆的是1904年的湖北图书馆和湖南图书馆。吉林省图书馆的历史可追溯到100多年前，1909年4月18日，由军机大臣张之洞监理的学部提议开办京师图书馆，得到清政府认可。得知此消息的吉林省提学使曹广桢立即上奏朝廷，奏请设立吉林省图书馆，当年6月1日获得学部批准，馆址设于当时的吉林省省城吉林市。新中国成立后，1954年吉林省会从吉林市迁到长春市，图书馆也随之迁至长春。1958年位于新民大街1162号的吉林省图书馆落成并试运行，1960年元旦正式对外开放。

2013年，位于人民大街10055号的现代化新馆址建成，2014年9月28日，新馆正式对外开放。新馆总建筑面积53713平方米，总占地面积47700平方米，地下一层，地上五层，设计使用年限100年。吉林省图书馆藏书规模达500万册，阅览座位3000个，网络结点4000个，日接待读者6000人次。作为国家一级图书馆，吉林省图书馆还是吉林省古籍保护中心，拥有线装书43万册、善本书籍5万册、民国书刊12万册、伪满资料5万册，且有唐人写经、宋元明刻本、稿抄及名家批校题跋本等稀世珍品。其中唐代经书《佛说无量寿观经》长370厘米，高24.5厘米，共8张24行，距今已有

▲ 吉林省图书馆全景　　　　　　　　　　　　　　　（赵炳清　摄）

▲ 吉林省图书馆1号门　　　　　　　　　　　　　　　　　（滕飞　摄）

1200多年的历史；宋元明递修本《昭明文选》全书16函64册，是完整的南宋早期官刻本；明成祖朱棣敕令雕印的佛家经典《永乐南藏》716函、8641卷，被称为明代第二部官刻版《大藏经》；手抄文献《打牲乌拉志典全书》，是国内唯一的一部孤本地方志。此外，还有许多个人捐赠的藏书，有教育家、考古学家罗振玉的考古著作231种、1162册。

　　每逢节假日的清晨，图书馆门前都会排起长长的队伍，这是等待进馆的读者，虽然馆内有几千个座位，但是如果来迟一步，那真是一座难求。

　　畅游书海，与古人相谈，与智者交流，与伟人对话，是我们的渴望和追求。图书馆是为满足人民群众文化需求的知识殿堂。

大俗大雅——东北师范大学东北民族民俗博物馆

"窗户纸糊在外，养个孩子吊起来。"这些奇奇怪怪的东北民俗，让人们充满了好奇，想一探究竟。

东北师范大学东北民族民俗博物馆位于长春市经济技术开发区世纪广场，毗邻长春国际会展中心、净月潭国家森林公园，占地31000平方米，建筑面积22000平方米，展厅面积13000平方米，藏品4万多件，是目前我国东北地区规模最大、展示东北古代及近现代民族民俗最多、藏品最丰富的综合博物馆。2014年6月29日正式开馆。

馆内主要设置东北古代民族民俗、东北近现代民族民俗、东北代表性行业作坊三个展区和若干个专题展览。主要展示和再现东北地区古代和近现代30余个民族形成、演变、发展及其生产、生活和文化艺术形成的习

▲ 东北师范大学东北民族民俗博物馆   （赵炳清 摄）

▲ 东北民俗展示 （赵炳清 摄）

俗，并设有东北行业作坊、红山文化、高句丽王城王陵及墓葬等专题展区，还设有萨满图腾、东北传统民居等人文景观。

如果你想了解高句丽王城、红山文化、萨满文化和东北古代先民的生活，并对东北的铁匠铺、钱庄、私塾、货郎、大车店、"五行八作"感到好奇，那么，东北民族民俗博物馆会给你最佳的答案。

地质世界——吉林大学地质博物馆

走进吉林大学地质博物馆，就如同走进了恐龙时代的地质世界。

吉林大学地质博物馆原称长春地质宫博物馆，是长春城区的地标性建筑，是新中国成立初期长春十大建筑之一。

▲ 吉林大学地质博物馆 　　　　　　　　　　　（滕飞　摄）

▶吉林大学地质博物馆
　为雕梁画栋仿古建筑
　（陶景梅　摄）

新中国成立后百废待兴，国家急需各方面人才。为培养新中国地质人才，1951年12月1日成立了东北地质专科学校，由中国现代地球科学和地质工作的奠基人、中国科学院副院长李四光任校长，著名地质学家、教育家喻德渊任副校长。1952年8月23日，东北人民政府决定将东北地质专科学校、山东大学地质矿物学系、东北工学院长春分院地质系和物理系的一部分，合并成立东北地质学院。1957年1月，更名为长春地质勘探学院。1958年12月，更名为长春地质学院。

作为新中国第一所地质学校，长春地质学院为新中国培养了无数的地质专家。1959年9月，在著名的石油大会战中，从找井、钻井，到出油的每一个环节，都能看到东北地质学院师生的身影。在三门峡工程、在华北1:20万区调填图等重大国家经济建设中都有无数该校地质人的巨大贡献。

1998年，地质宫博物馆正式对外开放，陈列面积1500平方米，设有科

▲ 吉林大学地质博物馆展览的恐龙化石　　　　　　　　　（陶景梅　摄）

普厅和恐龙厅，科普厅分为奇石、宝玉石、古生物展区，恐龙厅展有三具巨型恐龙骨架化石及珍贵的恐龙蛋、恐龙脚印化石。它以藏品丰富、精品荟萃、特色鲜明而享誉中外。1996年更名为长春科技大学博物馆，2000年改为吉林大学博物馆，2008年更名为吉林大学地质博物馆。

该博物馆最早是一间只有十几平方米的陈列室，只陈列一些化石标本，供教学和研究使用。博物馆陈列的很多化石标本、矿石标本都是通过地质学院的老师和学生在野外跋山涉水、从边疆到集镇一点点挖掘收集起来的。如大庆油田第一口油井打出的原油——松基3井原油，是1959年9月，长春地质学院书记郭思敬等人参加松辽石油会战时带回来的，成为全球独一无二的珍品；嘉荫卡龙化石是1990年长春地质学院师生在黑龙江嘉荫卡龙县挖掘的嘉荫卡龙骨架化石，骨架高6米，长11米，真骨含量达70%，是东北地区最完整的鸭嘴龙化石；朝阳中国蜓是1958年长春地质学院张川波教授在辽宁大城子地区发现的一块晚侏罗纪的蜻蜓化石，这件蜻蜓化石翅膀晶莹剔透，完整清晰，仿佛沉睡了亿万年，成为镇馆之宝；辽宁古果是1996年我国第一位古植物学博士、吉林大学古生物学家孙革教授在辽宁北票市黄半吉沟村早白垩纪的火山沉积岩中发现的迄今世界上最早的被子植物化石，它证明了地球上有鲜花的开始，被命名为"辽宁古果"；古铜辉石球粒陨石，是1976年3月8日15时，随着一阵震耳欲聋的轰鸣，一场陨石雨降落在吉林省吉林市，时任长春地质学院博物馆馆长的王东坡带队前去考察，并带回两块陨石进行研究。

这些来自远古年代的标本，用自身的纹理向世人展现着神奇的地质世界，并向观众诉说着古老的地质故事。

城市之花——长春市规划展览馆

长春市规划展览馆是"流绿都市中绽放的城市之花"。

长春市规划展览馆坐落在长春市中轴线人民大街南端、友谊公园南侧，毗邻长春市人民政府。主体建筑呈"花瓣"形，基底小檐口大，造型如同一朵动态绽放的花朵，意为城市流绿空间的城市之花，是长春南部新城的地标性建筑。

2012年，作为长春市十大重点工程动工修建，2016年，工程竣工。项

▲ 盛开的城市之花——长春市规划展览馆   （赵炳清 摄）

目占地面积7.3万平方米，总建筑面积6.3万平方米，由长春市规划展览馆、博物馆、美术馆组成，其中规划展览馆建筑面积约2.7万平方米，展区面积1.5万平方米。

"城市之花"主体建筑，由中国工程院院士崔愷主创设计，由三组花瓣抱合而成，似一朵盛开的花朵。花朵的造型灵感来源于长春市的市花君子兰。君子兰花名贵典雅，挺拔青翠，具有君子之风。花朵式的建筑设计象征着长春热情奔放、旺盛的生命力量，寓意长春开放向上、"宽容大气，自强不息"的城市文化精神。建筑外墙由淡金色金属幕墙和玻璃幕墙交替围合而成，形成动感向上的生长姿态。建筑采用大量新技术、新工艺、新材料，用双曲面钢结构和复合钢混结构、辅助BIM技术设计施工。在景观设计上，传承了"流绿都市"的城市规划理念，注重生态、宜居和可持续发展的区域特色，打造绿林环抱的"城市之花"。

展览馆展区为三层，24个分展区，展示内容为序厅、品读长春、绿色宜居森林城、未来城市四个部分，主要展示城市历史人文、绿色发展、智慧发展主题。

一楼为"序厅"和"品读长春"两部分，包括城市绽放、建馆历程、春城概览、史话长春、百年长春、走进长春等内容。"序厅"介绍了建馆历程，通过建筑设计、布展施工、建设者图片墙展示了展馆的设计理念、施工、布展难点及技术创新，展示了建设过程中的人文精神。在"品读长春"部分，以城市历史年轮为线索，运用大量史实图片、地图、复原场景、建筑模型、沙盘影院等，展示了长春城市"以规划为先，依规划而建"的城市发展特点。在"百年长春"展区，从非物质文化遗产、百年老街、时空电车、历史书吧4个方面展示了老长春的历史风貌和城市建设过程。在"走进长春"展区，着重展示了长春最具特色的城市标签，汽车城、轨道客车之城、电影之都、雕塑名城、科教之城的成就与光荣。

二楼展示的是绿色宜居森林城，在立体数字沙盘影院展区，960多平方米的城市规划模型与对应视频墙浑然一体，结合天幕系统，构成三位一体的观赏体验，运用声、光、电等现代技术手段，展现长春城市山、水、田、城的空间格局特色，解读长春绿色宜居森林城的内涵。

三楼展示的是智慧发展，在"综合交通、便捷畅达"展区，用36平方米的交通全景模型，展示"通达、绿色、和谐"的综合交通系统。在"绿色本底、生态优先"展区，通过生态广场、伊通河综合治理模型等，立体展示"海绵城市"发展理

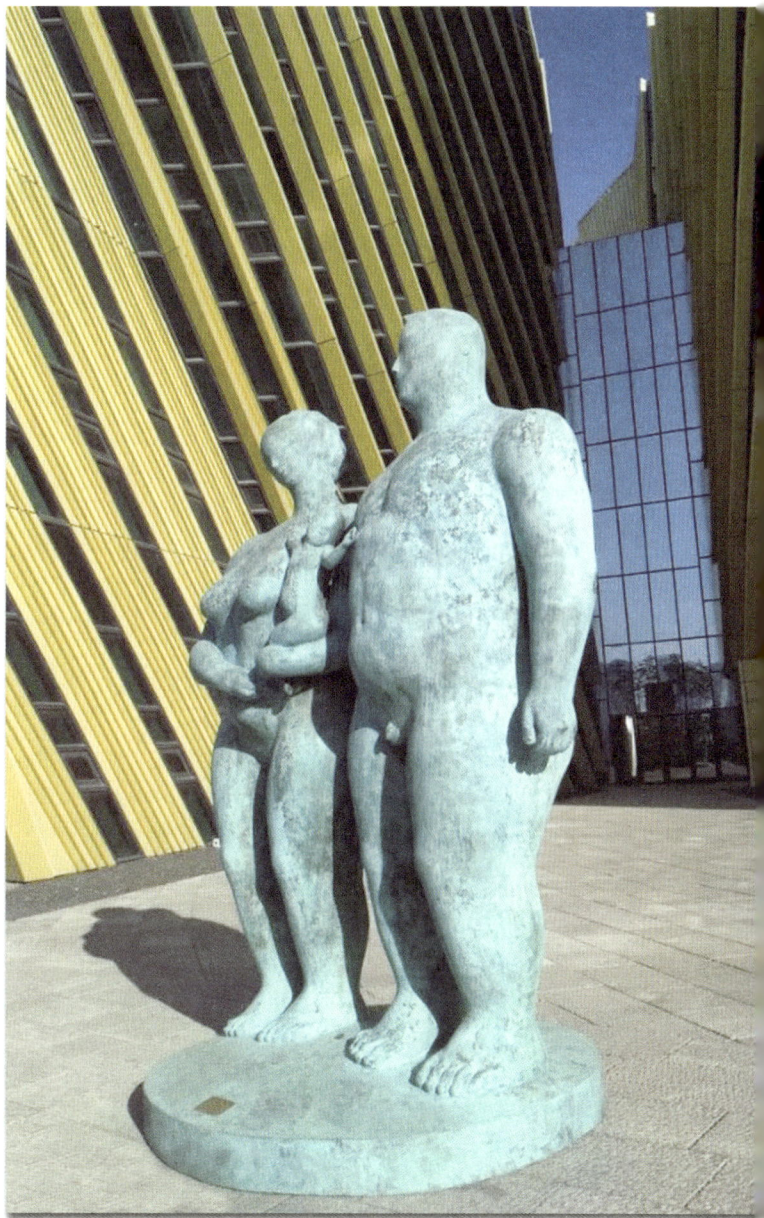

▲ 长春市规划展览馆室外雕塑 （赵炳清 摄）

念的应用。在"回顾未来"展区，启动未来体验之旅，快进到2080年，以时间为线，畅想一下人类从交通、日常生活、医疗、教育、城市建设、农

业等方面对未来预测的图文内容。最后，在"未来沟通、未来责任、未来远景"三个区域设置了触摸屏，观众可参与互动，带你走进畅想中的未来城市。

从空中俯瞰，这是一朵绽放在长春的城市之花，透过这朵花，你可以读懂长春这座城市的过去、现在与未来。

第十二章

独一无二的雕塑之都

露天博物馆——长春世界雕塑公园

雕塑为凝固的音乐，雕塑为城市之眼，雕塑为城市的诗篇。

长春世界雕塑公园位于长春南部新城，毗邻市政府、省图书馆文化行政区，占地面积92公顷，水域面积11.8公顷，以中国传统与西方造园学说和现代规划理念相结合，汇集世界雕塑作品精华，陈列着216个国家和地区、620多位雕塑家创作的1万多件雕塑作品，其中室外雕塑460件，集自然山水与人文景观于一体，是城市文化中雕塑艺术作品集大成的公共艺术公园，是世界最大的露天雕塑作品展览馆，是中国唯一一座5A级主题雕塑园，被中外艺术家誉为人类21世纪的"露天艺术博物馆""世界雕塑界的奥林匹克"。

▲ 长春世界雕塑公园正门　　　　　　　　　　　　（赵炳清　摄）

▲ 长春世界雕塑公园的友谊·和平·春天广场　　　　　　（滕飞　摄）

可能许多人会好奇，长春没有雕塑文化的基础，怎么会有一座如此庞大的雕塑公园呢？

1997年，长春市为改造城市中心广场——文化广场的立意，建成长春的"城市会客厅"，开始面向全国征集文化广场的雕塑方案。同年，第一届中国长春国际雕塑作品邀请展举行，来自不同国家的雕塑家在文化广场现场制作，最后，有23件作品得以在长春展出，成为长春的第一批国际雕塑作品，也是长春世界雕塑公园的首批作品。此后，长春又连续举办了4届国际雕塑作品展，共征集作品260件。2003年9月5日，长春世界雕塑公园正式对外开放。

雕塑公园以湖面为中心，以山水为骨架，以绿化为背景，与雕塑作品相互辉映，实现了自然环境和人文景观的完美统一。在园区的不同方位设有4个广场：罗丹广场，陈列着法国雕塑大师罗丹的作品——《思想者》《巴尔扎克》《加莱义民》《行走者》；春天广场耸立着我国著名雕塑家叶毓山、潘鹤、程允贤、王克庆、曹春生共同创作的《友谊、和平、春天》，由寓意友谊、和平和春天的三个少女居于中央，四周为五组五大洲男女青年歌颂友谊、和平、春天的群雕，这成为雕塑公园的主题，反映的是长春以友好开放的姿态和充满生机的活力融入国际潮流，与世界对话的城市文化；和平广场矗立着美国雕塑家马克·威斯白克创作的《和平的延伸》；米开朗琪罗广场由《水瓶时代替代金鱼时代》《山川流水》《骑熊的女孩》《乐迷》《都市言情》《时间与空间》6组雕塑组成，集中体现了欧式和中式雕塑风格。

雕塑公园为"一园五馆"的布局，设有室外雕塑园区和长春雕塑艺术馆、松山韩蓉非洲艺术收藏博物馆、魏小明艺术馆、长春雕塑博物馆和雕塑体验馆5个场馆。拥有世界著名雕塑大师奥古斯特·罗丹的5件原作，是国内拥有罗丹原作最多的雕塑公园。

长春雕塑艺术馆建筑面积12500平方米，馆内设有彭祖述艺术馆、3D艺术体验馆以及雕塑公园国际联盟展馆。展馆建筑造型独特，馆内艺术作品各具特色，精彩纷呈。

▲ 长春世界雕塑公园的长春雕塑艺术馆 （赵炳清 摄）

　　魏小明艺术馆建筑面积3500平方米，由雕塑展厅、绘画手稿陈列室、艺术家工作室、艺术沙龙及室外雕塑花园组成。馆内永久展出雕塑家魏小明的雕塑作品232件，版画、插图、水彩、素描、油画及设计手稿178件，几乎涵盖了20世纪80年代以来魏小明的全部作品。魏小明是我国著名雕塑家、版画家，清华大学美术学院教授、北京市美术家协会副主席，曾赴奥地利维也纳美术学院学习，并荣获奥地利国家文化科研部授予的"杰出艺术贡献奖"。

　　长春雕塑博物馆是目前国内最大的雕塑博物馆，建筑面积18000平方米，由中国工程院院士、著名建筑大师程泰宁设计。整体建筑如巨石破土而出，视觉冲击力非常强。馆内展有"文化城市——长春城市雕塑建设纪实"成就展及"春华秋实"曹春生雕塑艺术馆、王克庆艺术博物馆、希腊雕塑艺术馆以及其他馆藏作品。

▲ 长春雕塑博物馆展品——大卫雕像　　　　　　　　　　（赵炳清　摄）

雕塑体验馆建筑面积492.9平方米，占地面积2000多平方米，设有专业级1600立方米沙雕场、160平方米的陶艺馆及特色美食坊。这里是园区人气最高的网红打卡地。

长春世界雕塑公园将各国艺术流派的众多优秀作品与优美的自然景观和人文特色融为一体，打造了一个世界雕塑艺术的大花园，让长春成为闻名遐迩的"雕塑城"。

黑精灵——马孔德雕塑艺术博物馆

马孔德雕塑艺术被誉为"千年不腐的黑精灵"。

马孔德，乍听起来以为是人名，其实是生活在非洲大陆的一个民族，他们在坦桑尼亚和莫桑比克接壤的鲁伏马河畔依水而居，过着古朴自然的生活。马孔德在当地语言中是"田园"的意思。

在长春世界雕塑公园里有座马孔德雕塑艺术博物馆。展厅面积1570平方米，陈列着200多件马孔德木雕艺术品，有日常生活用器，有奔放的云形雕塑和怪诞的西泰尼形雕塑，还有表现家族或部落的群雕。这些木雕种类齐全，规模庞大，表现力丰富、大胆、奇特，是非洲现代木雕精品。

在浩瀚的非洲原始森林中，生长着一种名为"格兰尼迪拉"的稀有树种，我们称之为"黑檀""乌木"。这种树生长周期缓慢，树木表皮呈灰色，而木心为黑色、褐色、紫红色，木材肌理细腻，极其坚硬，密度非常大，二三百年才能生长30厘米，而一棵直径1米多的大树，木心部分只有碗

▲ 马孔德雕塑艺术博物馆展品　　　　　　　　　（滕飞　摄）

口大小。这种树既不成林，也不成荫，传说它是"千年生长，千年不倒，千年不腐"。马孔德族男人自幼就跟随父辈学习雕刻，他们用斧、锯、铲、锛、锉、刮刀等极简单的工具，凭借自己对艺术的感觉，按照树木的自然纹理和长势，雕出各种奇特的、富有想象力的作品，人们将这种木雕作品称之为"马孔德木雕"。

2003年，长春世界雕塑公园一期工程竣工时，这座雕塑博物馆同时落成，500多件马孔德木雕艺术品首次与观众见面，这是长春观众第一次知道马孔德木雕艺术品。

这些非洲艺术奇葩能落户长春，完全得益于坦桑尼亚华侨、企业家、社会活动家，非洲马孔德雕塑协会会长李松山、韩蓉夫妇的捐赠，是这对热爱艺术的夫妇把遥远的非洲艺术带到了长春，让我们近距离地触摸到了非洲的自然之美。

寻梦非洲——松山韩蓉非洲艺术收藏博物馆

所有的不凡，都来自传奇。

松山韩蓉非洲艺术收藏博物馆坐落在长春世界雕塑公园内，建筑面积5640平方米，由中国工程院院士、著名建筑大师何镜堂先生设计，2011年9月1日对外开放。这里展出的是李松山、韩蓉夫妇多年收集的数千件木雕精品，馆内设有"艺术非洲""魅力非洲""黑色非洲"三个展厅，收藏了来自坦桑尼亚、马拉维、赞比亚等非洲国家的8491件雕刻和绘画艺术作

▲ 松山韩蓉非洲艺术收藏博物馆展品　　　　　　　　（滕飞　摄）

品，是我国收藏非洲马孔德木雕艺术作品数量最多、品种最全、艺术水平最高的博物馆。

这些来自非洲的精美作品，藏着一个寻梦非洲的传奇故事。

20世纪60年代，在文化部外文局从事翻译工作的李松山、韩蓉夫妇多次被派往坦桑尼亚参加援外工作，这期间他们对神奇的马孔德木雕产生了兴趣，开始收藏这些作品。80年代末，李松山夫妇辞去公职，前往非洲创业。在他们创业的同时继续收集马孔德木雕，并在自己家中建立了马孔德木雕创作基地，为创作者免费提供场地和材料。在此后的二三十年里，他们收集了上万件马孔德雕塑珍品。但是，再美的艺术也挡不住乡愁，多年的思乡之情，加快了他们回国的步伐。

2007年10月，李松山夫妇卖掉在达累斯萨拉姆的住所，将几十年间收藏的马孔德木雕作品运回祖国，并选择将这些多年的珍藏捐献给自己的家乡——长春，因而使我们能有幸近距离地欣赏来自古老非洲古朴、纯洁、丰富的木雕艺术作品。

春夏秋冬——雕塑之城

城以雕扬名，雕以城著称。

走在长春的街头，无论是广场、公园、绿地，还是小区里，都能看到各式各样、反映不同主题的雕塑作品。在长春有多个以雕塑著称的公园：友好城市雕塑公园（位于长春市政府东南角）、双阳国际雕塑公园、长春

▲ 文化广场之《春》雕塑
（滕飞　摄）

▲ 文化广场之《秋》雕塑
（滕飞　摄）

国际汽车雕塑公园、长东北国际雕塑公园、净月潭国际雕塑园等。雕塑已成为长春市新的文化元素。在长春说起雕塑，除了长春世界雕塑公园外，最有名的城市雕塑当属文化广场的主题雕塑《太阳鸟》《昼》《夜》，以及广场四个入口处的《春》《夏》《秋》《冬》四座大型雕塑。长春雕塑城的起步就是从这儿开始的。

　　1996年，长春市政府对地质宫广场进行改造，并将广场改名为文化广场。在改造广场的时候，感觉广场缺少灵魂，所以面向全国各大美术院校和雕塑机构征集雕塑作品。1997年，中央美术学院创作室开始创作《时空雕塑》，第一期完成了《太阳鸟》《昼》《夜》和《水中月》。《太阳

▶ 伊通河雕塑
（滕飞　摄）

▲ 长春工业轨迹公园雕塑　　　　　　　　　　　（滕飞　摄）

鸟》位于文化广场中心，以古代神话中的"金鸟"为主题，寓意自由翱翔，表现生生不息的精神和浩瀚宇宙的无穷变化。太阳鸟下方是张开双臂昂首迎接太阳的男体雕塑。第二期工程历时三年，于2001年秋天在文化广场东南西北四个方位竖起蕴含深刻哲理的《春》《夏》《秋》《冬》四座雕塑。

《春》，是一位年轻母亲怀抱孩子，象征着万物复苏、生机盎然、欣欣向荣、春光无限的春天。

《夏》，是一位迎着阳光的年轻姑娘，象征着阳光雨露、热烈活泼、蓬勃向上的青春力量。

《秋》，是一位体态丰盈的中年女性，手托收获的果实，象征着秋高气爽、大地金黄、稻谷飘香的丰收季节。

《冬》，是一位银发飘飘的慈祥老人，象征着千里冰封、万里雪飘、银装素裹的冬天，孕育着新的生命和希望。

四座雕塑将时间与中国传统文化完美结合，成为长春雕塑城的经典之作。

长春之所以被称为雕塑城，是因为有几百座雕塑遍布城市的各个角落。

进入净月潭国家森林公园，首先映入眼帘的是《净月女神》雕塑，女神如玉如盘，圆润洁白，表达着美丽圣洁、向上、大爱的主题。2012年9月，第十三届中国长春（净月区）国际雕塑作品邀请展隆重举行，此次展会以"运动·健康·生命"为主题，共有47件中外优秀雕塑作品落户净月潭。

双阳国际雕塑公园坐落在双阳石溪河景观带，占地13万平方米。2009年，第十届中国长春（双阳）国际雕塑作品邀请展在双阳举办，本届展会的主题是"自然·和谐·发展"，收到81个国家和地区300多位雕塑家提供的作品图片和小样，经过专家评选，最后邀请17个国家和地区的20位雕塑家来到双阳现场创作了20件作品，国内也有4位雕塑家现场创作了4件作品。现在双阳国际雕塑公园内摆放着19个国家和地区的25位雕塑家的26件艺术作品，这些中外雕塑艺术与园林艺术相结合，成为长春雕塑城的一朵艳丽之花。

长春国际汽车公园是全国最大的以汽车文化为主题的公园，占地面积105万平方米，绿化面积78.5万平方米，水域面积15万平方米，由三街、六区、三条景观轴线组成。公园由德国公司设计，为德国现代景观规划设计风格，2010年9月正式开园。早在2008年，长春国际雕塑展组委会就邀请中央美术学院雕塑系、沈阳鲁迅美术学院雕塑艺术学院和东北师范大学雕塑学院的师生围绕汽车文化主题为汽车公园设计作品，最后，有24件作品

▲ 北湖湿地公园之马队雕塑　　　　　　　　　　　　　　（滕飞　摄）

入选，其中有《世界汽车历史车辙》《汽车奏鸣曲》《滚动的旋律》《中国汽车历史浮雕墙》《世界汽车历史浮雕墙》，以及《千年解放》《猪头车》《顺流？逆流？》等作品。同时，还有2008年第九届中国长春雕塑展的26个国家和地区的31件雕塑作品也集中陈列在汽车公园内。

长东北国际雕塑园位于长春高新区北湖国家湿地公园，是以东西方文化艺术为理念的大型现代雕塑艺术主题公园。2011年9月，第十二届中国长春（高新区）国际雕塑作品邀请展在园中举行，此次展会的主题是"创新·跨越·梦想"，共收到美、英、德、南非等103个国家和地区396名艺术家的1258件作品，最终有105件作品入驻公园。这些作品涵盖了当今世界多种艺术风格，极具地域和民族特色。

雕塑，是一本无字的书，是一首优美的曲，是一首浪漫的诗，它代表着城市的文化内涵和品位，反映着城市的精气神，是城市中最美的符号，是城市凝固的音乐。

第十三章

生态绿色的森林之都

都市氧吧——净月潭国家森林公园

　　净月潭国家森林公园，号称"亚洲第一人工林海""绿海明珠""都市氧吧"。

　　净月潭潭水碧透，林海莽莽，大岭纵横，山水相依，四季变换，风情万种。无论在哪个季节来到净月潭，都会带给你不同的惊喜。春天，草木青绿，生机盎然；夏季，水波涟涟，鸟语花香；秋天，层林尽染，万山红

▲ 净月潭水塔　　　　　　　　　　　　　　　　（胡书利　摄）

遍；冬天，千里冰封，万里雪飘，连绵起伏的山岭成为优质的滑雪场，让你尽情享受北国冬天在雪地上撒野的乐趣。

净月潭是长白山系的余脉，低山丘陵错落有致，有大小山峰119座，有86座山岭自北向南延伸到潭边。净月潭公园占地面积96.38平方千米，水域面积7平方千米，森林覆盖率达96%以上。潭水东西长7千米，南北宽1千米，呈新月形，潭水清澈碧透，秀美宜人，公园集湖、林、山、田于一身，春花秋月、冬雪夏风，是都市里的天然大氧吧，长春的生态绿核。

净月潭最早称净月水源地，始建于东北沦陷时期。1932年，伪满傀儡政权成立后，由于城市人口急剧增长，急需寻找新的水源地，伪满国都建设局通过对水质、水量和成本的对比，最终选择在长春东南部一个叫"腰站"的地方，利用伊通河支流小河台河建造一座蓄水坝。1934年5月工程开工，5月28日，伪满皇帝溥仪乘船游览了水面，视察了水库工程。1935年11月21日竣工，1936年1月正式投入使用，工程造价350万元，起名"净月潭"。

▲ 净月潭原水塔，1936年建成使用

▲ 净月潭林海　　　　　　　　　　　　　　　　（胡书利　摄）

▲ 净月潭万顷林海与潭水融为一体　　　　　　　（胡书利　摄）

1948年10月，长春解放后，改称净月潭水库。

1985年，净月潭被列为国家森林公园，1988年被国务院批准为国家级风景名胜区，1989年被命名为净月潭国家森林公园，2009年被列为市级重点文物保护单位，2011年被列为国家5A级旅游景区。现为国家级水利风景区、国家生态示范区、中国滑雪队训练基地、全国自驾游基地、全国青少年轮滑基地、国家级全民健身户外活动基地。

净月潭既是长春市民强身健体、娱乐身心的绿色家园，又是国内外游客旅游观光的网红打卡地，更是举办国际旅游文化活动的聚集地，瓦萨国际滑雪节、森林马拉松、瓦萨森林定向赛、瓦萨国际自行车节、帆板赛、龙舟赛、青少年阳光体育大会、户外露营大会等大型国际节庆活动，都在这里举行。还曾举办过3万人净月潭森林徒步的长春市消夏节，令人叹为观止。

如今，作为亚洲最大的人工林海，净月潭有生长50多年的人工林8000公顷，有各种植物、树种千余种。树种有樟子松、落叶松、红松、油松、赤松、云杉、冷杉及天然次生林、山杨、桦树、蒙古栎、糠椴和少量的杨、榆、胡桃楸等高等植物550多种，形成了多树种、多层次、多结构的完整森林生态体系。

完美的生态环境，成为动物包括鸟类等生息繁衍的家园，森林中有脊椎动物82种、鸟类65种。丛林中还生活着300多种昆虫，生长着500多种药用植物，是天然的生态宝库和活的植物标本库。漫步森林中，时有雉鸡、野鸭飞起飞落，松鼠在枝头跳越，野兔藏身草丛，鸟鸣林间。

春有清风秋有月，夏有凉风冬有雪。长春，一座森林包围的城市，绿水环绕的城市。截至2021年，长春公园数量达154个，绿化面积23717公顷，绿化率达41.5%，空气优良天数330天。22℃的夏天，"长春蓝""生态绿"，是长春最独特的城市底色。

世外桃源——长春莲花山生态旅游度假区

"百里碧水映日月，九朵莲花秀东城。"

莲花山"低山临水多林"，被称为长春之肺，位于长春市城区东部，地处长春、吉林两市中间，长春"半小时经济圈"，距长春龙嘉国际机场5千米，是国内距城区和国内城市离空港最近、规模最大的生态旅游度假区。

莲花山，自然生态属长白山余脉大黑山脉中段大黑山原始森林带，地形以低山丘陵、冲积平原为主，坐拥122平方千米广袤天然次生林地，山林

▲ 莲花山浅山星空露营地　　　　　　　　　　　　　（滕飞　提供）

▲ 天定山滑雪场   （滕飞　提供）

葱绿，水资源丰富。毗邻面积100平方千米的长春重要水源地石头口门水库，有大小河流81条，小型水库5座，小塘坝87座，地下水丰富优质，有十多处喷涌于地表的温泉，有20平方千米的湿地，山林、河流、温泉天然融为一体。气候四季分明，凉而不冷，最冷月份平均气温零下8.6℃。拥有世界上最优质的粉雪，积雪厚度达20厘米，积雪期四个多月，是理想的滑雪胜地。拥有世界级的冰雪主题乐园——冰雪新天地，有专业的冰雪训练场——世茂莲花山滑雪场、天定山滑雪场，有灯光夜场跳台比赛雪场，是国家冰雪旅游人才培训基地和教学实践滑雪基地，多次举办国际雪联空中技巧世界赛事。

自然优质的生态环境让莲花山四季皆景，不仅冬有冰雪，且春有绿水，夏有花海，秋有红叶，有十里花海、百年梨园、鸵鸟山庄、浅山牧场、俏天池度假营地等。特别是天定山民宿群落，是一个完全采用天然原

始材料打造的自然、环保的生态民宿，房屋的框架、石材、室内家具均取自天定山上的原木打造，连屋内的吊灯组架都是采用天定山的树枝手工编制而成的，称得上是远离都市喧嚣的世外桃源，度假胜地。

莲花山文化底蕴深厚，不仅独享自然生态资源，还拥有悠久的历史文化积淀，有东山头新石器时代、石厂屯原始社会部落、望天楼青铜时期、房城子辽金时代古城等遗址。有世代相传的康熙劝农故事，据记载，1681年，清康熙皇帝由京城经盛京到吉林驿站巡视，途经当年的"潘家屯"小憩，当地的猎户和药农闻听皇帝驾到，纷纷前来拜谒，康熙皇帝劝他们"安分务农，屯垦戍边"，并明诏对垦地多者予以奖励。从此，这些猎户和药农开始勤奋垦荒耕田，使得这里的农业得到快速发展，"潘家屯"也更名为"劝农山"，并刻立了"劝农碑"。如今，这里传承祖先务农文脉，不仅有农业科技园、生态农业园、草莓和猕猴桃种植园，还有一望无边的醉人花海。

莲花山拥有独特的红色文化资源，这里曾是解放长春的军事战略要地，在辽沈战役期间，萧劲光和萧华两位将军率领的东北人民解放军第一前线指挥所就设在这里，是长春解放的见证地。

莲花山，另一个独具特色的场馆是长春国际陶瓷艺术馆，陶艺馆集展览、创作、体验、烧制为一体，是东北三省唯一一个以组织中外陶艺家创作、展示、收藏、教育、研讨为主，面向社会的综合性陶艺基地。自2011年以来，该馆共举办了10届中国长春国际陶艺作品邀请展，馆内收藏了来自63个国家和地区的320多名艺术家创作的各式作品1100多件。陶艺馆吸引了众多的陶艺爱好者和中小学生在此赏陶、学陶、做陶、论陶。

莲花山以生态旅游、冰雪、度假、养生、露营、休闲吸引了无数游客。央视新闻客户端、央视频、吉视通等媒体都持续到此打卡。在中国传统的元宵之夜，冰雪新天地成为中央广播电视总台元宵晚会分会场。

莲花山以北国春城特有的冰雪激情和22℃夏天的浪漫，演绎着长春独特的生态之美。

网红打卡地——长春水文化生态园

水，是生命之源。"认识水、利用水、善待水、亲近水"，是人类对生命的敬畏。

长春水文化生态园（简称"水文化生态园"）入口处醒目的水波纹

楼，告诉你这是个以水为符号的水生态园。在城市中心，有一块占地30万平方米的生态绿地，一处不可复制的净水工业文化遗址，这就是长春水文化生态园。

这是一座带有城市水文化印记、近现代工业遗产保存完整的生态园区。园区占地30万平方米，绿化覆盖率超过80%。园区利用长春净水厂原有的净水设备重塑艺术景观，以生态绿地为载体，以绿地资源活化和再生为理念，将工业遗迹与自然景观有机结合，并注入文化艺术、时尚创意元素，凸显人与自然互动、和谐共生的自然生态美。

改造之前的南岭净水厂始建于1932年，是长春最早兴建的大型供水厂，称"南岭净水处理厂"。1935年11月投产使用，日供水能力2万吨。长春解放后，净水厂又新建和扩建了净化系统，到1985年，日供水能力达23.92万吨。2015年末停产。在此之前，作为长春市第一净水厂，它一直是长春市民饮用水供应地。2016年，长春市建委开始调研论证将净水厂改造成长春水文化生态园。2017年5月动工建设。2018年10月1日，长春水文化

▲ 长春水文化生态园 　　　　　　　　　　　　　　　（滕飞　摄）

▲ 原南岭净水厂（1932）

▶ 原南岭净水厂内部

生态园正式开园。

　　水文化生态园改造是工业遗产保护的典范。在建设过程中，遵循最大限度保护生态绿化资源、最大限度尊重历史文化遗迹、最大限度塑造城市生态活力三大原则，对历史遗迹和具有近百年历史的文保建筑、历史建筑采取修旧如旧的方式进行升级改造。在改造时将其分为文保建筑、改造建筑、原拆原建三大建筑群落。园区内80％的植被、不同年代的净水设备，以及存有的30多栋建筑、6处混凝土结构沉淀池、5处清水池均被完整地保存下来。在保护的基础上，该园以水文化生态为主题，与景观建设进行了有机衔接，建设了雨水自净渗透系统，保持了植被的原生状态。园区划分出自然生态环境保育区、全龄活动乐园、艺术广场、下沉式雨水花园、水生态花园及体验式森林栈道、净水互动园等多个功能区域。

下沉雨水花园将原来净水厂的沉淀池进行了保护性再利用，将公园雨水引导到沉淀池，通过逐级过滤及水生植物净化，生动再现了水净化处理的流程，并形成层叠的雨水花园景观，将保留的原清水池结构柱网结合当代艺术雕塑，呈现出历史文化与当代艺术的完美结合，形成独特的美感。

北露天沉淀池利用原来的露天沉淀池，在南北两侧增加了观景平台和水上栈道，让人与环境互动，进行体验式参与。

▲ 绿树环抱的水文化生态园沉淀池　　　　　　　　　　（滕飞　摄）

游客行走在郁郁葱葱的空中森林步道中，触手可及的树梢，抬头可见的白云，闭上眼睛，来一次深呼吸，全身心都融入森林中。

海绵城市广场整体设计形态为水韵状，地面材料采用复合砂基整体透水砖工艺，让雨水快速下渗，集中呈现海绵生态排水状态，将先进的海绵城市建设理念融入园区。

城市记忆"南岭1932"，是南岭净水厂的历史起点，融入了现代灯光雕塑艺术景观。

大船观景台，浓缩的是城市记忆及静静流淌的时光。

体现工业格调的林间奔跑的螺丝马、路旁闪过的轴承车、会喷水的铜人，利用旧机器零件经过拆零、加工、重组，组成一组表现人与大自然的艺术作品"奔马"。这些工业元素、工业记忆，将游客带回往日时光，老工业城市的工业记忆立刻浮现在脑海。

博物馆群落是利用水厂车间遗址建起的工业记忆博物馆，是传播水文化、科普水知识、了解水生产的水文化课堂。该区域设置了水仗互动雕塑、净水互动乐园、芳草园三个净水互动区，利用亲水装置，让游人感受与水互动的乐趣，这里成为孩子们尽情撒欢的乐园。

长春水文化生态园是中国城市更新和工业遗产保护的新典范，是城市活动与产业结构升级充分融合的再生模式，该项目获得了无数奖项。2022年，央视开年大戏《人世间》的许多场景均取自这里，随着电视剧《人世间》的热播，长春水文化生态园强势走进了全国观众的视野之中，人们纷纷来此追逐剧中的场景，寻找那些渐行渐远的儿时记忆。

长春水文化生态园，既是工业化进程的城市记忆，又是几代人奋斗故事的历史记录，更是体验"绿色长春"的网红打卡地。

生态绿谷——吉林长春北湖国家湿地公园

柳堤、枫岛、桦塘、花海、兔岛、花影浮碧、长岛碧波，一处不用跨洋、不需跨海就能看到的北国江南风景。

吉林长春北湖国家湿地公园（简称"北湖湿地公园"）位于长春市东北部，距市中心约13千米。占地面积11.97平方千米，其中陆地面积7.37平方千米，水域面积4.6平方千米，是集独特的北方植物景观与自然水系为一体的大型湿地生态公园。2010年开始建设，总投资30亿元。2011年承办了第十二届长春国际雕塑展，2012年7月28日正式开园。同年12月，国家林业局批复为"吉林长春北湖国家湿地公园"，是东北地区最大的国家级城市生态湿地公园。

北湖湿地公园以生态优先、和谐共生为理念，创造出饱满的生态空间和开放多元的人文交流场所。公园分内湖区和外湖区两部分，内湖区是原伊通河泄洪区，以原生池塘湿地生态环境为基础，通过清淤、布景、修筑，融合景观游赏、休闲娱乐等功能设计，巧妙地将其打造成生态保护、河湖分治的湿地公园。湿地公园现已完成绿化面积315万平方米，柳堤上栽有柳树品种51种793株，有旱柳、白皮柳、金丝垂柳、金枝柳、垂柳、龙须柳、馒头柳、蒙古柳、松江柳、河柳、筐柳、大黄柳、朝鲜柳、美国纤维柳等；园内栽植乔木186个品种6.97万株；栽植灌木144个品种1.53万株。

外湖区以保证水利功能为基础，集自然景观、生物栖息、休闲观赏为

▲ 北湖湿地公园之水上邻里 　　　　　　　　　（赵炳清　摄）

▲ 北湖湿地公园之长岛碧波　　　　　　　　　　　　（滕飞　摄）

一体，以城市生态湿地为主题，创造性地运用开湖叠山概念，构建出水随山转、山因水活的优美景观。

　　园区分为"三带"和九大功能区，"三带"为城市休闲带、长岛生态过渡带、绿色生态隔离带；九大功能区为北城艺风、水堤邻里、湖漾春晓、长岛碧波、北湖天地、芦荡飞雪、民族家园、涓流云影、瞭望阁等景区。

　　北湖湿地公园是人与自然和谐共处的生态绿谷，是绿色人文的自然公园，是长春城的绿肺。

城市客厅——南溪湿地公园

徜徉在南溪湿地公园，蓝天、碧水、红花、绿海，清波荡漾、满目苍翠，宛如画中游。

位于长春伊通河中段、南部新城的绿色生态景观带，有一座南溪湿地公园。

湿地，可以说是个过滤器，是个生态储水池，一是减缓暴雨下来的速度，二是可以减少上游冲下来的沉淀物，它有净化水和补充地下水的功能，还能够涵养水源，如海绵城市一样，水不在地表，是慢慢渗出来，绵绵不断，永续地流进河里，起到清水、储水的作用，是个生态净化和生态修复的过滤器。

这里原来沟壑纵横，是个烧窑的地方，东北沦陷时期是东亚窑业区域。新中国成立后，东亚窑业被拆分成第一机砖厂和第二机砖厂，这一带是砖厂的棚户区。2015年，长春市启动伊通河治理暨百里生态长廊建设工程，这片区域被划定为伊通河城区段的生态节点之一，被命名为"南溪湿地公园"。经过5年的治理改造，到2020年，南溪湿地改扩建工程基本完工，共消除了75处黑臭水体，建设了污水处理厂，极大提升了南溪湿地水体环境。还进行了河岸景观工程建设，最终打造成占地310公顷的开放式湿地公园，成为城区的绿色宜居生态轴。

南溪湿地公园的布局为一心、一廊、一带。一心，在核心腹地设有全

▲ 伊通河畔的南溪湿地公园　　　　　　　　　　　（滕飞　摄）

民健身活动区；一廊，结合桥梁、坡地、绿道、天井等，设置诗意生活体验廊道；一带，结合山体、滨水环境打造历史文化体验带。湿地公园内设有群鸟栖息的生态岛，以及标志景观光影岛。在长白文化园里，将人工与自然相结合，回廊、栈道，一步一景，情景交融，并设置了生态栖息区、彩丘艺术区、水石径流区等景观，集中体现了现代都市的城市人文与山水文化。

桥梁、坡地、绿道、天井相连；湿地净化、滨河休闲、生态文化、水塘湿地相融，这条美丽的城市生态景观带、慢行生态花园，被人们亲切地称为"城市客厅"。

光阴的故事——工业轨迹公园

锈铸的铁轨、陈旧的枕木、斑驳的机车、绿皮的"摩电"，这些代表东北老工业辉煌的物件已渐行渐远，但工业时代的记忆却留在了伊通河畔的百里生态长廊中。

在美丽的伊通河卫星路南段西岸，沿着长长的河畔有一处以长春工业为主题的工业轨迹公园。这是个依河傍水的开放式公园，以长春工业为元素，用一座座雕塑或实物、场景悉数记录了长春工业的发展轨迹。偌大的开放园区设有芳草观赏区、机车花园区、时尚工业区3个区域，是长春不容错过的又一网红打卡地。

铁路、有轨电车，不但记录着城市的发展变迁，更记录着百姓日常生

▲ 工业轨迹公园　　　　　　　　　　　　　　　　　　　（滕飞　摄）

活的点点滴滴。站在写满电车历史的站台上，看着缓缓驶来的电车，登上那台长春8000型有轨电车，看到车内记录着长春电车历史的版画，仿佛时间倒流，回到了旧日时光。这些充满工业历史痕迹的景象，足以让你回忆起自己的童年和父辈们经历的老东北工业时代的辉煌。

雕塑《铸业之城》，这是一个运用剪影艺术形式，用钢铁铸成的头戴安全帽的工人头像，主体是一个工人侧面像，剪影里由汽车、电影、建筑、艺术、日常生活组成一幅幅小画面，仿佛讲述着这个工业城市曾经发生的一个个故事和旧日的时光。

雕塑《旅行》，这是一组用不锈钢钢板做成的汽车旅行箱，以旅行箱与汽车相结合的造型，融合时代和地域的符号，形成一部长春汽车产业发展的时间旅行简史。

雕塑《瓶合》用不锈钢和花岗岩两种不同的材质，以相同瓶的造型相互契合、榫接，合二为一，形成了一个既熟悉又陌生的独特造型，寓意吉

▲ 工业轨迹公园之《铸业之城》雕塑　　　　　　　　　　（滕飞 摄）

祥、平安、和平。

在工业文明随着时代的发展被一步步改写的同时，工业轨迹也印在了城市的记忆年轮里。

动植物的群落——长春动植物公园

长春动植物公园，一座城区内的大型动植物群落，位于自由大路2121号，公园占地74万平方米，植物种植面积54万平方米，水域面积8.8万平方

▲ 长春动植物公园正门　　　　　　　　　　　　　　　（赵炳清　摄）

米，园内有国内外有珍禽异兽200多种，建有"长白原野"微缩景区，是东北地区集动物园与植物园于一体的动植物群落，是城区内大型动植物观展园，有"自然小王国"之称。

公园始建于1938年8月，东北沦陷时期称"新京动植物园"。面积717627平方米，是日本东京上野动物园的20倍。1942年10月开园，到1945年，动植物园的主要设施基本完成。

当时，动物园区主体为无栏式放养场，有猴山、老虎、狮子、鹿、骆驼等兽舍；有大鸟禽笼和小动物舍、水禽舍、爬虫类馆等；还有观赏乳牛产奶的乳牛舍，并设立了可以品尝冰激凌和牛肉食品的西餐厅。另外，还设立了养鸡场、孵化场、放养家鸭场及银狐养殖场。动物园有来自兴安岭和长白山的10多只东北虎和狮子，还放养了200多只猴，并饲养了一些爬行动物，如锦蛇、鳄鱼等。公园内园灯、园路、给排水、供热和温室等设施

▲ 早期动植物园（1938）

齐全。

　　植物园区位于园区的西北部，以北方的植物为主，与动物园区的设施相比，这里的工程进度很慢，到最后只完成了一个小型的种植了80多种药用植物的药草园。1945年日本投降时，日本人将动物园内的猛兽等悉数毒死。

　　经历了战争的洗礼，这里曾一度成为废墟。1948年长春解放后，长春市政府对这块园林用地进行了有计划的植树和基础建设，在园内栽植水曲柳苗、榆树苗2万株。1960年成立了"植物园"，先后植树105种、3117株。1965年从长白山引进长白美人松100株。1974年植物园改称"长春动物园"，1977年修建了5处小动物房舍、1个人工湖，栽种树木118种、3万多株，并先后种植君子兰6万多株。

　　1984年，长春市政府开始筹建长春动植物公园，计划分三期将动物园建成具有长白山动植物特点的动植物园，通知落实并开展挖湖工程。1986年7月，长春市计委下达一期工程项目计划，虎山、雉鸡馆、中型猛兽馆、走禽馆、水禽馆、大象犀牛馆、斑马馆等工程。一期建设工程以人工湖为界，将园区分为东、西、北3部分，东半部以展示动物为主；西部模拟长白山植物自然种植树木，放养一些动物；北部分布热带植物厅、儿童动物园、游乐设施等，并在东、西、北部设3座小桥相连通。1987年动物园一期工程结束后，将长春胜利公园的动物全部搬迁到长春动植物公园。

1987年9月15日，长春动植物公园开园，分别邀请吉林省老领导宋任穷和中国书法家协会主席启功题写园名，两套"长春动植物公园"书法分别镌刻在公园正门两侧的大理石上。动植物公园因动物馆舍美观、大方、功能合理、色调协调，具有园林建筑特性，被中国公园协会评为"名园"。1994年12月，吉林省林业厅在动植物园设立"吉林省野生动物救护中心"。2008年，长春市政府对长春动植物公园进行了重新改造，对基础设施与动物馆舍、动植物种类以及园林景观等进行了改善和提升。2010年12月，经过改造后公园重新开园。园区内地形复杂，以人工湖分为三个自然区域，东区为动物区；西区为模拟植物垂直分布的"长白原野"植物区，北部是热带植物园。

动物园区有东北虎、非洲狮、猞猁、大鸨、丹顶鹤、火烈鸟、金丝猴、长颈鹿、犀牛、亚洲象、广西猕猴、斑马、黑猩猩等200多种国内外珍禽异兽。百鸟乐园有100多个品种，3000多只鸟。

在动物的馆舍和展区设计上，体现以动物为本的理念；在游客的参观路线上，进行了以人为本的人性化管理，将动物园的笼养式参观模式，改变为场景式或浸入式的参观模式，变成视觉无障碍的观展方式，并充分利用地形、地貌，让游客从不同的视角观赏动物，实现了人、动物与自然的和谐相处。

植物园区分布着蔷薇园、木樨园、忍冬园、槭树园、百花园、长白原

▲ 动植物园之斑马馆区　　　　　　　　　　　（赵炳清　摄）

野、友谊园等。种植有长白美人松、红皮云杉、樟子松、火炬松、黑皮油松、北美短叶松、红豆杉、大山樱、珍珠梅、桃叶卫矛、山楂、天女木兰、紫椴、银杏、迎红杜鹃等130余种珍贵树种，形成了一个生态稳定、四季景观美丽多彩的植物群落。

　　每到假期，动植物园内人流如织，到处是孩子们的欢笑声，儿童与小动物们和谐相处，欢乐嬉戏，给喧闹的城市带来了一抹大自然的气息。

野生动物园——吉林省东北虎园

　　吉林省东北虎园（简称"东北虎园"）是一座散养东北虎的生态型野生动物园，规范的野生动物救护繁育驯化基地。

　　东北虎园坐落在群山叠翠、碧水微澜的净月潭国家森林公园内。2003年由国家林业局批准成立，2004年开始建设，历时5年，2009年4月26日正式建成开园。这是国家林业局、吉林省林业厅为救助伤病野生动物，拯救保护濒危物种而立项建设的，是集东北虎等珍稀濒危野生动物救护、繁育、野化、观赏为一体的大型野生动物园区。2011年被列为国家5A级旅游景区。

　　园区占地面积50多公顷，建有各类动物笼舍2200平方米、动物运动场6.7万平方米。主要景区有猛兽观赏区、百鸟园、藏獒馆、环尾狐猴馆、火烈鸟馆、猴山、动物表演场、食草动物区、鹈鹕湾、天鹅湖、熊猫馆、生

▲ 东北虎园正门　　　　　　　　　　　　　　　　（赵欣夫　摄）

态广场、生态长廊等；还另设有科普展馆、救护中心等。园区内散养着东北虎、非洲狮、黑熊、棕熊等猛兽，还放养着藏獒、环尾狐猴、平顶猴、猕猴、马来熊、羊驼、斑马、摩弗伦羊、梅花鹿、丹顶鹤、火烈鸟、东方白鹳、鹈鹕、鸸鹋、秃鹫、金雕、白孔雀等珍稀野生动物60余种、2000多头（只），其中有国家一级保护动物6种、国家二级保护动物24种。

作为吉林省野生动物救护繁育基地，东北虎园为野生动物的治疗、恢复、人工驯养繁殖提供、创造了绝佳的环境，仅2011年，就救治了金雕、秃鹫、豹猫、黑熊、蓑羽鹤、白鹳等各种野生动物10余种820只，治愈后的动物全部被放归大自然。同时，东北虎园救护中心对珍稀、濒危和重点保护的野生动物进行繁育，成功繁育出东北虎7只、环尾狐猴6只、棕熊5只、平顶猴1只、摩弗伦羊1只、孔雀108只、大雁68只、白鹇3只、珍珠鸡100只，其他各种雉鸡类70余只。

在这里，游客可以看到威风凛凛的东北虎在郁郁葱葱的原始森林中闲庭信步，可以领略东北虎、非洲狮、棕熊、黑熊等猛兽的迅猛和强悍；可以乘坐观光车体验与这些猛兽狭路相逢或擦肩而过的惊险；可以近距离与

▲ 东北虎园内的老虎
（赵欣夫 摄）

环尾狐猴、梅花鹿、摩弗伦羊等温顺动物亲密接触；还可以欣赏憨态可掬的国宝大熊猫、美丽优雅的孔雀、丹顶鹤，尽情感受大自然的可爱精灵带来的无限惊喜和快乐。

动物是人类亲密的朋友，人类是动物信赖的伙伴。人类、大自然、动物相互依存，构成和谐共生的美丽画面。

玉带碧水——南湖公园

"碧玉妆成一树高，万条垂下绿丝绦。不知细叶谁裁出，二月春风似剪刀。"这首唐朝诗人贺知章的《咏柳》，可以用来完美地诠释南湖公园的醉人景色。

南湖公园占地总面积238.6万平方米，其中水域面积92万平方米、绿地面积134.6万平方米，是超大规模的城区内园林公园。

这座长春最大的人工湖公园始建于1933年，是比照澳大利亚首都堪培拉都市计划的格里芬人工湖建造的。当时，利用伊通河支流"兴隆沟"的水源，建成了一座人工水库，水库容积250万立方米，水面96.8万平方米，广阔的水面成为一大景观。1937年7月，在工农大路西侧修筑了一条高10米、长800米、宽15米的拦河坝后，这座水库始称"南湖"。后来在南湖大路上建起一座横跨湖面的木桥，称"垂虹桥"（今南湖大桥）。1945年，日本投降后，国民党接管了公园。1946年，改称"南郊公园"。1948年，国民党炸毁了"垂虹桥"。1949年，长春解放后，这处公园被命名为"南

▲ 南湖之四亭桥　　　　　　　　　　　　　（赵炳清　摄）

湖公园"。1959年重建南湖大桥。1978年第三次建桥，为钢筋混凝土桥。2017年，第四次建桥，主桥体爆破拆除重建。2018年建成音乐喷泉，迅速成为网红大桥。

新中国成立后，从长白山移植了大批红皮云杉等珍贵树种入园，现有树木品种共计137种，其中常绿针叶树木13种、落叶针叶乔木2种、落叶阔叶乔木63种、藤木5种、落叶灌木52种，共计植株583240株。其中，白桦林、红叶林和荷花池为长春市最具特色的植物观赏景观。

公园内最大的景观当属一望无际的宽阔湖面，以及四亭桥、玉带桥、湖心桥、拱桥、荷花池、千米花道、白桦林、红叶林、长春解放纪念碑等景区。在清澈、宽阔的湖水上，乘坐一叶小船在湖中荡漾，岸上绿柳垂青，湖里荷花争相吐艳，玉带桥、湖心桥、拱桥与四亭桥遥相辉映，曲桥亭榭，十步一景，景景不同。

四亭桥是南湖公园的标志性建筑，它见证了南湖几十年的变迁，是许多人拍照留念的绝佳景点。

荷花池面积约4万平方米，种植了10万余株古荷花、1300株睡莲。每到盛夏，池塘中万朵荷花竞相开放，争芳斗艳，吸引无数游人一睹"芳容"。荷花池在长春久负盛名，是城区内最大的荷花观赏场地，是游人必到的打卡之地。

千米花道位于公园的西北侧，全长约2500米，两侧种植各色花草20余

▲ 早期南湖公园之四亭桥一角（1935）

▶ 南湖之荷花池
　（滕飞　摄）

种。金秋时节,落叶缤纷,满地金黄,人们手拿相机、手机,穿梭在万紫千红、层林尽染的醉人景色之中。

长春解放纪念碑位于公园的东北部,是为了纪念那些为长春解放而英勇牺牲的革命烈士,为向解放长春、建设长春做出贡献的人们致以崇高敬意而专门修建的,彭真为纪念碑题词"长春解放纪念碑",于1988年10月18日长春解放40周年之际竣工落成。

春闻百花飘香,夏沐凉风送爽,秋品红叶醉人,冬赏松柏傲雪。南湖公园是个四季皆景的自然生态公园。

崇德向善——长春德苑

"眼底古人风,若水同清,如山共厚;心中君子气,唯仁不老,有德长春。"这是一副题写在长春德苑正门的对联。

长春德苑原称朝阳公园,老百姓俗称"小南湖"。公园占地面积20.62万平方米,始建于1934年,因毗邻顺天大街(今新民大街),称"顺天公园"。长春解放后,称"民权公园",1949年更名为"新民公园",后改称"朝阳公园"。2015年,在朝阳公园的基础上,改造修建长春德苑,2016年9月9日正式开园。公园以山水园林为载体,采用新中式建筑,设置"一堂、一苑、一轩、一廊、一阁、八亭、十二柱"等主题景观,通过楹联、碑文、雕塑等形式,展示弘扬中华优秀传统文化,传承传统道德理念等社会主义核心价值观,是中国传统文化与古典园林艺术完美融合的文化

▲ 长春德苑正门
（滕飞　摄）

▲ 早期的"顺天公园"（建于1934）

主题公园，是全国第一座社会主义核心价值观主题公园。

　　进入园区，在临水而建的尚德大道上，矗立着铭刻社会主义核心价值观主题词的12尊柱石。园区内设置的尚德阁、忠贤亭、聚孝亭、仁爱亭、重义亭、明礼亭、慧智亭、守信亭、廉敬亭等一阁八亭景观中，集中展示了中国传统文化中的"忠、孝、仁、义、礼、智、信、廉"八种传统道德观及经典历史故事，意在引领人们追思古代圣贤先哲的经典学说和欣赏中国古典文化的艺术之美。楹联文化是园区的一大特色，为征集楹联，长春市开展了向全国征集楹联活动，从9000多件作品中选取52件楹联镌刻在园

▲ 长春德苑群贤雅聚雕塑　　　（滕飞　摄）

▲ 长春德苑十二柱　　　（滕飞　摄）

区中。因此，长春德苑被中国楹联学会确立为"中国楹联文化传承基地"。

在园区内随处可见地雕、塑像、屏风、浮雕上题刻传统文化元素。园区内的假山奇石、小桥流水以及69种植物、3万株树木，开满荷花的人工湖，遍布园区的7400多株杜鹃花，自然完美协调地组成休闲雅致的文化景观，使人们在游园的过程中，接受传统文化的影响。公园还定期举办与传统文化主题相关的讲座等文化活动。

长春德苑，山水相依，文化相伴，文化内涵丰富，主题特色鲜明，是集价值传承、道德教育、文化体验、休闲游览、传承"诗书礼乐"于一体的传统文化主题公园，是长春城市文化建设的新地标。

百年风雨——胜利公园

胜利公园是一座经历了百年风雨的历史文化公园。

胜利公园占地24.5万平方米，从东向西呈长方形，采取自然式布局，人工湖面积2.6万平方米，绿地面积17.5万平方米，其他建筑及道路面积4.4

▲ 胜利公园正门

（赵炳清　摄）

▶ 早期的西公园事
务所（1923）

▲ 垂柳袅娜波面，藕花千朵银塘   （赵炳清 摄）

万平方米，绿化树木71种，绿地率达88%。

　　这里最初有一条自西向东的水沟，俗称"头道沟"。1907年，"满铁"在附属地规划中把这里划定为公园的预留地。这块公园预留地地势高低起伏，且有水道与伊通河相通，有小河穿过一片湿地，湿地周围花草丛生，景色宜人。1910年，在这块地的东北角建起一个培育花卉的温室。1915年4月，"满铁"决定将这块附属地南端343775平方米的土地划为公园，称"西公园"。

1917年，公园开始陆续施工建设，由日本东京帝国大学教授白泽保美设计，利用伊通河支流头道沟的水源将湿地扩大为湖泊，改小河为溪流，挖土叠丘，植树铺路。1921年，首先完成了园内主要道路的修建。1923年，建起了湖泊、假山、小桥、休息亭、厕所等基本设施，并建起一座公园事务所。到1925年，公园陆续修建了壁泉、大花坛、温室、动物舍、棒球场等设施，公园基本建设完成。1928年，把原有木桥拆除，改建成新式铁拱桥；1929年，建成公园正门、动物栅栏、喷水池、四角亭等设施。当时，园内有百年以上的大树1.6万株，树种十多个，还有两棵300多年的菩提树。

国民政府接收长春后，公园改称"中山公园"。1948年长春解放后，改称"胜利公园"。

历经百年风雨的胜利公园，如今是历史文化公园、综合服务公园、绿化彩化公园。公园分为主入口广场区、植物景观区、林地景观区、水系景观区、体育器材健身区和游乐区6个区域。公园还利用保留的原办公旧址设立了一个公园百年陈列室，展示了公园百年的历史沿革。

胜利公园既是长春历史最悠久、经历最复杂，至今仍保持原生态的历史文化公园，也是"三季有花，四季常青"的休闲文化公园。

绿色明珠——儿童公园

被誉为春城"绿色明珠"的儿童公园，是孩子们喜爱的乐园。

儿童公园位于长春市人民大街的中心，占地面积17.69万平方米，水域面积3.8万平方米，是集儿童乐园、休闲娱乐和花卉展览为一体的综合性公园。

公园始建于1933年，因拦截流经此地的黄瓜沟，形成了3.68万平方米的人工湖。1935年6月建成，当时公园占地32万多平方米，水池占地5万平方米，绿地面积15万平方米，植树5万棵，并建有3个网球场、4个硬式网球场和5个凉亭，在西南部还建有一个50米的室外游泳池。

长春解放后，改称"人民公园"，1981年更名为"儿童公园"。园区主要分为花卉展览、漱芳园、玫瑰园和剪型树木园、双龙壁、桥南游乐

▲ 儿童公园　　　　　　　　　　　　　　　（滕飞　摄）

▲ 早期的牝狼雕塑（1938）

区、儿童游乐沙坑等区域。

儿童公园举办花卉展有着悠久的历史，1955年10月，为迎接中华人民共和国成立6周年，举办了长春第一届大型花卉展，展出的主要品种有月季、茉莉、一品红、仙客来、桃花和梅花以及棕榈科植物。几十年来，公园每年在重大节日都要举办花卉展，有梅花展、牡丹花展、杜鹃花展、菊花展、君子兰花展等展览，是喜欢花卉的朋友和摄影爱好者的最爱之地。

漱芳园建于1979年，原名"数芳园"，1998年更名为"漱芳园"，占地面积10560平方米。园内的"百花厅"建筑面积1850平方米，有假山、水池等园林小品，是一座中西合璧的园林景观。园内东西两廊，名曰"长春漱芳园碑廊"，碑廊全部碑刻99方、牡丹碑林刻石23块、楹联16副，这些书法真迹真、草、隶、篆书体具备，风格各异，流派纷呈。

玫瑰园栽植了名贵的玫瑰品种近3万株，剪型树木园栽植了造型树木400余株，突出了玫瑰花和剪型树木的特色。

双龙壁建于1965年，主体为砖混结构，壁顶为琉璃瓦，壁框粘贴琉璃砖，壁面为双龙琉璃浮雕。1976年，因双龙琉璃浮雕损坏严重，将双龙琉璃浮雕改建为哪吒闹海木质浮雕。

桥南游乐区设置了摩天轮、过山车、激流勇进、双层豪华旋转木马等30余种娱乐设施，给儿童带来了无穷乐趣。

儿童游乐沙坑位于公园正门的西南角，是一处趣味性、益智性极强的亲子娱乐空间。占地面积约180平方米，周边铺设草坪500平方米，栽植云杉、红松、美国红枫等珍贵树种及花灌木115株。沙坑内白色的细沙颗粒均匀且环保，孩子们可以在沙坑中尽情地玩耍。

儿童公园既是儿童嬉戏的乐园，也是长春市举办花卉展览和观赏花卉的大花园，是老少皆宜的可游、可赏、可玩的休闲公园。

▲ 小桥流水，风景如画 　　　　　　　　　　　　　　（滕飞 摄）

郁金香园——长春公园

若是花有信，赏花更从容。

郁金香花朵艳丽，花型饱满，落落大方，花香怡人，以其高傲与尊贵的气韵被称为"花中皇后"。

郁金香原产于地中海沿岸及中亚细亚、土耳其等地，是荷兰的国花。在长春就有一个开满郁金香的公园，这就是长春公园。

长春公园占地面积66万平方米，水域面积5.8万平方米，建筑、小品

▲ 长春公园之郁金香花海　　　　　　　　　　（赵炳清　摄）

1.06万平方米，道路、广场面积11.14万平方米，绿化面积48万平方米，绿化覆盖率达73%。栽植树木126种，其中乔木81种、灌木40种、藤本植物5种。公园的前身为西安苗圃，1999年更名为"长春公园"，2000年9月正式对外开放。

公园以植物景观为主，以宿根花卉为特色，以郁金香园、百草园、野花园为主景区，以芍药园、百合广场、欧式广场为副景区。园区花木交融，绿荫环绕，是一座以郁金香为特色的城市森林生态公园。

郁金香园位于公园正南门，是吉林省唯一的郁金香专属园。2010年对外开放，2014年进行升级改造，2015年5月全面开放。新郁金香园栽植面积2万余平方米，种植了近60个品种、百万株郁金香。每到郁金香盛开的季节，红、黄、白、紫的郁金香争奇斗艳，万紫千红。在郁金香园还种植了近1万平方米的草坪，在绿草的映衬下，郁金香的美艳和富贵之气显露无

▲ 竞相开放的郁金香花 　　　　　　　　　　　　　　　　　（滕飞　摄）

遗。每年的四五月份，长春公园都会举办历时1个月的郁金香花展，吸引了成千上万的市民和外地游客纷至沓来，只为一睹郁金香的美艳。

百草园位于园区西南角，占地6万平方米，是吉林省唯一的以中草药为主题的园区。园区利用药用植物多样性的形态和丰富的植物造景艺术，塑造成各种景观，分为星垂月涌、绿屿芳琼、荻舞陶然、杏林春暖、柳韵叠溪、古韵芳踪6个景区。游人在欣赏花草之美的同时，感受"橘井泉香"的中医药文化氛围，领略中医药文化的博大精深。

野花园位于园区西环路以东，占地6.4万平方米，是吉林省规模最大的以长白山野生花卉为主题的园区。园区以春、夏、秋三季观赏为时间轴，利用现代景观，将野生花卉与道路、乔木和灌木等进行艺术融合，创造出优美舒畅的绿色植物画卷，打造出朴素脱俗的原生态之美，游人置身其中，犹如徜徉于大自然中。

芍药园位于公园的东南部，芍药为花相，是我国六大名花之一。园区占地37567平方米，栽植面积16000余平方米。采用自然式栽植手法，栽种了30个品种6万余株芍药。公园将芍药的珍贵品种按一定的几何图形栽植，如五角星、正六边形、心形、葫芦形。芍药花颜色各异，有白、粉、黄、红等色，黄色系是2017年引进的稀有芍药品种。

百合广场占地2000平方米，2010年向市民开放，立即名动春城。百合花素有"云裳仙子"之称。其外表高雅纯洁，其鳞茎由鳞片抱合而成，有"百年好合""百事合意"之意，是中国人自古以来婚礼必备的吉祥花卉。

如果在春暖花开的5月游览长春公园，怒放的百万朵郁金香定会让游客醉卧花海，流连忘返。

国色天香——牡丹园

"唯有牡丹真国色，花开时节动京城。"

牡丹，色、姿、香、韵俱佳，花姿绰约，韵压群芳，被拥戴为花中之王。每年的五六月份，长春牡丹园里花香四溢，游人如织，万朵牡丹花、芍药花争奇斗艳，竞相开放，堪称长春的一大景观。

公园东西狭长呈带状，有河流由西向东贯穿整个公园，向东流入儿童

▲ 牡丹园正门　　　　　　　　　　　　　　　（赵炳清　摄）

▲ 早期的牡丹园（20世纪30年代）

公园。园内名花贵树遍布，尤以牡丹为特色。园内有牡丹1万多株，其中有极为珍贵的绿牡丹、芍药2000多株，从山东菏泽和甘肃引进栽植的牡丹600多株、芍药1000多株，从甘肃引进的紫斑牡丹400多株，并引进了部分国外的牡丹品种。目前，园区牡丹达200多种，近20个色系。

牡丹性喜温暖、凉爽、干燥、阳光充足的环境，耐寒、耐干旱，适宜疏松、肥沃的土壤，最早起源于中原，主要种植在河南、陕西（秦岭以北）、山东、河北、山西、北京及江苏、安徽（淮河以北）等黄河中下游及华北一带，栽培面积最大的是菏泽、洛阳等地。这些地区栽培历史悠久，且品种繁多，花型齐全、花色丰富。东北地区因为寒冷，过去少有牡丹栽培，但近十年来正在形成一股栽培牡丹的热潮，引入的甘肃紫斑牡丹、菏泽牡丹及部分国外牡丹已经在长春安家落户。

牡丹园设为四区六园，四区为块状栽植区，疏林牡丹配置区，草坪牡丹配置区，水、石、牡丹配置区；六园为百年牡丹园、牡丹标本园、紫斑

▲ 花姿绰约的牡丹花 　　　　　　　　　　　　　　（滕飞 摄）

牡丹园、中原牡丹园、国外牡丹园和芍药园。园区以观赏园路自然划分，小桥水景，山石错落，曲径通幽，绿草茵茵。漫游在美如仙境的牡丹花海中，每个人都成了花仙子。

在牡丹花盛开的季节，每天来赏花游园的游客达上万人。这是长春送给市民和中外友人的一场雍容华贵、国色天香的视觉盛宴。

杏花村——裕华园

杏花村，春夏之际，绿草如茵，杨柳垂垂，是长春历史上最早以杏花命名的公园。

据《长春县志》载：杏花村在长春县城西北，距城五里许。原是村民刘殿臣的私产，遍植樱桃、李、杏等树，而以杏树居多，故以"杏花村"命名。杏花村占地四十余亩，高低起伏，前有溪水斜流，自西北向东南流入黄瓜沟。1902年，长春知府王昌炽偶入杏花村，见其风光秀美，景色奇佳，便带头捐款集资将这里买下，将其变成官产。1903年，王昌炽的幕僚秋元朗为此撰写了《杏花村记》，并立了一块石碑，碑文详细记述了杏花

▲ 裕华园正门　　　　　　　　　　　　　　　（滕飞　摄）

▲ 早期的杏花村
（20世纪初）

▶ 怒放的杏花
（赵炳清 摄）

村的重修过程。1916年，吉长道尹公署在此地建造了苗圃。

　　1932年，杏花村被划为"宫廷御造营用地"。1938年，溥仪的"新皇宫"开始动工。同时，将"新皇宫"的北面设为宫苑（御花园），设计为西洋风格的回廊式风景园，东北部和西北部为假山，山下连着宫殿的防空壕，庭院的中央为凹地和水池。

　　长春解放后，这里一度荒芜，成了人们采挖野菜的地方。2008年，长春市政府根据历史背景和地理位置，对园区进行了改造修建。利用其地形、地貌及植被，采用中国古典园林造园艺术手法，结合现代园林设计理念进行了改造。改造后的御花园称"裕华园"，为富裕、繁华之意。

裕华园位于文化广场地质宫北面，占地面积16.40万平方米，绿地面积12.6万平方米，水体面积0.8万平方米，绿地率为80%。园内采用针叶林、阔叶林、针阔混交林、疏林草地和缀花草坪的设计，栽植各种乔木60余种、1000多株，灌木20余种、3000多株。种植观赏价值高的黑皮油松、日本皂荚、白桦、垂柳等树种，还栽植有美人松、黄檗、花楸、青皮槐、假色槭、桑树等珍贵树种。园内以植物造景为主，呈现静、雅、幽的园林特色，曾被中国风景园林学会评为"优秀园林工程奖"。

▲ 裕华园杏林 　　　　　　　　　　　　　　　　　（滕飞　摄）

园区划分为杏林花坡景区、青风揽翠景区、柳映荷塘景区、林荫健身景区和休闲健身景区。园内四通八达，曲径通幽，步移景异。

杏林花坡景区位于花园中部偏北，因历史上以杏花村得名，遂利用园区特有的地形、地貌，种植山杏、海棠、京桃、李子等3000多株。春天来临，杏花烂漫，开满枝头，花香四溢，好一个名副其实的"杏花村"。

青风揽翠景区位于园区中部西侧的山脊上，坡上有两座亭子，站在坡上可俯瞰全园。坡顶保留了原有的针叶树，坡下种植了新的秋色叶树种，呈现出郁郁葱葱、色彩丰富的山林景色。

柳映荷塘景区位于园区中部南侧，利用原有水体和地形，在荷塘里种植了大量的荷花、芦苇，在岸上种植了美人蕉、千屈菜等植物。荷塘上修有一座木质曲桥——卧波桥。漫步园区，柳映荷花、小桥流水，犹如身在画中。

裕华园是个开放式的自然生态园，春夏之际，花园里绿草如茵，杨柳垂金，樱桃、李子、杏子与杨柳红绿相掩映，500多株杏树的杏花怒放飘香，满眼绿柳，看醉了无数游人。

第十四章

分外妖娆的冰雪之都

点燃冰雪——中国长春净月潭瓦萨国际滑雪节

"吉林的雪，飘在空中是美景，挂向枝头是雾凇，捧在手里，就是可以从指缝滑落的粉末，也就是传说中的粉雪，是滑雪发烧友的挚爱。"

长春的冬季温度适宜，雪质松软、积雪期长，是传说的粉雪地。长春是座热恋冰雪的城市，滑冰、滑雪，是人们冬季热烈追逐的户外活动，人们对冰雪运动的热爱和痴迷已深入血液。

2003年3月16日，瓦萨国际滑雪节从其故乡瑞典走进中国长春。长春市

▲ 中国长春净月潭瓦萨国际滑雪节开板　　　　　　（连相如　摄）

政府、瑞典国际定向运动组织、中国滑雪协会共同举办了中国长春瓦萨国际滑雪节。在净月潭国家森林公园里，750多位国内外运动员穿林海，跨雪原，自由穿行在净月潭绵延十几千米的越野滑雪赛道上，有13个国家通过欧洲广播联盟转播了比赛实况。

瓦萨国际滑雪节起源于瑞典，是一项风靡欧洲的冬季群众性体育活动。16世纪初，瑞典王储古斯塔夫·瓦萨号召人民反抗丹麦的高压统治却无人响应，瓦萨便滑雪去挪威寻求帮助。1523年，瑞典人民重获独立，古斯塔夫·瓦萨被推举为国王。1922年，人们仿照当年瓦萨的"千里奔袭"创立了一个滑雪比赛以作纪念，这就是瓦萨国际滑雪节。如今，已有百年历史的瓦萨国际滑雪节，每年都会吸引数万名滑雪爱好者参加，成为全欧洲的经典节日，也是世界规模最大的越野滑雪赛事。中国成为瑞典、美国、日本之外，瓦萨国际滑雪节的第四个常规举办地。

自2003年瓦萨国际滑雪赛事落户中国长春后，长春每年都要举办长春净月潭瓦萨国际滑雪节。2010年，来自23个国家的5000余名中外滑雪爱好者聚集在这里，将激情与活力一起绽放。2013年，来自32个国家和地区的上万名运动员和滑雪爱好者，以及长春各大高校上千名大学生纷纷加入净

▲ 来自世界各地的滑雪爱好者　　　　　　　　　　（赵炳清　摄）

月潭瓦萨国际滑雪节，尽情享受冰雪带来的无穷乐趣。2014年，净月潭瓦萨国际滑雪赛正式加入世界罗佩特运动组织，来长春参加滑雪的国家和运动员越来越多。

"点燃冰雪激情，传递冬奥梦想。"2020年12月29日，第十九届中国长春净月潭瓦萨国际滑雪节如期开幕。受疫情影响，一些外国选手不能前来参加本届净月潭瓦萨国际滑雪节，在开展线下比赛的同时，同步开启了中国长春净月潭瓦萨国际滑雪节线上赛，以虚拟的比赛形式邀请外国友人及滑雪爱好者在越野滑雪板、越野滑轮、滑雪器材上进行比赛。

历经近20年的发展，中国长春净月潭瓦萨国际滑雪节已经成为国际知名的体育品牌和国内冬季著名的越野滑雪赛事活动，亚洲越野滑雪积分赛、国际雪联越野滑雪世界杯赛、国际雪联越野滑雪中国巡回赛等重大赛事相继在长春举行。

长春，以雪国著称，以冰雪之名走向全国，名扬世界。

激情冰雪——长春冰雪新天地

冰雪，冬天的精灵。戏雪，特别酷爽。

长春冰雪新天地位于长春市莲花山生态旅游度假区，总占地面积156万平方米，是国内一流的超大型滑雪游乐园，也是目前世界体量最大的冰雪乐园。

每年的12月12日，是长春冰雪新天地的嘉年华，26万立方米的冰雕组

▲ 长春冰雪新天地 　　　　　　　　　　　　　　　　（滕飞　提供）

群，36万立方米的用雪量，12万立方米的千米雪雕长卷，512.6米长的激情大滑梯，这是长春冰雪新天地带给游人的雪国惊艳。

　　2021年12月12日，"长春冰雪喜迎冬奥"第25届长春冰雪节在莲花山冰雪新天地盛大开幕。景区为弘扬百年党史，展现冰雪冬奥，设置了雪念百年、冰迎冬奥、长春情缘、追梦起航、激情乐冰、花灯祈福六大主题。景区冰雪单体建筑160个，冰雪游乐空间67万平方米，冰雪游乐项目40多项，各式冰雪滑梯60多条，不仅有世界最长的冰滑梯，也有趣味小滑梯、冰雪迷宫、冰上漂移、冰上战车、冰上坦克、冰上碰碰车、冰上自行车等各式冰雪项目。其中最亮眼的是高21米的"雪念百年"千米雪雕长卷、高46米的冰迎"冬奥主塔"、宏伟壮观的冰雕"复兴楼"、电影主题的旋转

滑梯，以及最受欢迎的激情大滑梯。

激情大滑梯全长512.6米，在2020年第二届长春莲花山冰雪节上，被世界纪录认证权威机构（简称WRCA）认证为"世界最长的冰滑梯"，是世界上独一无二的最长冰滑梯。这条超长冰滑梯将让游人尽享从无痕雪山呼啸而下的极致体验，体会冰雪交融的畅滑激情。

最大规模的冰雪主题健身操，被称作"硬核运动"，这是2020年"筑梦冰雪 相约冬奥"第二届全国学校冰雪运动竞赛暨冰雪嘉年华和吉林省暨长春市"百万学子上冰雪"主题活动。活动上，主、分会场同步联动，遥相呼应，长春各学年段学生在校园内同一时间与主会场内的健身操运动员一起完成冰雪健身操，成为一场规模盛大、活力四射的冰雪运动，创造

▲ 长春冰雪新天地大型冰雕　　　　　　　　　　　　　　　　（滕飞　摄）

了又一项世界纪录。

　　景区每天还举办极光秀、恐龙腾云、萌宠马戏冰雪巡游、冰雪DISCO（迪斯科）等各种演艺活动，打造了集冰雪观光、冰雪游乐、冰雪娱乐、冰雪研学、冰雪科技为一体的"冰雪+"深度游模式。冰雪新天地成为名副其实的冰雪上的东方迪士尼乐园。

　　赏冰雪奇观，惊艳！玩冰戏雪，过瘾！滑黄金粉雪，刺激！住热乎火炕，暖和！冰雪运动，总会让你热血沸腾！来长春冰雪新天地撒把野，定会让你大呼过瘾，乐而忘返。

冰雪赛场——莲花山世茂滑雪场

穿越在白雪皑皑的山峦间，驰骋在耀眼的白色雪道上，享受搏击大地的动感与刺激，是每个人对滑雪的向往。

莲花山世茂滑雪场位于长春莲花山生态旅游度假区，雪地面积6平方千米，距离长春市区仅30千米，距龙嘉国际机场仅20千米，是距城市中心最近的综合性滑雪场。

莲花山世茂滑雪场是2007年第六届亚洲冬季运动会的备用场地，2004

▲ 莲花山世茂滑雪场 　　　　　　　　　　　　　（滕飞 摄）

年12月建成并投入使用。滑雪场现有11条滑雪道，其中4条初级道、2条中级道、5条高级道，雪道面积20万平方米，雪道全长13340米；另建有按国际标准设计的"自由式空中技巧"和"单板U形槽"滑雪场地各一处，可承办世界级空中技巧滑雪比赛；有2条客运索道，1条是投资4969万元的国际最先进的脱挂式索道，另一条是从法国进口的POMA（波马）索道，有4条滑雪魔毯。设有运动员中心，可同时接待350人住宿和600人用餐。

作为一个为国际赛事准备的滑雪场，它保持了专业比赛的基因和素

▲ 小小滑雪健将 （滕飞　摄）

质，先后举办过各种国际冰雪赛事：2019年承办了"2018—2019年度国际雪联自由式滑雪空中技巧世界杯决赛"，此项比赛是单项滑雪世界顶级赛事，也是我国境内举办的最高级别的国际单项赛事；同年，还承办了第二届全国青年运动会自由式滑雪空中技巧决赛、全国自由式滑雪空中技巧锦标赛等，以及吉林省大众高山大回转滑雪比赛、吉林省青少年及幼儿滑雪挑战赛、吉林省青少年冰雪闯关娱乐赛、长春市青少年大众滑雪大奖赛等省市级冰雪比赛近10场。此外，中国国家自由式空中技巧滑雪队6次在莲花山世茂滑雪场驻训并参赛。滑雪场还承办了世界单板日活动13次、高山大众滑雪比赛30多次。

莲花山滑雪场作为冰雪培训基地，是吉林体育学院冰雪教学基地、长春市青少年滑雪培训基地、长春市体育局冬季运动管理中心训练基地、长春市青少年户外冰雪活动基地、长春市中小学冰雪冬令营基地等，也是目前国内唯一一个具备灯光夜场的专项训练基地。

莲花山世茂滑雪场先后获得国家体育总局颁发的国家体育产业示范项目殊荣，国家冰雪运动中心颁发的国家冰雪旅游人才培训基地称号。

莲花山世茂滑雪场是集竞技比赛及大众旅游滑雪为一体的滑雪胜地，也是家庭雪域度假、家庭亲子滑雪的乐园。这里专门设置了儿童滑雪区域，配备了全程专业教练，为初级滑雪爱好者准备了初级雪道，还设有雪地摩托、雪上飞碟、冰上滑梯、马爬犁、狗爬犁和网球等20多种雪趣运动项目。

莲花山世茂滑雪场既可提供专业标准的比赛雪道，给游人带来风驰电掣般的快感，又可让你畅享温馨的亲子滑雪、戏雪乐趣。欢乐驱走严寒，冰雪温暖全家，快来莲花山与冰雪相会吧！

冰雪基地——天定山滑雪场

冰雪，是冬天里的期盼，是孩子们的最爱。

天定山滑雪场是培训冰雪健儿的滑雪基地，也是距市区最近、规模最大、雪道最多的滑雪场。

天定山滑雪场坐落在长春市莲花山生态旅游度假区核心地带，距长春城区和机场均为15分钟的车程。占地面积80万平方米，拥有18条初、中级雪道，全长7000米，可共5000人同时滑雪。雪场配备了最优级的雪具，有3500套意大利进口雪具，2000套雪盔、雪服。这里不仅有适合初学者练习的坡度在10至20度的平缓雪道，更有24度具有挑战性的高级雪道，雪道落差达120多米，是冰雪发烧友的不二选择。

▲ 天定山滑雪场

（滕飞 摄）

▲ 天定山滑雪场夜景 （滕飞 提供）

　　这里最具特色的天定山滑雪学校，是一所非常专业的滑雪学校。配有专业教练队伍，教练由120余名竞技滑雪运动健将和专业退役运动员组成，有来自美国、瑞士、日本、法国、奥地利等国家的高级教练，部分教练还获得了奥地利萨尔斯堡滑雪协会颁发的滑雪等级证书并持有美国一级教练员证照。学校按照国际标准制定教学大纲，设有滑雪技术初、中、高级课程，还推出以大众滑雪为标准的基本教学、中级教学、竞技教学等课程。这里还是长春市中小学生滑雪、研学基地，是长春市青少年户外冰雪活动基地、长春市中小学冰雪冬令营基地、长春市青少年校外冰雪活动基地，未来的冰雪冠军将从这里起飞。

　　天定山滑雪场不仅是专业人士的滑雪培训基地，也为不同滑雪爱好者提供滑雪需求。天定山滑雪场配置了2条全长超过1600米的4人吊椅缆车、1条雪地摩托雪道、1条单板追逐雪道、2条趣味雪道、3条魔毯，让游人尽享新奇、有趣的冰雪体验。在开设日场滑雪的同时，还专门开设了夜场滑雪。在灯光璀璨的夜色中，身披月光，从雪山上直滑而下，在冰雪与灯光的交融中尽情地放飞自我，让游人真正地爽到畅快淋漓。

　　滑雪，动感强烈，富于激情，一旦爱上，定让人欲罢不能。

速度冰雪——庙香山滑雪度假区

从山顶俯瞰冰冻的世界，从无痕雪山上呼啸而下，这种激情与速度的极致体验，是庙香山滑雪场带给游人的最美、最爽、最有速度的滑雪体验。

庙香山滑雪度假区位于长春市九台城区西南部，与长春新区毗邻，是吉林省长吉冰雪圈的重要节点，距龙嘉国际机场17千米，距长春市39千米，距吉林市55千米，从长春乘坐高铁20分钟即可到达，交通十分便利。是集温泉、冰雪、民俗、康养为一体的国家级旅游度假区。

庙香山是长白山余脉大黑山山脉，主峰海拔497米，最大落差248米，是长春海拔最高的山峰，自然生态覆盖率高达87%，各类植物322种，富藏

▲ 整装出发的雪娃们 　　　　　　　　　　　　　　　（张丹蔚　摄）

冰雪、温泉资源，为东北苗木花卉之乡。每年冰雪覆盖期长达4个月，积雪期长、雪质好、温度适宜，独特的自然地理与气候条件使其成为冰雪竞技运动的最佳场地，更是冰雪旅游度假的天堂。

庙香山温泉滑雪度假区总规划面积70平方千米，建成区面积7平方千米，每日可同时接待5000人滑雪。滑雪场规划高山雪道42条，总铺雪面积108万平方米。

2013年11月14日，中国北京正式申办2022年冬奥会。为助力2022年北京申办冬奥会，11月下旬，庙香山滑雪场正式运营，举办了"全民运动庆冬奥，万人冰雪免费行"大型公益活动。2014年1月5日，庙香山举办了"首届中国长春庙香山滑雪音乐节"，掀起了冬季冰雪运动的高潮。

到2017年，度假区投资7亿元，完成了庙香山滑雪、山地运动等项目建设。这里设有高山雪道15条，总长度14千米，雪道总面积25万平方米，越野雪道12千米、6人拖挂式高速架空索道1条、双人吊椅索道1条、拖索1条、880米的魔毯5条，造雪系统覆盖5千米。开放有初、中、高级雪道，无论是专业人士、发烧友、业余爱好者，还是从未滑过雪的人，都可以从中感受到不同的乐趣。此外，还在冰雪游乐区设有雪地足球、雪地坦克、雪地曲棍球、冰上碰碰车、冰上保龄球、马拉爬犁等几十种娱乐项目。

2021年3月14日，为助力2022年北京冬奥会，响应"三亿人参与冰雪运动"的号召，庙香山滑雪度假区举办了"助力冬奥会　全民向前冲""庙香山雪地光猪狂欢节"，众雪友穿着各式奇特有趣的服装，以独特的创意拥抱冰雪，在冰雪的世界里恣意狂欢。

庙香山滑雪度假区以丰沛的冰雪资源、富集的温泉资源、优越的地理位置、便捷的交通、独特的气候，成为众多滑雪爱好者最热爱的滑雪旅游胜地，被雪友们亲切地称为"长春人的阿尔卑斯山"。

庙香山夜场滑雪，被雪友们捧为网红打卡点。在梦幻般的灯光下，踩着丝一般顺滑的粉雪，雪板划开雪面如同掀起了浪花，身体随着山峦起伏，飞一样直冲山下。这一刻，冰雪的激情与速度尽在不言中。

森林冰雪——净月潭滑雪场

净月潭滑雪场拥有独一无二的5A级旅游景区的清新滑雪体验。

净月潭滑雪场坐落在净月潭国家森林公园内，空气清新、雪质松软、雪道适中，是享受旅游、体验滑雪、畅玩戏雪的首选之地。无论是大学

▲ 净月潭滑雪场 （滕飞 摄）

生、儿童，还是外地游客、滑雪爱好者，如果想体验冰雪的快乐，那就来净月潭滑雪场体验一下旅游时滑雪的乐趣吧。

这里不仅拥有高空索道和长达1616米的世界第一的管轨式滑道，还设有滑雪摩托、滑雪圈、狗拉雪橇、马拉爬犁等众多儿童喜爱的雪上游乐项目。这里还经常举办一系列的冬季冰雪活动，如果遇上瓦萨国际滑雪节，滑雪爱好者以及游客不仅能欣赏到世界高水平的精彩赛事，还有机会和世界顶级滑雪健将同场竞技。

在冰雪世界里，能让人一边呼吸着亚洲最大人工林海纯净的空气，一边体验滑雪的激情与刺激，只有在净月潭滑雪场才能享受到。

冰雪长春——第六届亚洲冬季运动会

"北国风光，千里冰封，万里雪飘。"北国冰雪的磅礴气势，赋予长春雪国的魅力。长春申办第六届亚洲冬季运动会，是缘于这座城市对冰雪的热爱。

2007年1月28日，第六届亚洲冬季运动会在长春五环体育馆隆重开幕。伴随着亚奥理事会会歌和第六届亚洲冬季运动会会歌，亚奥理事会会旗、第六届亚洲冬季运动会会旗冉冉升起，和鲜艳的五星红旗一起高悬在体育馆上方。随着取自长白山的圣火点燃，大型文体表演《冰雪长春》开始，向世界展示了东北人"大山撑骨架，大雪铸灵魂"的豪迈性格。这一刻，长春为亚洲呈现了一届精彩绝伦的冰雪运动会。

▲ 第六届亚冬会开幕式 　　　　　　　　　（连相如　摄）

　　亚洲冬季运动会，是亚奥理事会主办的综合性冬季体育赛事。

　　第六届亚洲冬季运动会是2008年北京奥运会前我国举办的规模最大的国际综合体育盛会，是2008年北京奥运会的前奏和序曲。国家主要领导人、亚洲各国元首及政要、亚洲奥林匹克理事会主席及官员，亚奥理事会45个成员国和地区全部参加了本届亚冬会。全球各主要传媒机构云集北国春城，中央电视台进行了全程直播，日本、韩国等众多国外媒体与国内的多家省市电视台、平面媒体、网络等新闻机构同步对赛事进行了现场直播和新闻报道。中国长春，因第六届亚洲冬季运动会而扬名亚洲。

　　第六届亚洲冬季运动会共设5大项10分项47小项比赛，参赛运动员810人，是亚洲冬季运动史上规模最大的一次冰雪赛事。本届亚冬会最大的特色是倡导民众参与冰雪运动，体验冰雪运动快乐，培养少年儿童体育竞技精神和优良的意志品质，让公众感受体育精神，提高公众体育意识，推动全民健身运动。

　　第六届亚洲冬季运动会让长春将东道主的热情与活力展现给世界，向世界展示了长春，让世界走近了长春、认识了长春。从此，冰雪点燃了长春的运动激情。

冰雪盛会——吉林雪博会

一种颜色，万种风情。

"冬奥在北京，体验在长春。" 2021年12月18日，第六届吉林国际冰雪产业博览会（简称"雪博会"），在长春、通化、白山三地同时启幕，长春的主题是"长春冰雪，喜迎冬奥""冬奥在北京，体验在吉林"，一场全民参与的冰雪盛会全面拉开。

吉林雪博会是全国首个以雪为主题的博览会，自2016年始创以来，已连续举办了5届，累计吸引27个国家和地区及国内15个省份的2000家参展品牌，为冰雪产业和冰雪经济提供了广阔的平台，是东北地区最具规模和影响力的冰雪旅游展会。

2019年12月12日，第四届吉林雪博会暨第二十三届长春冰雪节隆重开幕，这是国内唯一以雪为主题的规模最大的冰雪盛会。这届雪博会展览总面积10万平方米，其中室内展览面积6万平方米，设标准展位3448个，设置有冰雪盛典馆、冬奥馆、冰雪艺境馆、冰雪装备及冰雪体育馆、冰雪长春馆、冰雪驾乘馆、冰雪城市馆、礼遇吉林第一书记代言馆等八大主题展馆。室外展览面积4万平方米，分为主雪雕、吉林民俗景观广场、红旗品牌冰雪试驾、CS雪地精英赛、冰雪游乐体验场、冰雪体育赛事等6大板块。这届雪博会的最大亮点是：一是首次将冬奥元素引入雪博会，冬奥主题馆的冬奥吉祥物雪容融回到了故乡；二是文化和旅游充分融合，国内有36家知名博物馆参展，将浓厚的传统文化、清新的现代创意设计和精美的博物馆文创带到了雪博会；三是旅游与扶贫、商贸充分融合，举办了"冰雪界的思想盛会——从冰雪产业走向冰雪经济高峰论坛"，以及吉林省各地以第四届雪博会为代表的8大系列600余项文化、旅游、体育等活动，实现了旅游、文化、体育、商贸、农业五大产业融合发展。

2021年举办的第六届吉林雪博会，突出全域、全民、全时段沉浸式冰雪体验，以长春市为主阵地，在全省重点商圈、热门度假区设置十多个分会场，展示吉林丰富的冰雪旅游资源。雪博会已经由冰雪旅游唱主角，到冰雪旅游、冰雪体育、冰雪文化、冰雪商贸共同助力，发展成智慧冰雪、冰雪人才、冰雪装备制造等冰雪产业链。

在银色的冬天里，让我们在长春相遇。

▲ 第六届吉林雪博会　　　　　　　　　　　　　　（赵炳清　摄）

第十五章

沃土良田　天下粮仓

藏粮于地——黄金玉米带

黑土丰腴，国家大粮仓。

土地哺育世间万物，是国家的根本命脉；而黑土更是地球赠予人类的宝藏，是世界上最肥沃的土壤，是滋养粮食生长的绝佳温床，被称作"一两黑土二两油"，中国耕地中的"大熊猫"。

黑土，土层深厚，土质疏松、肥力高，氮、磷、钾等有机质含量是黄土的10倍，是最适宜农耕的土壤。全世界仅有三大黑土地，主要分布于乌克兰大平原、美国密西西比河流域、中国广袤的东北平原。而中国东北黑土区主要分布在吉林省和黑龙江省中东部平原。长春平原，地处松辽平原

▲ 黄金玉米带 　　　　　　　　　　　　　　　　（程延喜　提供）

腹地，沃野千里，是世界著名的三大寒带黑土地之乡，黑土区耕地面积占全市耕地总面积的95.87%，是世界三大黄金玉米带的核心区域。2020年，长春市成为面积在全国省会城市中排名第三、人口960万的特大城市。从长春市农业科学院提供的数据看，"根据第三次全国国土调查和第七次人口普查统计，截至2021年，长春市辖区面积24592平方千米，耕地面积2737.79万亩，黑土地面积2597.76万亩，保护性耕作面积1057万亩，高标准农田建设906.12万亩；农业人口308.78万，涉农乡镇街164个，行政村2096个，人均耕地3.02亩，粮食播种面积2353.68万亩，粮食产量247.3亿斤，人均占有粮食2727斤"，是全国名副其实的农业大市。

长春，凭借得天独厚的黑土资源，粮食综合生产能力达到247亿斤，用全国近1.4%的耕地，生产了全国近1.8%的粮食，在全国十大产粮县中，长春的榆树、农安、公主岭排在前三位。长春，成为国家重要的商品粮基地，

▲ 麦浪滚滚 　　　　　　　　　　　　　　　　　　（程延喜　提供）

▲ 大豆飘香　　　　　　　　　　　　　　　　　　（程延喜　提供）

是令世界瞩目的黄金玉米带和大豆之乡，因此，被誉为"天下第一粮仓"。

　　长春，还是我国优质大米的主要生产基地，好山好水好生态生产出的长春有机大米香甜可口，米饭飘香，是公认的最好吃的大米之一，因此摘得"中国优质粳米之都"的桂冠。

　　2020年6月，在吉沪两地同时开启的吉林大米上海行"云推介"活动上，吉林大米、鲜食玉米、五谷杂粮受到南方朋友的热烈追捧，在线观看网友达200万人，达成大米购销协议2.72万吨，成交金额2.25亿元。吉林大米成为网红品牌。2021年5月，在北京举办的第十一届中国国际现代农业博览会上，来自黑土地长春公主岭的鲜食玉米、榆树大米、德惠小町米、九台贡米等纯正农产品备受青睐，长春企业带到博览会的农产品被抢购一空。

　　金秋时节，在长春沃野千里的黑土地上，稻浪翻滚、棒穗金黄、果蔬飘香，到处是生态农业大丰收的壮美景象。

保护粮仓——吉林省农业科学院

黑土之上，长春农业科研的脚步从未停歇。

吉林省农业科学院位于长春市生态大街1363号，1959年成立，是吉林省政府直属的以应用研究为主的综合性农业研究机构，为中国农业科技东北创新中心，是黑色土地、富饶粮仓的"保护神"。

吉林省农业科学院的前身是1913年建立的"南满铁道株式会社"公主岭农事试验场；1946年，国民政府接管，改名农林部东北农事试验场；1948年，东北解放后，建立东北行政委员会农业部公主岭农事试验场；1950年改为东北人民政府农林部农业科学研究所之一，是当时新中国接收

▲ 吉林省农业科学院公主岭院区正门　　　　　　　　　　　　（杨铭　摄）

▲ 吉林省农科院公主岭院区历史建筑 　　　　　　　　　　　　　（杨铭 摄）

的三个成建制专门农业科学研究所；1953年改称东北行政委员会农业局东北农业科学研究所；1954年改称农业部东北农业科学研究所；1958年改称中国农业科学院东北农业科学研究所；1959年成立吉林省农业科学院。2004年成立中国农业科技东北创新中心。

　　吉林省农业科学院占地面积817.4万平方米，其中，公主岭院区552万平方米、长春院区16.8万平方米、洮南试验站132万平方米、海南科技实验基地73.2万平方米、范家屯试验地43.4万平方米。学院拥有18个研究所、1个试验地综合服务中心、1个科学实验基地、11个综合试验站，科技人员844人，高级研究人员429人，有173人次获得省级以上荣誉称号；拥有玉米、水稻、大豆、高粱、梨、肉牛、肉羊、绒毛用羊、牧草、乳品加工等15类产业，有玉米、肉牛、葡萄、麻类、谷子、食用豆、向日葵、花生、甜菜、燕麦、荞麦等综合试验站11个。

　　主要研究领域有畜禽育种与生产技术、动物生物工程、动物营养与饲料、草业科学、兽医学、玉米种质资源、玉米育种、新育种方法研究、水稻品种资源、水稻遗传育种、杂交稻育种、水稻栽培与耕作、大豆种质资源、大豆遗传育种、大豆杂种优势利用、大豆栽培、生物及分子植物病理学、农业昆虫研究与利用、生物农药、土壤、食品工程等几十个门类。

　　几十年来，吉林省农业科学院在科技创新上取得了无数科研成果：培育的我省第一个玉米双交种、单交种及系列玉米品种，为吉林省及东北地区玉米产业发展做出了历史性贡献；春玉米技术全国领先，大豆杂种优势利用研究达到国际领先水平；培育出了世界第一个大豆杂交种"杂交豆1号"；规模化植物转基因技术达到国际先进水平；培育出了草原红牛、松辽黑猪、细毛羊等优级品种；自主研发的畜禽用呼吸测热系列装置，填补了国内该领域的空白，整体技术达到国际先进水平。

　　吉林省农业科学院先后获得一系列科研奖励：获得授权专利491件，育成并通过审定动物新品种546个，获得植物新品种权194件，获得各类成果奖励396项；国家级奖12项，省部级科技奖271项。仅2021年，就有5项科

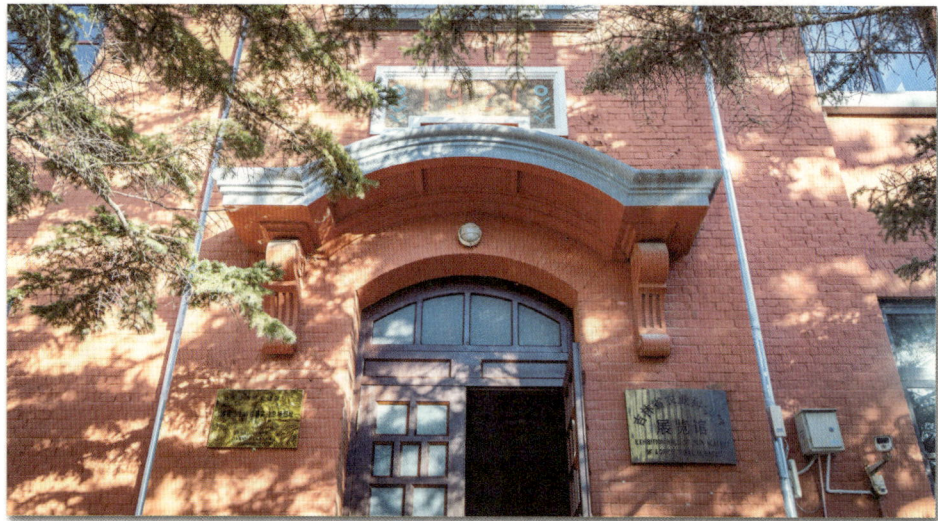

▲ "满铁"公主岭农事试验场旧址　　　　　　　　　　（杨铭　摄）

研成果获得吉林省科学技术奖一等奖，8项成果获吉林省科学技术奖二等奖。吉林省农业科学院广泛开展对外科技交流与合作，与美国、丹麦、荷兰、英国、俄罗斯、白俄罗斯、澳大利亚、日本、韩国、西班牙、波兰、芬兰、乌克兰等多个国家的科研机构、大学和企业建立了科技合作关系。

吉林省农业科学院在肥沃的黑土地上，保护着国家的黑土粮仓，并以科技赋能，为保障国家粮食安全做出了重要贡献。

农业大观园——长春农业博览园

长春农业博览园（简称"农博园"），黑土地上的智慧农业大观园。其位于长春净月高新技术产业开发区，毗邻净月潭国家森林公园。园区规模宏大，是国内一流的现代农业科技园区，国家4A级旅游景区，全国科普教育基地，长春市"新十五景"之一，是集旅游、度假、休闲、会展、农业推广于一体的综合性农业博览园。

农博园建于2008年，园区占地面积106万平方米，建筑面积32.485万平方米。由中信华南集团投资17.5亿元建设，总体规划设计由曾为德国汉诺威世博会规划设计的德国阿尔伯特规划设计公司担纲。室外功能展区规划设计由东北公司东勘建筑设计院和上海同济城市规划设计研究院规划设计。

园区分为展馆区和展场区。展馆区占地27万平方米，分为五部分：1.主辅展馆有5个展厅，设有2000多个国际标准展位；2.关东（吉林）农耕

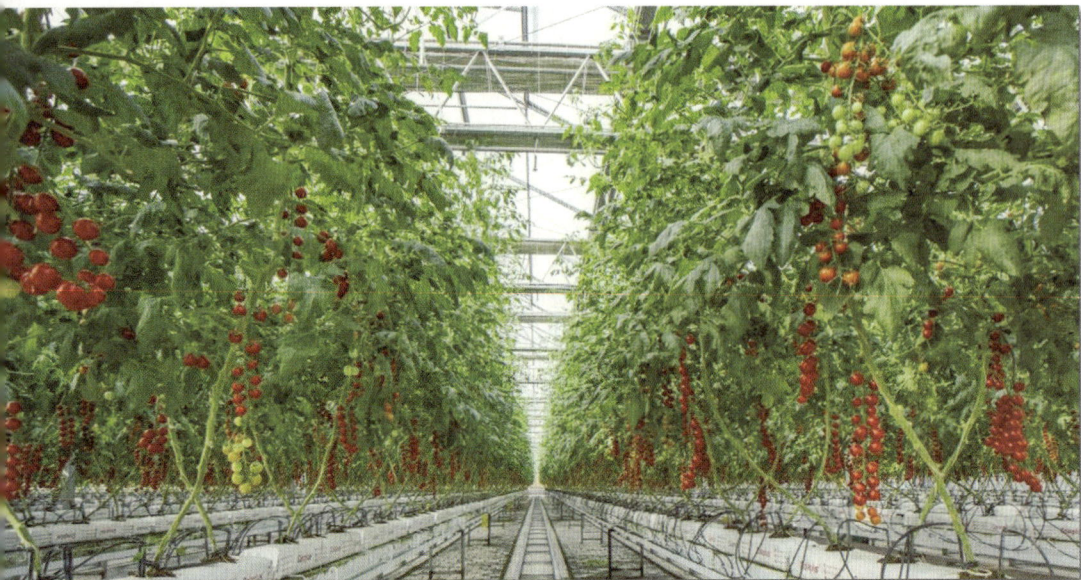

▲ 农博园无土栽培　　　　　　　　　　　　　　（高悦华　提供）

民俗文化展厅；3.农机展区；4.游客服务中心；5.主广场及草坪等配套区。

　　展场区占地面积79万平方米，设有八大展区：1.现代种植业展示区，占地13.4万平方米，包括5个现代化温室和17个露地种植区；2.精品畜牧业展区，占地面积4.2万平方米，设有畜禽精品展、标准化畜禽舍展、珍禽宠

▲ 农博园的试验田　　　　　　　　　　　　　　（高悦华　提供）

▲ 葵花朵朵向阳开　　　　　　　　　　　　　　　（高悦华　提供）

物展、标准化饲养技术展和花鸟鱼展、克隆动物展等；3.生态观光园；4.新农村住宅展区，占地2万平方米；5.国家级菌菜基地，占地面积1.5万平方米；6.高新设施农业展示区，占地面积10万平方米，包括温室及果树区；7.君子兰花卉生产基地，占地面积1.5万平方米，有11栋温室；8.锅炉房及其配套设施区等。

农博园依托吉林农业大学的科研力量，通过生产与展示相结合、培训与贸易相结合、质量认证与物流相结合，打造了完善的"三农"服务体系，定期在每年8月举办大型长春农业博览会，打造农民的节日，并在展会期间邀请国内外著名专家举办现代农业论坛，搭建农产品交易大平台，全面推进农业振兴，加快农业农村现代化，全方位展现吉林农业的魅力和风采。

农业之花——中国长春国际农业食品博览（交易）会

长春农博会，中国农业的奥斯卡。

每年的金秋9月，令人期盼的中国农业盛会——中国长春国际农业食品博览（交易）会（简称"长春农博会"）都会如约而至。

长春农博会创办于2000年，是集农业经贸交流、农产品展示展销、现代农业科技示范、农业科普教育、农业旅游观光、农民及市民文化娱乐于一体的国际知名、国内一流的大型农业综合性展会。农博会创办之初即为高起点、高规格，先后荣获"中国最具影响力的十大专业品牌展会""中国品牌展会金鼎奖""全国最具影响力政府主导型展览会"等无数奖项，长春农博会已成为宣传展示吉林及长春农业的窗口，是吉林省和长春市的

▲ 第21届长春农博会　　　　　　　　　　　　　　　（滕飞　摄）

▲ 长春农博会人潮涌动　　　　　　　　　　　　　　（高悦华　提供）

一张城市新名片。

　　2022年8月18日，第二十一届长春农博会在长春农博园隆重开幕，这是国家级的农业博览会，由农业农村部、吉林省人民政府、长春市人民政府共同主办。这届展会的主题是"发展数字农业、引领产业发展、增强交易功能、助力乡村振兴"。展会主要展示农业高新科技成果，搭建农产品交易平台，实现农业高质量发展，保障国家粮食安全。展会实行线上线下相结合的展览模式，线上展区分为品牌展销与设施装备、产业示范与科普教育、经贸论坛与赛事活动三大板块，推出了吉林省品牌农业、数字农业及国际产品、农业装备、大田技术模式、精品畜牧业、"奋进新征程"等32项主题及展示活动内容，吸引了众多客商和市民前来对接洽谈、游览和购物。

▲ 长春农博会农机具展 　　　　　　　　　　　　　　　（滕飞　摄）

　　本届农博会重点突出了农业科技创新成果，围绕吉林省"千亿斤粮食""千万头肉牛"工程、"十大产业集群"建设等，着力在农业现代化、信息化、农产品加工一体化方面做好示范展示，围绕黑土地保护、精准农业、绿色农业等领域，推广可复制的经验模式，并展示了数字技术在农业全产业链中的应用与创新。展会以数字经济赋能农业高质量发展为目标，开展"云展示""云交易""云推介""云咨询""云服务"等，打通农业全产业链条，实现线上线下深度融合的"10+365"会展新模式，打造展贸融合的生态服务平台，构建全国统一大市场。

　　展会中最大的亮点是"奋进新征程""建设新吉林"两大主题馆。"奋进新征程"主题馆，以"吉迎二十大，奋进新征程"为主题，用蔬果谷物搭建起红色景观，从革命年代到建设时期，从改革开放到建党百年，充分展示了中国共产党波澜壮阔的奋进历史征程。"建设新吉林"主题馆，运用现场种植和景观造型组成中国一汽、中车长客、黄金玉米带、吉林大米、黑土地、吉林雾凇、梅花鹿、人参、木耳、吉林一号等30多组景观展示现代化吉林振兴发展的新篇章。

走进农业装备展区，来自国内外232家大型企业的5.6万台"金刚"农机具尽显神威，耕种收全程农机化配套机械、植保机械、储运加工机械、农业工程施工机械及大型农机具一应俱全。特别显眼的是，黑土地保护机械展区里的自走式玉米收获机、圆草打捆机、秸秆全量还田联合整地机、秸秆饲料收集机、免耕指夹式精量施肥播种机等等，让人看得眼花缭乱。这些保护黑土地的全程农业机械化装备贯穿到农业全产业链、耕种收整个过程，让人不得不惊叹农业装备现代化的速度之快。

在占地10000平方米的优良农作物品种示范园，展示的是玉米和水稻优良品种。"玉米主播"成为本届农博会的亮点，在农业展区现场，十多位"玉米主播"在玉米地里进行现场直播，介绍推广东北地区最新的玉米品种，同时把新产品、新技术、农业知识传播给农户。"玉米主播"拥有大量的农民粉丝朋友，有的主播粉丝达20万。

在农村人居环境展区，现代化的新农村高科技非常吸引眼球。展区占地6000平方米，展示了美丽宜居的农宅设计，有现代化的日光温室，以园艺手法种植蔬菜、花卉、苗木，并重点展示了示范农村厕所改造、农村垃圾污水处理、新型环保材料建房等新技术、新产品、新成果，推动美丽乡村建设。

农博会上的趣味运动会更是吸引了众多的观众，让农民乐开怀。来自长春市15个县市区代表团的600名农民运动员进行了才艺绝活表演。运动会上有农民抱着冬瓜赛跑、推着小车运粮、速度插秧、拉大锯、背媳妇跑、回娘家、抢粮进仓、老鼠偷米等10个单项赛，还有抢种抢收接力、庆丰收赛龙舟、集体奔小康、拔河等4项集体比赛。趣味运动会，让农民兄弟在欢声笑语中尽情享受比赛的快乐和丰收的喜悦。

▲ 农博会上的"玉米主播"　　　　　　　　　　　　　　（滕飞　摄）

8月27日，历时10天的长春农博会落下帷幕，观展人数达68万人次，线上观展点击量5000万人次，吸引了1500家本省及国内其他地区名优农产品企业参展，现场交易额达3.3亿元。

据统计，长春农博会举办21年，参会参观人数累计超过3168万人次，招商引资签约项目2422个，签约金额累计超过3000亿元，实现现场交易额130亿元。

长春农博会栉风沐雨21年，如今正值风华正茂。祝愿这朵绽放在黑土地上的"农业之花"越来越娇艳，越来越魅力无穷。

"仙鹿下凡"——双阳梅花鹿

梅花斑斑，鹿鸣呦呦。

神鹿，赋予了吉林长春这片黑土地无限的神奇与灵气。长春市双阳区位于长春东南部，面积1677平方千米，优质耕地面积70161公顷，人均占有耕地0.3公顷。森林覆盖率达15.73%。河湖水脉资源丰富，有大小河流

▲ 戴耳牌的梅花鹿 　　　　　　　　　　　　　　（程延喜 提供）

28条，地下水总储量12亿立方米，有"地下水库"之称，是长春的生态绿脉，是国家级生态示范区。

双阳地势平坦，土质肥沃，水源充足，山清水秀的环境是梅花鹿栖息的家园，也是梅花鹿最佳的繁育基地。双阳有300多年养殖梅花鹿的历史，有仙鹿下凡的传说，是我国圈养梅花鹿的发源地。双阳梅花鹿是世界首例鹿科动物定型品种。1990年，双阳梅花鹿育种项目获国家科技进步一等奖，1995年双阳被国务院命名为"中国梅花鹿之乡"。

双阳梅花鹿是经长期圈养和多年人工选育培育出来的，是长期纯繁选育的成果，其特点是体形中等、毛色较深、梅花斑点大而清晰、背线较浅、头长额宽、胸部宽深、腹围较大，头长、体长、胸大，身体结构紧凑、丰满。特别是双阳鹿茸枝头大、质地嫩、含血足，有效成分含量高，一向是鹿茸市场的抢手货。双阳鹿茸高产优良，质量居全国同行业之首，

▲ 体形健美的梅花鹿　　　　　　　　　　（程延喜　提供）

▲ 丰满的鹿茸枝头　　　　　　　　　　（程延喜　提供）

曾创下梅花鹿产茸的世界之最。

　　鹿乃仙兽，浑身是宝。在汉代就有"鹿身百宝"之说，《本草纲目》记载：鹿茸、鹿鞭、鹿胎、鹿血、鹿心、鹿肾、鹿筋、鹿肉、鹿骨等均可入药，具有很高的药用价值和养生保健功能，可以预防和治疗多种疾病，是百病方剂的重要组成部分，是中药材中的极品，被称为"中药钻石"。

在双阳鹿乡镇鹿业养殖基地内，三五成群的梅花鹿悠闲地吃着草料，耳上戴着耳牌。这个耳牌是植入芯片的鹿身份证，通过芯片掌握鹿的生活作息习惯，监测鹿的心率、运动量，从而判断鹿的身体状况，及时调整饲喂食谱。这是应用大数据平台进行数字化管理的鹿业管理模式。

目前，双阳区内有梅花鹿养殖企业上千家，养鹿户1.3万户，梅花鹿存栏量达31万只，年产鹿茸450吨，生产加工鹿产品130多个品种，鹿副产品年吞吐量达7000吨，鹿业全产业链产值70亿元。鹿存栏数、鹿茸总产、鹿茸单产、鹿茸优质率及出口创汇指标一直居全国各县（区）之首。双阳是全国最大的养鹿基地和鹿产品集散地，且拥有双阳梅花鹿原种场、扩繁场、基因库、产品研发中心等多家科研机构。双阳养鹿基地先后获评中国梅花鹿标准化示范区、中国梅花鹿种源养殖示范区、国家梅花鹿综合标准化示范区等称号。双阳梅花鹿被评为"最具影响力的中国农产品区域公用品牌""中国百强农产品""全国绿色农业地标品牌"等称号。

同时，双阳还建设了中国双阳梅花鹿博物馆、满医满药博物馆、盛世图腾马文化博物馆，以及神鹿峰旅游度假区、东龙度假村鹿文化主题公园等。双阳连年举办"双阳梅花鹿节""采茸文化节"，每年都会吸引成千上万的游客慕名而来。2022年8月26日，举办了第八届中国双阳梅花鹿节。在这届双阳梅花鹿节评选大赛上，评选出了双阳鹿姐、星级鹿场、明星企业等奖项，并以跨领域融合模式，推出双阳鹿产业发展高峰论坛、云游鹿乡——网红探店打卡、"春知鹿晓"书画摄影作品征集、鹿飨宴美食交流赛、梅园认养等9项活动，让游客充分体验观鹿、戏鹿、品鹿、购鹿的鹿乡风情和鹿文化。

第十六章

舌尖上的美食之都

百年老字号——鼎丰真

鼎丰真，三足鼎立，盛大显赫，茂盛美好，传承久远。

说起长春传统老字号，首屈一指的当属鼎丰真。具有一百多年历史的鼎丰真，经营传统美食糕点，以糕点外形美观、色泽鲜艳、酥松绵软、风味独特而闻名。

每个老字号背后都有一段传奇故事。清朝末年，浙江绍兴人王信瑞跟随闯关东的乡亲来到长春，在宽城子的一家小饭店里做跑堂。一天，他救

▲ 百年老字号——鼎丰真

（赵炳清　摄）

了一位晕倒在马路上的老人，这位老人是位糕点师傅。为了报答救命之恩，老人把自己做面点的技能传授给了王信瑞。王信瑞得到老人的真传，就开了个南糖（南方的甜食糕点）作坊。小店开张后，生意非常红火，人们称他为"蛋糕王"。

长春开埠后，王信瑞在商埠地三马路口建了一个更大的作坊，起名"鼎丰真"，意为三足鼎立、盛大显赫、茂盛美好、传承久远、货真价实、真诚守信。此后，鼎丰真的糕点风靡长春，特别是独创的用小麦粉、芝麻油、食糖、核桃、瓜子仁儿、青红丝、桂花等原料制作出的月饼，成为鼎丰真糕点一绝，如果人们走亲访友带上一盒鼎丰真的糕点，那是既有里子也有面子的事儿。

长春解放后，1957年公私合营，鼎丰真食品店在大马路重新开业，营业面积1100平方米，三层楼房，实现了半机械化生产，品种也增加了许多。1984年，鼎丰真注册了自己的商标，1988年，营业面积扩大到2400平

▲ 鼎丰真各式各样的糕点　　　　　　　　　　　　　　（滕飞　摄）

▲ 第四届吉林非遗节上的鼎丰真展台　　　　　　　　　　（滕飞　摄）

方米，职工100多人。2003年，鼎丰真进行股份制改造，成立了长春市鼎丰真食品有限公司。

　　鼎丰真至今还保留着一百年多前的模具，有1911年至1915年使用的月饼单模、1920年使用的真味铜锅、1930年到1933年使用的桃木龙凤双喜模、1955年至1960年使用的铜质饼干系列模具等，这些已成为古董的模具传承着鼎丰真百年的技艺和口味。2001年，鼎丰真被评为吉林省著名商标，2004年获得"优质月饼食品安全示范单位"称号，2006年被商业部授予吉林省首批"中华老字号"品牌。

　　目前，鼎丰真开发生产的中西风味糕点有300多种，独具特色的奶花蛋糕、萨其马、炉果、核桃酥、长条糕、芙蓉糕、可可糕、开口笑、江米条、五仁月饼、京式月饼等传统糕点仍深受人们的喜爱。每到中秋佳节，鼎丰真门前都会排起长长的队伍，人们竞相购买鼎丰真的传统月饼。到了每年的元宵佳节，老人们都点名要买鼎丰真的元宵。走过路过鼎丰真，在甜甜的香味吸引下，人们都会不自觉地走进店里，购买自己喜欢的糕点。

那些远在他乡的长春人，无论走得多远都念念不忘鼎丰真的味道。因为，那是家乡的味道，是记忆中的香甜的味道。

吉菜名菜——真不同

真不同酱菜，是赫赫有名的老字号。

酱菜，是东北老百姓餐桌上必备的小菜和硬菜，更是逢年过节家家户户餐桌上必备的一道美食。

真不同，已有半个多世纪的历史，在长春可谓家喻户晓。早在1943年，创始人胡运昌与人合伙开了家肉铺，但生意并不好，于是，他自立门户，上京津取经。他投到北京"六必居"门下当伙计，经过一年的观察，他对六必居酱菜的制作方法已了如指掌。随后，他又到天津和唐山学艺。之后，在外面长了见识的胡运昌回到长春，1946年在长春桃源路挂出"胡记真不同酱肉铺"招牌。桃源路是长春商埠地有名的热闹街，真不同一开张，立刻得到老百姓的喜爱。

1956年，真不同公私合营。1962年，胡师傅受全国各地饮食行业邀请，到全国各地传授技艺，当时真不同与"六必居""天福号"齐名。1979年，吉林省商业厅授予胡运昌特级厨师称号。1981年，真不同的40例酱菜被编入《吉林菜谱》。1999年真不同被吉林省"吉菜"开发委员会评为"吉菜名菜"。1992年，真不同的酱肉食品被内贸部授予"金鼎奖"。

▲ 百年老字号——真不同
　（房友良　提供）

▶ 真不同特色小肚
　（滕飞　摄）

▼ 真不同专柜
　（滕飞　摄）

在真不同酱菜中，最具地方风味的是酱肉、熏肉、叉烧肉、砂仁肘子、熏小肚、扒鸡、烧鸡、鸡丝卷、葱熏黄花鱼、熏牛肉干、真不同南肠等十多种特色美食。

真不同酱菜独具特色，风味那是真的不一样。

清真美味——回宝珍饺子

汤宽利口、风味独特，舌尖上的美味，是人们对回宝珍饺子的评价。

提起回宝珍饺子，老长春人都能给你指点迷津，说出自己喜欢的那个味道。为了吃一顿回宝珍饺子，好多人会不惜车马劳顿，大老远地奔着来吃饺子。

▲ 早年间的回记饺子馆　　　　　　　　（房友良　提供）

▲ 回宝珍饺子馆 　　　　　　　　　　　　　　　　　　（滕飞　摄）

　　回宝珍饺子是回族风味的清真饺子馆，以创办者的名字命名。特点是在肉馅里加汤加水，汤水十足、皮薄馅大、汤鲜味美，不破肚，不塌腔，吃一口，满嘴飘香。

　　清末，河北人回宝珍和父亲闯关东来到哈尔滨，最初在哈尔滨道外五道街开了个炒菜馆，生意清淡。他看到对面的"保府马家饺子馆"生意兴隆，不知有什么奥秘，就扮成顾客亲自到保府马家饺子馆品尝，发现味道果真不一样。当时保府马家饺子馆的调馅师刘子清因急着用钱，想向掌柜预支100元工钱。但刘师傅不仅没借到钱，还被数落了一顿，刘子清一气之下辞职不干了。回宝珍听说后，主动请来刘子清，不仅给他预支了100元工钱，还给他提高了工钱。刘子清为了感谢东家，把自己家传的调馅、选肉秘诀传给了回宝珍。回宝珍得到"真经"后，生意立刻红火起来。1924年，因为在长春永春路开炒菜馆的哥哥去世，回宝珍从哈尔滨来到长春接替哥哥的饭馆，并在新民胡同开了家"回记饺子馆"。很快，饺子馆以物美价廉、讲究实惠和信誉、服务热情而声名远扬，从此生意兴隆。

　　长春解放后，1955年"回记饺子馆"改为公私合营。1956年，回宝珍当选长春市政协委员。1994年，新民胡同拆迁，回宝珍饺子馆迁到长通路。

已有上百年历史的回宝珍饺子馆至今仍以汤宽利口、风味独特、货真价实、清真洁净、平和实在的平民化和大众化的特色，深受老百姓的喜爱。在长春的长通路、亚泰大街、汽车厂东风大街都能找到包着老长春记忆的回宝珍饺子。

想吃长春美味特色的饺子，一定要来回宝珍，他家的牛肉茴香水饺、羊肉冬瓜水饺和牛肉萝卜蒸饺，那是舌尖上的美味，吃一口，让你回味无穷。

街头小吃——老韩头豆腐串

"豆腐串，豆腐串，鸡汤豆腐串"，一声声熟悉的吆喝，随着诱人的香气远远飘来。

说到长春特色名小吃，不能不提老韩头豆腐串，在长春的大街小巷，各大商场都能看到老韩头专柜。

在老一辈的记忆里，在同志街和红旗街上，总能看到头戴一顶白帽子的老头，推着一个不大的玻璃箱小车，里面装着熏鸡和豆腐串，嘴里吆喝着"豆腐串，豆腐串，鸡汤豆腐串！"人们亲切地叫他"老韩头"。

老韩头名叫韩再发，回族，随父亲闯关东来到东北，他的豆腐串始创于20世纪50年代。韩师傅经过多年潜心研制，制作出极具东北特色的清

▲ 老韩头食品专柜　　（滕飞　摄）

▲ 特色小吃——豆腐串　　（滕飞　摄）

▲ 第四届吉林非遗节上的老韩头豆腐串展台　　（滕飞　摄）

真鸡汤豆腐串。老韩头豆腐串好吃的秘诀是，配料精当，秘密在汤。原材料主要是鸡骨架和干豆腐，先调好老汤，汤内放肉料、花椒、大料、食盐等调料，将汤煮开，再把切成条的豆腐用小竹签穿起来，放到锅里用老汤煮，等豆腐串完全入味了，再捞出来控干水分，刷上香油，这样豆腐串又香又软，老远就能闻到香味，让人垂涎欲滴，是老少皆宜的街头小吃。

经过半个多世纪的传承，如今老韩头豆腐串从街头小吃，发展成以生产优质鸡肉、牛肉、羊肉、豆制品为主的大型肉制品深加工民营企业，品种更加丰富，有卤鹌鹑蛋、松花鸡腿、酱牛筋、牛肉玉米丸子、酱牛肉等数十种卤味特色。企业先后获得吉林省质量诚信企业、长春市名牌产品、吉林省著名商标、吉林老字号等荣誉称号。2019年老韩头豆腐串制作技艺被列入长春市第四批非物质文化遗产代表性项目名录。

老韩头豆腐串是远方游子回家必吃的小吃，更是长春老百姓百吃不厌的名小吃。

天下第一鸡——福义德烧鸡

美食到处有，唯有家乡的味道最地道。

在长春繁华的商业金街——重庆路，一年四季，无论寒暑，总会看到在一个窗口前排着长长的队伍。外地人不禁会问，这是卖什么的？怎么会有这么多人耐心地排队等候？

提起"福义德"烧鸡，长春老百姓几乎无人不知、无人不晓，大都有过排队买烧鸡的经历。"福义德"烧鸡，也称"道口烧鸡"，至今已有300多年的历史。创始人尹志云，祖籍河南道口。自清顺治年间起，尹氏家族就世代以烹制烧鸡为业，尹志云继承祖业，博采众长，1980年独创了"福义德"烧鸡。四十多年来，企业本着诚信经营、义德为本的经营理念，使福义德烧鸡成为长春老百姓餐桌上离不开的美食。为了满足老百姓舌尖上的需求，福义德烧鸡在长春的各大商场、超市都有分店，无论你走到哪个闹市区、哪个大型商场，都能闻到远远飘来的福义德烧鸡特有的香味。

福义德烧鸡，作为长春老百姓追捧的特色美食，获得奖项无数：1998年获得吉林省名牌产品；2000年在长春国际农业食品博览会上获得金奖，被吉林省政府评为"省名牌食品之最"；2002年通过了ISO9001国际质量管理体系认证，成为广大消费者的放心食品；2004年在第十一届中国食品博览会上获得金奖。2019年，福义德烧鸡制作技艺被吉林省政府评为非物质文化遗产项目。

▲ 传承古法工艺的福义德　　　　　　　　　　　　　（腾飞　摄）

福义德烧鸡口感咸香、鲜酥脱骨、软烂不柴，老少皆宜，吃上一口便让人欲罢不能，被称为"天下第一鸡"。

福义德烧鸡是长春老百姓无法拒绝的美味。

卷起的味道——老昌春饼

春饼，是一种接地气、人气超高的大众休闲美食。

▲ 长春名店——老昌春饼　　　　（滕飞　摄）

▶ 卷起来的美味——春饼
（滕飞　摄）

对外地人来说，想要了解当地的文化，美食是少不了的。春饼，可能每个人都吃过，但你不一定吃过长春的老昌春饼。

老昌春饼，是长春人隔三岔五都想吃上一顿的美食，那卷起来的味道是老少皆宜的家常美味。老昌春饼自创立以来，以清淡、营养、美味为理念，选用精致面粉、新鲜蔬菜和新鲜肉类等食材，用精湛的制作工艺，制作出色香味俱全的特色美食。新鲜出炉的小饼薄得透明，若铺在报纸上，则可以清晰地看到纸上的字。将小饼卷上香辣肉丝、鱼香肉丝、炒合菜、金牌熏肉，佐以甜面酱、葱丝、香菜，别有风味，不胜美哉。

老昌春饼，以其完善的经营品牌理念及可靠的信誉和健康营养的特色，获得长春老百姓的喜爱。作为特色传统小吃，它不仅美味可口，还接地气。当你在商场逛累了、饿了，想找个地方休息一下，吃点简单健康、不油腻的美食，第一个想到的很可能是老昌春饼，它会勾起你的食欲，让你美美地饱餐一顿。

在吃腻了大鱼大肉、想清清胃肠的时候，那就尝尝卷起来的味道吧。

东北乱炖——农家一锅出

炖菜是东北菜的精华，而纯正的炖菜当属农家一锅出。

常常有人把东北菜一锅出称作"乱炖"，认为就是把所有的食材一起放入锅里，毫无章法地乱炖，但其实，一锅出还是很讲究刀工、火候和味道的。

　　一锅出在用料上没有太多的要求，食材主要包括豆角、土豆、猪排骨、苞米、粉条、南瓜等纯正的农家菜。首先由厨师将南瓜切成三角形大块，土豆切成滚刀块，玉米切成小段。将所有的食材加工后，用柴火烧热大铁锅，放油下猪排骨，再将豆角下锅炒透；然后，将小段玉米、大块南瓜下锅，大火烧开，小火慢炖；最后是一锅出的精华，用滚烫的开水将玉米面、白面、豆粉和在一起略揉，再由擅长贴饼子的师傅往锅边上贴一圈大饼子，盖上锅盖大火烧炖。数分钟后，一锅热气腾腾贴着金黄金黄的玉米饼子、混着炖菜香味的一锅出就炖好了，承载着满满的乡土味，浓浓的家乡情，扑面而来，勾起你所有的味觉，满足了你对东北菜的想象。

　　在长春大大小小的餐馆里，都有东北特色菜"农家一锅出"，不吃顿农家一锅出，那算是白来东北了。

▲ 农家一锅出　　　　　　　　　　　　　　　　（滕飞　摄）

杀猪菜——白肉血肠炖酸菜

酸会刺激味蕾，让食物变得更有层次感。

酸菜，是东北人的最爱，也是极具东北地方特色的菜。在东北，几乎所有的人家都有腌酸菜的经历，每到秋季大白菜上市的时候，家家户户都会忙着储存白菜，用来腌制过冬的酸菜。腌酸菜，首先要挑选上好的白菜，去掉老帮黄叶，在太阳底下晾晒几天，用清水洗净后，再一棵棵、一层层摆放在大缸里，码一层白菜撒一层盐，直到装满缸，最后再压上一块

▲ 白肉血肠炖酸菜　　　　　　　　　　　　　　（滕飞　摄）

大石头，加入生水，在无油、无菌的状态下密封存放。经过一个月的发酵后，酸脆鲜嫩的酸菜就腌好了。

东北人无肉不欢，大快朵颐地吃肉才最过瘾，而吃大块肉最喜欢的方式就是炖酸菜。酸菜的吃法有很多种，最正宗的吃法是白肉血肠炖酸菜。一口大锅里烀上大块的猪肉，在炖肉的老汤中放入酸菜，小火咕嘟咕嘟慢慢炖着，酸菜炖得差不多了，再放入煮好的切成片的血肠和烀熟的大片五花肉。经过几道并不烦琐的工序后，白肉血肠炖酸菜便炖好了，用大盆盛起，一道最正宗的东北"杀猪菜"来了！夹起一块亮晶晶的五花肉，蘸上蒜酱，放到嘴里，你的味蕾顿时被全部打开，在满口留香的时候，再吃上一口酸菜，就知道什么叫肥而不腻，贼好吃了。

在东北人的食谱里，酸菜无所不能：酸菜猪肉炖粉条、酸菜炖冻豆腐、酸菜炖鱼、渍菜粉、酸菜馅饺子等等。特别是在大雪纷飞的冬季，一盆热气腾腾的酸菜氽白肉，是那些远走他乡的游子念念不忘的家乡味道，一口炖酸菜，慰藉了多少游子的乡愁。

乡愁的味道——黏豆包

黏豆包是纯手工、纯天然的传统绿色食品。

"黏豆包"又称"黏米饽饽"。"黏豆包"，顾名思义，就是过年时包的年饽饽。这是东北地区最常见的食品。在寒冷的冬季，黏豆包是东北人餐桌上不可或缺的主角。

▲ 软糯香甜的黏豆包　　　　　　　　　　　　　　　（滕飞　摄）

　　过去，进入腊月后，东北家家户户都忙着过年，最忙的三件事：杀猪、淘米、做豆腐，其中淘米做黏豆包是必不可少的。黏豆包是满族的特色食品，制作工艺是满族祖先传下来的。第一步是淘米、和面，先将大黄米或小黄米用水浸泡一天半日，磨成面，再用冷水和面，稍稍发酵后，开始用手揉面。过去，对发面的人要求很高，一般要求由相貌较好，性格温和、善良的人担当。

　　第二步是制作豆馅，将红小豆或大芸豆煮熟，捣成豆沙酱，放入细砂糖，攥成核桃大的馅团备用。然后，揉好的黄米面包入豆馅，团成球状，放入铺好苏子叶的蒸锅中大火蒸熟。再将出锅的豆包放在盖帘上拿到外面冻一个晚上，第二天早上收起，装在大缸里，满满一缸足够吃上一个正月的。在农村，包黏豆包是最热闹的事，如果一户人家包豆包，全村的大姑娘、小媳妇会呼啦一下都过来帮忙，大家坐在南北大炕上，一边包着豆包，一边唠着家常，在叽叽喳喳的笑声中，一会儿工夫，热气腾腾的黏豆包就出锅了。这是东北寒夜里最温暖、最欢快、最芳香的记忆。

　　黏豆包软糯香甜，可蘸白糖吃，裹着豆面吃，用油煎着吃。有的孩子愿意啃冻豆包，慢慢啃，一点点儿吃到凉丝丝、甜蜜蜜的馅，那是一种难以言表的快乐。

如今，随着食物的丰富多样，一年四季都能吃到黏豆包，黄的、黑的、白的各式各样，想吃随时都能吃到。东北人对黏豆包的喜爱，是对传统食品的特殊怀念，是对家乡念念不忘的情怀，更是一种恋恋不舍的乡愁。

红辣甜脆——辣白菜

辣白菜，辣、脆、酸、甜、咸，红中带白，是吃米饭最佳的佐餐菜，也是餐桌上很受欢迎的菜肴。

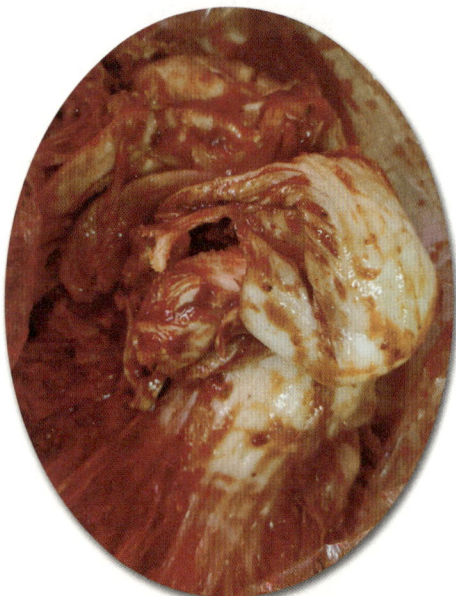
▲ 朝鲜族特色美食——辣白菜
（滕飞　摄）

辣白菜又称泡菜，是朝鲜族寻常百姓家的主菜，曾有"泡菜半年粮"之说。每到立冬前后，东北秋菜大量上市时，朝鲜族家家户户都会忙着腌制辣白菜。首先是选上好的白菜，将满心的秋白菜去掉老帮叶，里外均匀地撒上盐，腌制三四天，取出洗净、控水，佐料用辣椒面、蒜泥、生姜、苹果碎、梨碎、食盐混拌在一起，将这些佐料从里往外层层涂抹在白菜上，再将白菜叠放在缸里，大约一周后便可食用了。泡菜是否脆而爽口，主要取决于盐的多少和温度的高低。

　　除辣白菜外，小白菜、青辣椒、黄瓜、葱、萝卜干、香菜、苏子叶、桔梗、蕨菜等都可做成泡菜。这些朝鲜族泡菜价廉味美，作为餐桌上的佐菜，深受老百姓的喜爱。

　　来长春寻找美食，一定少不了正宗的辣白菜。

市井烟火——东北烧烤

　　东北烤串，是烤出来的人间烟火气儿。

　　在炎炎的夏季，拉上三五个朋友，撸上几串烧烤，喝上凉哇哇的啤酒，那种恣意的快活真是绝了。在东北，没有什么事是一顿烧烤解决不了的。

▲ 东北烧烤，烤出人间烟火气　　　　　　　　（滕飞　摄）

在长春的大街小巷里，随处都能发现大大小小的烧烤城、串店，小小的烧烤最能反映东北人粗犷豪放、爽快的性格。有朋自远方来，不亦乐乎。好客的长春人一般接待朋友的顺序是，在安排朋友吃完正餐后，往往要拉上朋友去吃点儿烧烤，撸点儿串，喝点儿啤酒，天南海北地聊聊，既轻松快活又热情圆满。朋友们也个个吃得心满意足。

烧烤究竟都烤什么？这么说吧，只要你想吃的都能烤，地上长的韭菜、大蒜、香菇、蒜薹、茄子、土豆、油麦菜；水里游的生蚝、扇贝、大虾、鱼；地上跑的牛羊猪的肋、心、尾巴等；天上飞的鹌鹑、鸽子等等，可以说只要能吃的东西都能拿来烤。

在华灯初上的时候，拉上几位好友，吹着微风，撸着烤串侃大山，喝着扎啤，是最惬意不过的事情了。

吃烤串，吃的是热闹，吃的是轻松，吃的是快活，吃的是人间烟火。

第十七章

热辣奔放的东北风

精彩大戏——吉剧

吉剧是以吉林省省名命名的剧种，在吉林，吉剧比二人转更有名。

在我国种类繁多的戏曲中，有种戏曲叫吉剧。吉剧是流行于吉林、辽宁、黑龙江及内蒙古地区的传统戏曲剧种之一，是在二人转基础上发展起来的新剧种。在行当上，有生、旦、净、末、丑之分；在音乐唱腔上，以二人转的主要曲牌为原始基调。它根植于黑土地，深受东北人的喜爱。1959年9月7日晚，首个改编自二人转的新剧《蓝河怨》在长春市工人文化宫与观众见面，演出大获成功。1960年1月21日，第二个剧目大型喜剧《桃李梅》在长春公演，再次好评如潮。1960年2月2日，吉林省人民委员会正式批示，将新剧种命名为"吉剧"，并成立吉林省吉剧团。

▲ 吉剧《桃李梅》剧照　　　　　　　　　　　　　（赵炳清　摄）

1960年至1965年，是吉剧创作的高峰期。1961年，吉林省委提出吉剧"不离基地，采撷众华，融合提炼，自成一家"的十六字方针，使吉剧得到迅速发展，先后创作出《搬窑》《包公赔情》《燕青卖线》《雨夜送粮》《夺印》《江姐》等剧目，吉剧迅速成为深受省内外群众喜爱的剧种。其中，《桃李梅》在全国各地演出3000多场，被豫剧、评剧等16个剧种移植，1979年还被拍成了电影，可谓家喻户晓。

改革开放后，吉剧迎来了蓬勃发展的春天。1978年，省吉剧团在首都北京连续演出两个月，轰动京城。此后，吉剧团赴亚洲、欧洲、大洋洲等十几个国家和我国港澳台地区进行文化交流，使吉剧名扬海内外。吉林省戏曲学校还增设了吉剧科，专门培养吉剧艺术人才，同时，还成立了吉林省地方戏曲研究室，对吉剧进行大力推广研究。吉剧团连续创作的具有浓厚关东风情的剧目《一夜皇妃》《回杯记》《包公断后》等皆获得国内外大奖。并且，先后有十几个剧目获得全国戏曲观摩演出优秀剧目奖、文化部"文华奖"、中宣部"五个一工程"奖、中国曲艺"牡丹奖"等大奖。

吉剧，宛如盛开在吉林大地上的一朵奇葩，它热情奔放、绚丽多彩，成为唱响吉林大地的一张有声文化名片。

▲ 吉剧《怀德县令》剧照　　　　　　　　　　　　（赵炳清　摄）

火辣辣的东北二人转

"宁舍一顿饭，不舍二人转。"

充满关东泥土气息的二人转，既大胆泼辣、火爆粗犷，又豪放朴实、幽默风趣，深受东北人民的喜爱。

说起二人转，给人最深的印象是，演出气氛热烈火爆，唱腔粗犷豪放，表演诙谐、幽默、直白，让人捧腹大笑。二人转是扎根于关东黑土地上的民间曲艺，它诞生于清朝嘉庆年间，至今已流传了300多年。它广泛流传于辽宁、吉林、黑龙江及内蒙古部分地区，史称小秧歌，融合了东北秧歌、民间说唱莲花落、戏曲、东北民歌、笑话、杂耍等曲艺形式，集说、唱、舞于一体。二人转以唱为主，且唱且舞，中间加上一些口语说词，表演时一男一女两个演员运用手绢、扇子、竹板等道具，再加上演员自身的"绝活"，将一些民间故事生动地演绎出来。二人转表演需要一人饰多角或二人饰一角，这就是常说的"千军万马，全靠咱俩"。

在新中国成立初期，二人转走进首都北京。1953年4月1日，在北京举办的第一届全国民间音乐舞蹈会演中，由长春市榆树县民间艺人谷振铎和杨福生表演的二人转《大西厢》荣获优秀奖，两人在怀仁堂受到国家领导人的接见，从此，二人转在全国叫响。1979年2月，在长春召开了第一届二人转学术报告会；2004年1月，一批著名二人转表演艺术家在北京民族宫大剧院举办了东北风二人转名家精品晚会，演员们的精彩表演轰动京城。

▲ 东北二人转剧照 　　　　　　　　　　　（赵炳清　摄）

2008年7月，二人转演员王兆一获得中国曲艺界最高奖——牡丹奖的终身成就奖。

随着时代的发展，二人转与时俱进，在表演手段上也进行了改革创新，说笑话、演小品、学唱流行歌曲、逗乐子、翻跟头、展才艺等表演成为当下的时尚。二人转以奔放、火辣著称，不仅登上了央视舞台，走向全国，还在全国各地拥有众多忠实的粉丝。

长春会聚了很多二人转名角、笑星，在长春的和平大戏院、东北风大舞台、刘老根大舞台、关东大剧院等剧场，观众能尽情欣赏地道的、火辣豪放的东北二人转。

地方戏曲——黄龙戏

黄龙戏是因"黄龙府"而得名的地方戏。

黄龙戏，是长春市农安县创作的地方戏曲剧种，因辽金时期农安称黄龙府而得名，是以东北皮影戏音乐为基调，吸收民间音乐形成的具有浓郁地方特色和广泛群众基础的新剧种。

黄龙戏，创建于20世纪50年代。20世纪50年代，在国家领导人的关怀下，东北地区开始大力发展地方戏。1959年，农安对全县民间小戏、太平鼓、民歌、说唱艺术、民间文学等进行挖掘和整理，形成具有浓郁地方特色的地方剧种，正式命名为"黄龙戏"，并成立了黄龙戏实验剧团。1976年，剧团创作了《无事生非》《风雨菱花》等大型现代戏。1981年，实验剧团被正式命名为黄龙戏剧团。

黄龙戏音乐基调以当地皮影音乐为母体，与当地民间小调、曲牌、皮影专调、香调等民间音乐相结合，既保持了当地的乡土气息，又兼具了戏曲音乐的风格，形成独具特色和唱腔的黄龙戏。

在题材上，以当地民间口头文学、历史风物传说、黄龙府历史重大人物、事件等辽金历史题材为主，形成了鲜明的辽金民族风格；在表演上，充分借鉴了本地民间艺术的演艺特点，多用象形写意、动作夸张、线条粗犷、刚柔相济的表演；在舞蹈上，吸收了本地民间歌舞、萨满舞等艺术手段，突出契丹（辽）、女真（金）等民族舞蹈风格。代表作品有《樊梨花》《珍珠串》《无事生非》《风雨菱花》《魂系黄龙府》《大漠钟声》《圣明楼》《铁血女真》《鹰格夫人》《兀术与鹰格》等剧目。黄龙戏曾在中国戏剧节、全国地方戏曲会演中多次获奖，因此声名远扬。2008年，黄龙戏入选第二批国家级非物质文化遗产名录。

黄龙戏诞生于北方民族渔猎游牧文化的纵深地带，对研究民俗史、社会风尚史、北方区域文化史方面具有重要的历史价值。目前，黄龙戏也和

▲ 黄龙戏《黏豆包》剧照 　　　　　　　　　　　（赵炳清　摄）

其他地方戏一样面临着不景气的局面，抢救和保护优秀的地方剧种，探索黄龙戏的再次繁荣的道路，需要政府和全社会的大力支持，更需要广大观众对家乡戏曲的热爱。愿黄龙戏早日迎来第二个春天。

弦子书——东北大鼓

东北大鼓是土生土长的东北民间艺术。

提起东北二人转，那是无人不知、无人不晓，但说起东北大鼓，知道的人就不多了。因为这个早年为东北老百姓喜闻乐见的娱乐形式，如今在东北的多个地方已销声匿迹，只在长春的榆树还保持它的活力。榆树被称为"东北大鼓之乡"。

东北大鼓，是土生土长的东北曲艺鼓书，是从清朝留下来的老百姓自己的艺术，已有200多年的历史。最早源于清朝八旗子弟将自己写的诗词歌赋，拿给艺人们演唱，并且，这些八旗子弟自己也弹着三弦唱，因此也被叫作"子弟书"。后来，"子弟书"扩散到沈阳，与东北民间小调融合在一起，并吸收了"弦子书"一边弹弦一边唱的表演形式，形成了东北大鼓。所以，在东北民间东北大鼓也被称为"弦子书"。

东北大鼓是二人表演的说唱艺术，一人左手持板，右手打鼓击节，另外一人用三弦伴奏，有说有唱。因为是从沈阳传出来的，最早还称"奉天大鼓"。东北大鼓从清末开始流行，在民国时期曾风靡一时。当时在沈阳，无论是文人雅士，还是平民百姓都把听东北大鼓当作最好的娱乐。张作霖及其子张学良都非常喜欢东北大鼓，常常将知名的大鼓艺人请到大帅府演唱。

东北大鼓的表演曲目有很多，传统的有长篇大书和短段，长篇的可以连演几天或几十天，内容主要以剑侠、公案类为主，短段的有《华容道》《草船借箭》《黛玉悲秋》《宝玉探病》《忆真妃》等。新中国成立后，东北大鼓出现了反映新生活、歌颂英雄的表演段子，如《杨靖宇大摆口袋阵》获得1958年全国曲艺会演一等奖。著名评书表演艺术家刘兰芳刚出道时，拜师学的就是东北大鼓。

过去农闲或春节的时候，东北农村有一个传统习俗：村村有鼓点，家家去看戏，村民们在整个正月里都在听大鼓，热闹非凡。如今，在多元化

▲ 东北大鼓演出照
（赵炳清 摄）

▶ 东北大鼓表演现场
（赵炳清 摄）

的娱乐时代，无论是城市还是乡村都已听不到鼓点声，只有长春和榆树的小茶社还在坚持演唱东北大鼓。让人欣喜的是，2006年东北大鼓被列入首批国家级非物质文化遗产。但东北大鼓重回民间的路还很长，还需要艺术家的代代传承和守望，更需要广大观众的热爱及追捧。

冬之故事——冰上冬捕

冬捕，一幅冰天雪地里的壮美画卷。

在千里冰封的东北大地，有数不清的冰雪乐趣，而最壮观、最震撼、最摄人心魄的莫过于破冰捕鱼。

每年的元旦，在新年的第一缕阳光下，长春的石头口门水库总是人头

▲ 冰上冬捕
（连相如　摄）

攒动，热闹非凡，渔民们将开启长春冬捕的第一网。在人们的欢呼声中，成千上万条大鱼会一跃而起，破冰而出，一下子打破银色冬天的宁静，鱼跃龙门，喜迎新年的到来。

冬捕，一般要选在数九寒冬最冷的时候，在零下20℃的气温下，冰层厚度要达到70至80厘米，才是最佳的冬捕时机，因为这样的厚度，人和车在冰面上才会更安全。传统冬捕包括醒网、祭祀、捕鱼。早上，鱼把头要在冰面上"祭祀"，祈祷明年风调雨顺、万物生灵永续繁衍、连年有鱼（余）、族人平安，并祈祷每网入湖，多出"红网"。然后由经验丰富的鱼把头根据冰面颜色，选定冰眼，渔民们头戴狗皮帽、身穿羊皮袄，用破冰器将厚厚的冰面打穿，再将一张数千米的大网撒下去。等待数小时后，激动人心的时刻到了，随着鱼把头的领号声，渔民们一起喊着高亢的号子开始收网。随着渔网的慢慢拉起，在人们的欢呼声中，成千上万的鱼儿跳跃着破冰而出，各色新鲜的胖头鱼、白鲢鱼、鲤鱼、鲫鱼在冰面上跳跃翻滚，通常头网可捕获10万斤鱼。鱼把头会从中选出最大的鱼作为鱼王、头鱼。

石头口门水库位于吉林省饮马河中游，是长春市最大的淡水供给地。这里水美鱼肥，肉质鲜美、味道纯

▲ 连年有鱼（余）　　　　（连相如　摄）

正。每年的冬捕场面非常壮观，届时会吸引许多游客扎堆来此感受冬捕、品尝生态鱼的鲜美、体验北方古老渔猎的奇观，一些摄影爱好者纷纷拿着"长枪短炮"抓拍、记录鱼腾冰湖的壮美瞬间。

冬捕，是长春冬季最有特色、最吸引人的民俗活动。

非遗技艺——满族剪纸

剪纸，是一种镂空艺术，在视觉上给人以透空的感觉和艺术享受。

满族剪纸，是诞生在东北黑土地上、根植于东北民间的原生态艺术，

▲ 关云德剪纸
（连相如 摄）

▶ 关云德教孙女剪纸
（连相如 摄）

是雅俗共赏、接地气、符合大众审美需求的艺术形式，是东北黑土地特有的文化符号。

满族剪纸源远流长，始于明代，至今已有300多年的历史，是满族人融合中原剪纸技巧，结合自身民族文化，发展创造出的独具满族特色的剪纸艺术。满族心灵手巧的民间艺人，不用图样，随心所欲地用剪刀剪出人物、动物、景物等，一气呵成，生动有趣，用来装饰幸福美满的生活，满族剪纸是满族传统文化的一个重要组成部分。

满族剪纸风格独特、内容丰富、剪刻结合、形式多样，既有小巧玲珑的精致挂件，又有粗犷豪放的大型作品。满族剪纸蕴涵了丰富的民族文化历史信息，如祭祖、挂签、野祭、嬷嬷人儿、狗、龟、鹊、鹿、鹰等剪纸，这些作品常常作为吉祥物贴在墙上；另外，还有表现自然风貌、生产习俗、节令习俗、婚丧习俗、民间传说的作品，如记述长白山区"棒打獐子瓢舀鱼，野鸡飞进饭锅里"的系列剪纸；表现满族三大习俗"窗户纸糊在外，大姑娘叼个大烟袋，养个孩子吊起来"的剪纸；表现神话故事的人参姑娘、白山狩猎、姐妹易容等剪纸。这些民间剪纸至今在长白山区还保留着，成为反映满族习俗、透视满族文化的珍品。

满族剪纸，在东北民间广为流传，它靠长辈教晚辈，一代代口传心授传承下来，多为母亲教女儿，姥姥教外孙女，辈辈相传。长春市九台区其塔木镇关云德是满族剪纸的代表人物，他不仅能刻，还能自己设计主题、图样。他的作品古朴苍劲，大多是表现满族古老的生活习俗和动物、植物、自然风貌，以及满族传说中的女神等，他创作的满族女神有300多位。关云德剪纸已被列为吉林省非物质文化遗产，成为吉林著名的文化品牌，他被确认为"中国民间文化杰出传承人"。为了将满族剪纸艺术继续传承下去，他曾手把手地教4岁的小孙女剪纸，如今，他的孙女已从爷爷手中接过了满族剪纸的接力棒，将剪纸艺术薪火相传。

▲ 关云德儿子和孙女在第四届吉林非遗节上　　　　　　　（滕飞　摄）

　　在白山黑水之间，东北人民不仅创造了辉煌灿烂的物质文明，而且还创造了黑土地特有的浓郁、热烈、祥和、红火的关东文化。2008年，"长白山满族剪纸"被列入国家级非物质文化遗产名录。

　　每逢春节，东北家家户户都会贴上各种喜庆的剪纸窗花，看到窗上贴着的剪纸，仿佛闻到了喜气的味道，感到年真的来了！

阳春白雪——树皮画

树皮画是白山黑水间的阳春白雪。

树皮画，以粗犷豪放、妙趣横生、感染力强、个性鲜明、题材丰富的特色深受人们喜爱，是艺术领域的一朵奇葩。

树木，是大自然馈赠人类的珍贵礼物。树浑身是宝，树叶可以产生负氧离子，树干可作为建筑材料，可做栋梁之材；而树皮则是呵护树木成长的保护外衣。树皮被剥离母体后，一般都被丢弃于角落，埋没于尘土中，

▲ 树皮画作品　　　　　　　　　　　　　　　（滕飞　摄）

没人在乎它的生命轮回。但在长白山地区，掉落在荒野中的树皮却变成了宝贝，成为艺术家手中的精灵。艺术家们利用树皮所具有的天然形态、不同颜色与纹理，经创意巧妙组合，剪裁、拼接、粘贴出一幅幅独具匠心的浮雕式图画。

　　树皮画，又称"木画"，主要产于吉林省的长春、吉林两市。吉林省的树皮画最早可追溯到清朝，当年百姓曾用树皮为皇宫制作贡品。经过上百年的创新发展，长春的树皮画已形成了自己独特的风格，越来越受到艺术家们的喜爱和爱好者的追捧。

　　树皮画多以桦树皮为主要原材料，也有用云芝、银芝、紫芒等森林副产品为辅助材料的。长春的树皮画大多是以长白山的白桦树表皮、深皮为主要原料。白桦树是一种落叶乔木，最高可达20米，胸径可达1米多，树干笔直，亭亭玉立，被称为森林中的白衣少女。通体白如霜的白桦树皮成为工艺作品的最佳原料。用小刀在树干上划一下，就能一层一层地将树皮剥下，可以剥下薄如纸、厚如龟的白垩色树皮。白桦树皮的表里色彩丰富，可逐层剥离成片，外层色微红，里层质地细腻，有乳白、肉粉、淡黄、赭石等色，轻巧柔韧，富有弹性，是制作工艺品的理想原料。

　　树皮画的制作需要多种工艺加工和艺术构思，首先刚从树上剥下来的树皮需经过高压、高温处理以防腐防蛀，之后艺术家们再把树皮粘在胶合板或纸板上，构思好图案，设计好尺寸，经过蒸煮、除皮、打磨、抛光、喷漆后，再进行一番剪、刻、雕、烫、画等精雕细刻，于是一幅幅栩栩如生、立体、逼真、层次分明的浮雕状树皮画便完美地呈现在人们眼前。

　　每个地域都有其自身独特的艺术形式，艺术来源于生活，生活皆是艺术，取材于东北大自然特产的树皮画是原汁原味的原创艺术，是活色生香的东北味儿艺术，是白山黑水人文性格的体现，是北方文化的阳春白雪，是可以带走的东北地域文化。

原生态美——德惠草编

回归自然是人类永远不变的主旋律。

原生态，是大自然赋予的最原始的生命状态，是人与自然最亲密的生命状态。原生态自然风，是飞速发展的现代化都市崇尚的生活方式，清新自然，回归本真，追求生活的本色，是国际流行的社会潮流。

▲ 德惠草编工艺品　　　　　　　　　　　　　　　　　（尚晓峰　提供）

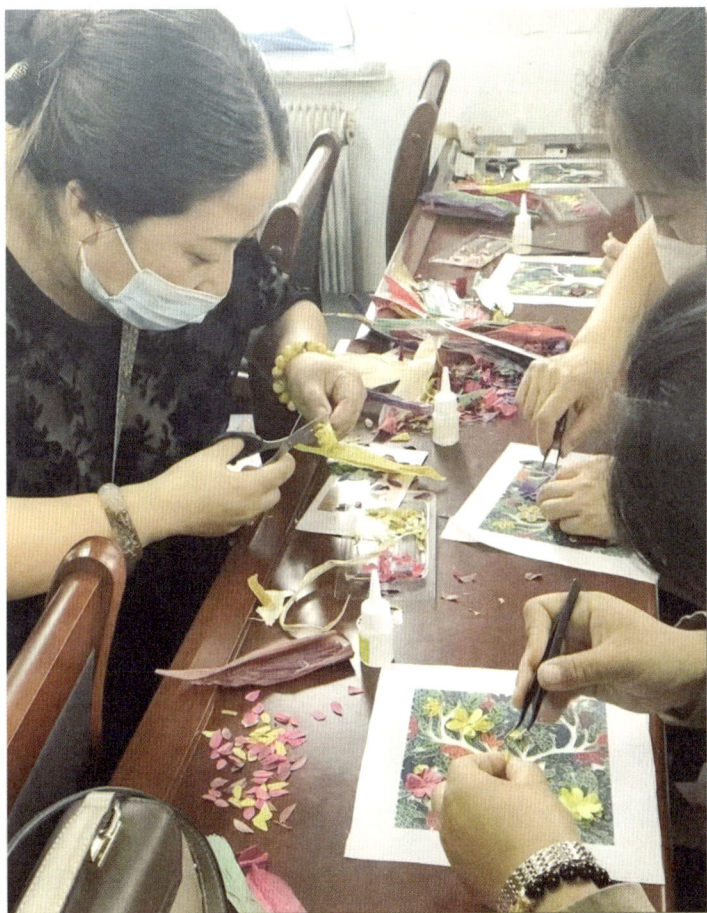

▲ 制作德惠草编工艺品　　　　　　（尚晓峰　提供）

▲ 玉米叶原创花包　　　　　　（尚晓峰　提供）

德惠草编，是从黑土地的生活土壤中产生出来的原生态民俗工艺，散发出一种天然原生态的美。它已有近百年的历史，是吉林省极负盛名的传统民间工艺品。

德惠草编品种丰富多样，其制作材料可分为草、柳、苇、藤四大类。过去多以麦秸、高粱秆皮为原料，用手工编织而成。现在，多用东北遍地金黄的玉米皮做原料，编织成提篮、手提箱、首饰盒、果盘、坐垫、茶垫、拖鞋、地毯等工艺品和生活用品。草编制品具有柔软坚韧、轻便耐用、保温性好、不易吸水的特点。可以按照个人的喜好，设计各种颜色和款式，可以保持天然色泽，也可进行人工染色，可制成红的、黄的、绿的、蓝的、紫的各种颜色，也可随心所欲地编制成方形、圆形、弧形，千奇百怪的形状，还可做成古朴时尚的背包、拎包、挎包等各种生活用品和饰品。天然古朴的材质，纯正自然的色彩，搭配现代时尚的风格，使德惠草编雅俗共赏，成为长春一大特色旅游产品。

德惠草编以其自然、清新的原料，加上朴素、简约、舒适、复古、时尚的设计风格，再由土生土长的庄稼人编制，越来越受到都市人的青睐，现已远销日本、俄罗斯、东南亚等十几个国家和地区。

回归自然，拥抱自然，亲近自然，还原生命本真，是人们未来追求自然、享受自然的最佳选择。

君子之风——长春君子兰

君子兰花，清新、高雅、尊贵，玉树临风如君子，是不能不说的故事。

君子兰，花团似绣球，花色橙红，叶宽如剑，花叶并茂，青翠挺拔，亭亭玉立，端庄大方，飘然坦荡，是高尚、尊贵的象征，大有君子风范。

君子兰，是名贵观赏花卉，株形端庄，花大艳丽，叶片苍翠挺拔，果

▲ 长春君子兰展现场　　　　　　　　　　　　　　　　（连相如　摄）

▲ 长春君子兰展上盛开的君子兰　　　　　　（连相如　摄）

实红亮，花期长达30—50天，有一季观花、三季观果、四季观叶之说。冬春时节为开花季，元旦和春节是花开最旺盛的时期。每到新春佳节，君子兰都会艳丽绽放，被称为"春节绽放的花朵"。1984年10月11日，长春市人大常委会命名君子兰为"长春市市花"，以君子兰的清新淡雅，寓意长春君子般的高雅品质。

　　君子兰是石蒜科君子兰属的观赏花卉，原产地在南非亚热带山地森林中，为多年生常绿草本植物。最早由英国人鲍威尔等人从南非带回英国，用拉丁名命名为君子兰。君子兰在我国栽培的历史较短，在20世纪30年代由日本和德国传入中国。长春君子兰于1931年由日本园艺家引入东北，当时只在伪满皇宫里栽培。1945年抗战胜利后传入民间，开始在公园内养殖。20世纪50年代，君子兰的繁育只限于无性繁殖，繁育速度慢。60年代后，人们开始对君子兰进行人工授粉，采取有性繁殖，杂交改良，培育出很多新品种，如姜油匠、黄技师、圆头、短叶等系列。

君子兰分为垂笑君子兰和大花君子兰。垂笑君子兰，叶窄、长，多为直立，叶色深绿，叶脉莹润有光泽，花为橘红色，如钟倒挂。大花君子兰，花大艳丽，剑叶宽厚，叶脉突起，深浅有致。君子兰的养殖非常有讲究，叶片的整齐度、叶片的数量、叶片的脉络、叶片的形状、花朵的质量、花朵的数量都是评价优良的标准。长春君子兰不仅数量多，而且质量好，以叶片成剑形，且短、宽、亮、立、厚、色浅、纹理明显、花莛粗壮，花大、花背艳丽而著称，在国内独树一帜，受到园艺家与花卉爱好者的喜爱。

20世纪80年代，从长春火车站出来，首先映入眼帘的就是站前广场的大型君子兰雕塑，走在大街小巷，也随处都能看到君子兰高贵挺秀的身影。君子兰曾一度在全国引起养殖抢购风潮，一时出现了百万一株的天价君子兰。如今，养殖君子兰早已回归理性，但走进单位或居民家仍能看到君子兰雍容华贵的身姿。

2000年，长春举办了第一届中国长春君子兰节。开幕式当天，现场异常火爆，吸引了成千上万的人前来观赏、购买。2009年，中国长春君子兰节从最初的两年一届改为一年一届，到2023年已举办了17届中国长春君子兰节。在2021年的第十六届中国长春君子兰节上，名花荟萃，争奇斗艳，共展出了20多个名优特品种，有花脸、和尚、技师等八大系列。展会上聚集的3万多株各色君子兰竞相开放，让赏花的游人纷纷驻足，久久不愿离去。

长春君子兰以其娇艳丰满的花容、碧绿挺拔的剑叶、花香似兰的留香灿烂夺目地绽放着。

参考文献

［1］张书翰，马仲援监修.长春县志［M］.长春：长春县，1941.

［2］吉林省档案馆，吉林省社会科学院历史所.清代吉林档案史料选编［M］.长春：吉林省档案馆，1981.

［3］田志和.吉林省沿革史要［M］.长春：吉林省地名委员会办公室，1984.

［4］吉林省金融研究所.伪满洲中央银行史料［M］.长春：吉林人民出版社，1984.

［5］辽宁省图书馆影印.盛京时报（影印本）［M］.沈阳：辽宁省图书馆，1985.

［6］吉林省档案馆.清代吉林档案史料选编.工业［M］.长春：吉林省档案馆，1985.

［7］王季平.八·一五这一天［M］.北京：光明日报出版社，1985.

［8］清实录第二八册仁宗睿皇帝实录（一）［M］.北京：中华书局，1986.

［9］李澍田.吉林地志·鸡林旧闻录·吉林乡土志［M］.长春：吉林文史出版社，1986.

［10］李澍田.吉林外纪.吉林志略［M］.长春：吉林文史出版社，1986.

［11］长春市地方史志编纂委员会.长春城市问题研究文集［M］.长春：

长春市地方史志编纂委员会，1987.

　　［12］吉林省文物志编纂委员会.长春市文物志［M］.长春：吉林省文物志编委会，1987.

　　［13］长春市地方史志编纂委员会.资料选译第1辑［M］.长春：长春地方志编纂委员会，1989.

　　［14］王季平.吉林省编年纪事［M］.长春：吉林人民出版社，1989.

　　［15］曹殿举.吉林方志大全［M］.长春：吉林文史出版社，1989.

　　［16］田志和，潘景隆.吉林建置沿革概述［M］.长春：吉林人民出版社，1990.

　　［17］吉林省政协文史资料委员会.吉林百年［M］.长春：吉林人民出版社，1990.

　　［18］吉林省地方志编纂委员会.吉林省志·卷四十三·文物志［M］.长春：吉林人民出版社，1991.

　　［19］顾万春，杨美华.长春自然地理［M］.长春.东北师范大学出版社，1992.

　　［20］长春市政协文史委员会.长春文史资料第1辑［M］.长春：长春市政协文史委员会，1992.

　　［21］长春社会科学院.长春早期建筑——楼房·街道·园林［M］.长春：长春社会科学院，1992.

　　［22］金泽.吉林朝鲜族［M］.长春：吉林人民出版社，1993.

　　［23］顾万春.长春城市变迁［M］.长春：长春出版社，1998.

　　［24］佟冬.中国东北史［M］.长春：吉林文史出版社，1998.

　　［25］唐继革，王野光，王健，姜杰.长春二百年［M］.长春：长春市政协文史和学习委员会，2000.

　　［26］长春电视台.百年长春［M］.长春：吉林美术出版社，2000.

［27］杨子忱.老长春［M］.延吉：延边人民出版社，2000.

［28］孙彦平.百业源流［M］.长春：长春出版社，2000.

［29］于维联，李之吉.长春近代建筑［M］.长春：长春出版社，2001.

［30］曹保明.长春老字号［M］.长春：长春市政协文史和学习委员会，2001.

［31］长春社会科学院.长春厅志.长春县志［M］.长春：长春出版社，2002.

［32］李健才，刘素云.吉林省历史［M］.长春：吉林文史出版社，2003.

［33］徐春范.伊通河文明史［M］.长春：长春出版社，2007.

［34］于祺元.往事存真［M］.长春：长春市政协文史资料委员会，2007.

［35］旅顺博物馆.满铁旧影［M］.北京：中国人民大学出版社，2007.

［36］孙乃民.吉林通史［M］.长春：吉林人民出版社，2008.

［37］徐春范.长春特色文化研究［M］.长春：长春市政协，2008.

［38］任凤霞.吉林老字号［M］.长春：吉林大学出版社，2008.

［39］赖南池，刘梅.没有围墙的博物馆［M］.广州：广东省出版集团，花城出版社，2008.

［40］曹保明.长春老字号故事［M］.长春：长春出版社，2019.

［41］左毅.宽城史话［M］.长春：吉林人民出版社，2009.

［42］于泾，孙彦年，杨洪友.长春史话［M］.长春：长春出版社，2009.

［43］长春市档案馆.印证长春［M］.长春：长春出版社，2010.

［44］凌正凯.百年大马路［M］.长春：长春市政协文史资料委员会，民进长春市委员会，2010.

［45］长春电视台.发现长春［M］.长春：吉林美术出版社，2010.

［46］长春市地方志编纂委员会.志说长春——长春地情研究（2011）［M］.长春：吉林大学出版社，2012.

［47］王新英.长春近现代史迹图志［M］.长春：吉林文史出版社，2012.

［48］邢文.长春中东铁路记事［M］.长春：长春市政协文史资料委员会，民进长春市委员会，2012.

［49］杨林森.自强学校百年史［M］.长春：长春市政协文史资料委员会，2014.

［50］宋伟宏.百年沧桑话长春：1800—1945［M］.长春：吉林文史出版社，2015.

［51］房友良.长春街路图志［M］.长春：吉林人民出版社，2016.

［52］王新英.吉林省中东铁路建筑研究［M］.长春：吉林文史出版社，2016.

［53］长春市地方志编纂委员会.老长春记忆［M］.长春：长春市地方志编纂委员会，2016.

［54］长春市规划局，长春市城乡规划设计研究院.中国历史文化名城长春［M］.长春：长春出版社，2019.

［55］长春市规划局，长春市城乡规划设计研究院.长春历史文化名城保护建筑测绘图集［M］.长春：长春出版社，2019.

［56］房友良，赵洪.长春历史地图集［M］.长春：长春出版社，2019.

后　记

　　这是一次穿越了二百多年的行程，从历史到现实的里程表记录了长春的春夏秋冬四季，我用两年的时间完成了这次对家乡的远途旅行。这一路，让我再一次认识了北国春城的魅力，领略了家乡的大好风光，发现家乡是如此之美，如此令我骄傲和自豪，家乡会有那么多道不尽的故事、说不完的美好，能再一次为这座美丽的城市书写一笔是我莫大的幸福。

　　"为什么我的眼里常含泪水？因为我对这土地爱得深沉。"长春，是我的第二故乡，这里有我的青春年华，我在这里上学、工作、生活了四十余年，深深地爱上了这片土地、这座城市。对长春的真正认知，是从我撰写《百年沧桑话长春（1800—1945）》开始的。当时，我重点研究的是1945年前长春历经百年沧桑的近代历史建筑，而对新中国成立后，长春70多年的发展变迁及城市魅力并没有涉及，值得庆幸的是，这本《长春城市映像》弥补了此前的缺憾。本书将长春的历史和现实相融合，不仅讲述了长春222年城市的发展历程，而且重点介绍了新中国成立后，长春在全国创造的无数个第一和取得的巨大辉煌成就，以及作为北国春城的无穷魅力。虽然是一些缩影，但也足以映照长春的城市映像。

作为60后的我，特别感谢这个伟大的时代。我们是幸运的一代人，赶上了最好的时代，赶上了恢复高考，赶上了改革开放，赶上了时代的大潮，有机会参与到这场百年巨变之中，见证了改革开放四十余年来，家国翻天覆地的变化，分享了改革开放四十年的巨大成果。所以，作为与改革时代同行的参与者、奋斗者、见证者，我有责任、有义务将家乡的一草一木、一石一景介绍给公众，并放声讴歌我们伟大的时代，歌颂我们美丽的家乡，为长春建城222年礼赞。

在本书撰写和查找图片的过程中，笔者得到身边诸多领导、老师、朋友和同事的鼎力支持和帮助，他们绞尽脑汁、翻箱倒柜、倾其所有，把自己珍藏十几年的照片无私地贡献出来，为本书增添了无尽的色彩。特别感谢长春市城乡规划设计研究院研究员房友良老师，吉林画报社原社长徐克老师，长春日报社高级记者、著名摄影师连相如老师和净月旅游集团专业摄影师胡书利老师，长春市农科院副院长程延喜老师和踏查长春团队的赵炳清老师，他们将自己多年珍藏的图片和摄影作品毫无保留地贡献出来；感谢长春农业博览园原副主任高悦华老师、长影旧址博物馆胡欣老师、吉林大学地质博物馆陶景梅老师；感谢轩中午、袁海光、赵欣夫老师，长春市摄影家协会主席、摄影名家倪玉臣老师，吉林乡村广播电台戴婷老师，吉林卫视王航老师，腾讯摄影记者孟昭东老师，收藏家刘伟老师，东发合传人李铁顺先生，德惠市红云手工技术推广专业合作社法人尚晓峰女士，以及伪满皇宫博物院的王昊、杨铭、杨宇、张丹蔚、范欣老师为本书提供的精美摄影作品。

特别感谢吉林大学原常务副校长邴正先生为本书作序，特别感谢著名书法家施永安先生为本书题写书名；特别感谢伪满皇宫博物院院长王志强先生对本书的大力支持。

　　2022年，是我人生的转折点，这部书是送给自己步入花甲之年的最好礼物，也是给自己的职场人生画上的圆满句号。如果我交上的这份答卷，能让家乡人认可，让读者满意，能为长春走向全国、走向世界出一份力，我将无上光荣和自豪！

宋伟宏

2022年9月